Clemens G. Arvay

DER GROSSE
BIO
SCHMÄH

Wie uns die
Lebensmittelkonzerne
an der Nase
herumführen

UEBERREUTER

Beim Verfassen des vorliegenden Buches wurde auf geschlechtsneutrale Formulierungen geachtet. Da Sachtexte ein besonders hohes Maß an Übersichtlichkeit und Lesbarkeit beanspruchen, konnte diesem Vorsatz jedoch nicht immer Folge geleistet werden. Sofern es aus dem Kontext nicht anders hervorgeht, sind stets Frauen und Männer gleichermaßen gemeint und angesprochen.

Der Autor

Bildnachweis:
Alle Fotos: Clemens G. Arvay, Grafiken: Hannes Strobl

Das säurefreie und alterungsbeständige Papier EOS liefert Salzer, St. Pölten (hergestellt aus chlorfrei gebleichtem Zellstoff aus nachhaltiger Forstwirtschaft).

ISBN 978-3-8000-7528-7
Covergestaltung: Ralf Strobl / Miriam Höhne
Coverillustration: Gunter Greil
Copyright © 2012 by Verlag Carl Ueberreuter, Wien
Gedruckt in Österreich
7 6 5 4

Ueberreuter im Internet: www.ueberreuter.at

Es war einmal ein riesiger gütiger Lebensmittelkonzern, der wollte nur das Beste für die Menschen und unsere Umwelt.

INHALT

VORWORT
(Univ.-Doz. Dr. Peter Weish)

Vor rund zehntausend Jahren gingen sowohl in Eurasien als auch in anderen Regionen der Erde nomadische Völker vom Jagen und Sammeln zur Landwirtschaft über und wurden sesshaft. Jäger und Sammler, die einen relativ kleinen Anteil der natürlichen Ressourcen nutzen, finden nur bei geringer Bevölkerungsdichte ausreichend Nahrung. Bevölkerungszunahme zwang sie dazu, artenreiche Lebensräume in Kulturland umzuwandeln, auf dem sie ihre Nutzpflanzen anbauten und ihre Haustiere hielten. Wälder wurden gerodet und deren fruchtbare Böden als Acker- und Weideland genutzt. Mit wenigen Ausnahmen, wie in Ägypten, kam es früher oder später zu Bodenerosion, Verkarstung und Versteppung. Der Untergang vieler Kulturvölker steht in Zusammenhang mit der Zerstörung der Bodenfruchtbarkeit. Dass die Zukunft der Menschheit von der Verfügbarkeit fruchtbaren Bodens abhängt, scheint vielen nicht bewusst zu sein. Wie wäre es sonst möglich, im Rahmen der industriellen Landwirtschaft weltweit weiterhin Raubbau am Boden zu betreiben? Zu den schlimmsten Formen zählen riesige Monokulturen der »Grünen Revolution« und »Grünen Gentechnik«, die permanent mit Bioziden behandelt werden. Bodenkultur sieht anders aus! Im Gegensatz dazu erkannten ökologisch wirtschaftende Bauern schon vor Jahrzehnten, dass ein lebendiger, humusreicher Boden die Voraussetzung gesunder Pflanzen ist. Gegen vehementen Widerstand seitens der konventionellen Landwirtschaft hat sich die »biologische« Wirtschaftsweise in vielen Varianten nicht nur behauptet, sondern auch bewährt. Aber auch angesichts der absehbaren Verknappung und Verteuerung fossiler Energieträger ist die extrem erdölabhängige industrielle Landwirtschaft nicht zukunftsfähig.

Neben einer »Energiewende« ist es notwendig, eine »Agrarwende« einzuleiten, die als oberstes Ziel eine angepasste Landbewirtschaftung im Einklang mit Mensch, Tier und Umwelt anstrebt. Die Idee des Ökolandbaus verbindet dieses Ziel mit der Kultur einer reichen Vielfalt an Nutzpflanzen und Nutztierrassen. Die Weiterentwicklung lokal angepasster Kulturmethoden ist die Basis zukunftssicherer Ernährungssouveränität. Mit dem ökologischen Landbau ist in den letzten Jahrzehnten auch das Bewusstsein über gesunde Ernährung gewachsen. Der Einstieg der großen Handelsketten in die Vermarktung hat zwar einerseits den Zugang zu Bio-Produkten erleichtert und die Nachfrage erhöht, anderseits aber die ökologische Landwirtschaft neuen Zwängen unterworfen.

Clemens G. Arvay zeigt auf, dass »Bio« in den Händen der mächtigen Handelskonzerne mit wesentlichen Prinzipien der ökologischen Landwirtschaft nicht in Einklang steht und ihre Zukunft gefährdet. Massenproduktion und die damit verbundenen ökonomischen Zwänge führen zu einem Bio-Kleinbauernsterben und tragen zur Verarmung der Sortenvielfalt sowie zu einer Verwässerung der ursprünglichen Anforderungen des Ökolandbaus bei.

Arvays an vielen gut recherchierten Beispielen vorgetragene Kritik kommt aus einem umfassenden ökologischen Wissen und seine Motivation entspringt der Verantwortung zur Bewahrung und Weiterentwicklung biokultureller Vielfalt als tragfähige Basis zukunftsfähiger Landwirtschaft und Ernährung. Der Autor führt uns mit seiner lebendigen Schilderung durch den vielfältigen Bereich der Bio-Produktion und Bio-Vermarktung, wobei die Aussagen der Beteiligten klar vermitteln, wo die Zukunftschancen für ökologisch wirtschaftende Bauern liegen und wie diese seitens der Konsumenten unterstützt werden können. Ich erwarte, dass dieses *wichtige Buch* dazu beiträgt, Fehlentwicklungen zu überwinden und die ökologische Landwirtschaft nachhaltig zu stärken.

Dr. Peter Weish,
Universitätsdozent für Ökologie und Umweltethik an der *Universität Wien* sowie an der Wiener *Universität für Bodenkultur*

(November 2011)

DER BIO-BOOM UND WER DAVON PROFITIERT

Eine Einführung

Bio boomt – im Supermarkt

Die Bio-Branche in Österreich ist eine Milliarde Euro schwer[1]. Im Jahr 2010 gaben Privathaushalte für Bio-Produkte um sechzig Prozent mehr aus, als fünf Jahre zuvor[2]. Der Markt für biologische Lebensmittel wächst. Mehr noch: Er boomt! Bio ist in. Bio ist ökologisch, nachhaltig und fair. Wer Bio-Lebensmittel kauft, tut dies mit reinem Gewissen. Doch Bio ist vor allem eines, nämlich ein großes Geschäft für Lebensmittelkonzerne, die ansonsten mit ökologischen Produkten nicht viel am Hut haben. Das Geld, das von Haushalten im Jahr 2010 beim Bio-Einkauf ausgegeben wurde, gelangte zu 91,5 Prozent in die Taschen herkömmlicher Supermarktkonzerne oder Lebensmitteldiscounter. Die verbleibenden 8,5 Prozent mussten sich die österreichischen Bio-Fachgeschäfte untereinander teilen, also die Bio-Läden und Reformhäuser. Somit ist der Löwenanteil des Bio-Marktes inzwischen in den Händen der größten Lebensmittelkonzerne des Landes. Der Bio-Boom unterwirft den Ökogedanken den Gesetzen des Massenmarktes. Heute, am Beginn des dritten Jahrtausends, begegnen uns die »Bio-Pioniere« und »wahren Bioniere« nicht etwa in der Ökolandbaubewegung, sondern im herkömmlichen Supermarkt und beim Discounter. Bio ist ihr Business geworden, ihr Markenzeichen: Bio[TM]!

Bio als Marketingtool?

Supermärkte und Discounter rühren kräftig die Werbetrommel. Sie sind beides: Auslöser sowie Nutznießer des Bio-Booms. Weil sie in den Medien stark präsent sind und großen Aufwand für den Aufbau ihres Bio-Images betreiben, fasse ich sie unter dem Begriff

Bio™

zusammen[3]. Um die Lesbarkeit zu verbessern, verzichte ich im Text auf die ständige Nennung des Trademark-Zeichens (TM) hinter dem Begriff »Bio«.

Die Bio™-Protagonisten

Bio-Handelsmarke	Konzernzugehörigkeit	erhältlich bei
Ja!Natürlich	Rewe AG	Billa, Merkur, Adeg, AGM, Sutterlüty, BIPA
Zurück zum Ursprung	Hofer KG (ALDI Österreich)	Hofer
Natur*pur	Spar AG	Spar, Interspar, Eurospar, Spar Gourmet
Echt B!o	Rewe AG	Penny
Natürlich Für Uns	Pfeifer-Gruppe	Nah&Frisch, Zielpunkt, Unimarkt
Natur Aktiv	Hofer KG (ALDI Österreich)	Hofer
BioTrend	Lidl GmbH	Lidl

Übersicht der Bio-Marken von Supermarkt- und Discountkonzernen in Österreich

Die Bio-Marken mit der größten öffentlichen Präsenz sind *Ja!Natürlich* (Rewe), *Zurück zum Ursprung* (Hofer) und *Natur*pur* (Spar). Diese drei Handelsmarken teilen sich den Löwenanteil des Bio-Massenmarktes in Österreich.[4] Man könnte auch sagen: Die drei *sind* förmlich der Massenmarkt für Bio-Lebensmittel. Sie haben ihn in der Hand. In den Medien sind sie im Vergleich zu allen anderen Bio-Marken Österreichs herausragend stark präsent und rühren pausenlos ihre Werbetrommeln. Dies schlägt sich im Bekanntheitsgrad der drei Bio-Marken nieder. Umfragen zum Wiedererkennungswert von Eigenmarken des herkömmlichen Lebensmitteleinzelhandels haben gezeigt, dass *Ja!Natürlich, Zurück zum Ursprung* und *Natur*pur* in der Öffentlichkeit besonders gut positioniert sind, während alle anderen Bio-Marken weit abgeschlagen bleiben. Weil die drei genannten Handelsmarken den Bio-Massenmarkt dominieren, sind sie in diesem Buch die Hauptdarsteller. Ihre Produktions- und Zulieferbetriebe werden ebenfalls unter die Lupe genommen, sodass es zu einer *repräsentativen* Abdeckung des Bio-Massenmarktes in Österreich kommt. Andere Bio-Marken, deren Marktanteil und öffentliche Präsenz derzeit noch sehr gering sind, werden peripher mit behandelt.

Reality Check! – Darum geht's in diesem Buch

Wie sorgfältig gehen herkömmliche Supermärkte und Discounter mit der Bio-Idee um? Ist diese Realität mit den Vorstellungen und Erwartungen der Bio-Konsumentinnen und Bio-Konsumenten vereinbar? Der zentrale Dreh- und Angelpunkt für dieses Buch ist die öffentliche Selbstdarstellung der Konzerne. Das trifft sich vorzüglich mit der Wahl der Hauptdarsteller, denn keine andere Bio-Marke hierzulande betreibt so exzessiv Werbung wie *Ja!Natürlich, Zurück zum Ursprung* und *Natur*pur*. Blicken Sie mit mir gemeinsam hinter die Kulissen einer perfekt inszenierten Werbewelt.

Begleiten Sie mich auf eine Reise durch das Universum des Bio-Massenmarktes, der Goliaths der Lebensmittelbranche. Lassen Sie sich in eine Parallelwelt mitnehmen, die uns normalerweise verschlossen bleibt ... außer wir sind frech genug, einfach durch die Tür hineinzuplatzen. Genau das habe ich getan.

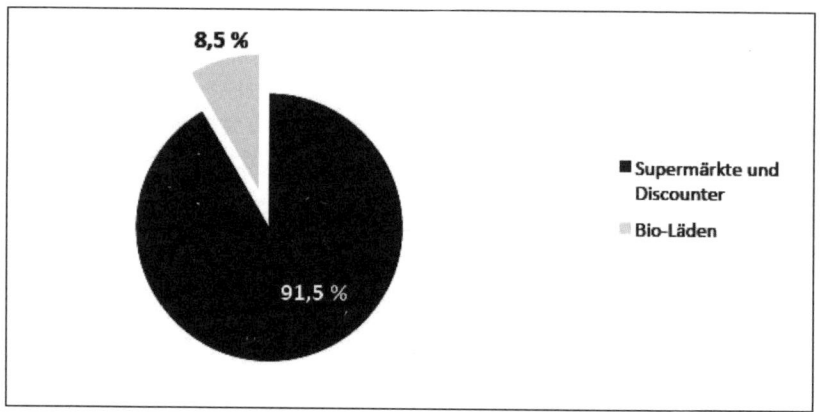

Ausgaben für Bio-Frischprodukte (exkl. Bio-Brot) im Jahr 2010 durch österreichische Privathaushalte[5]

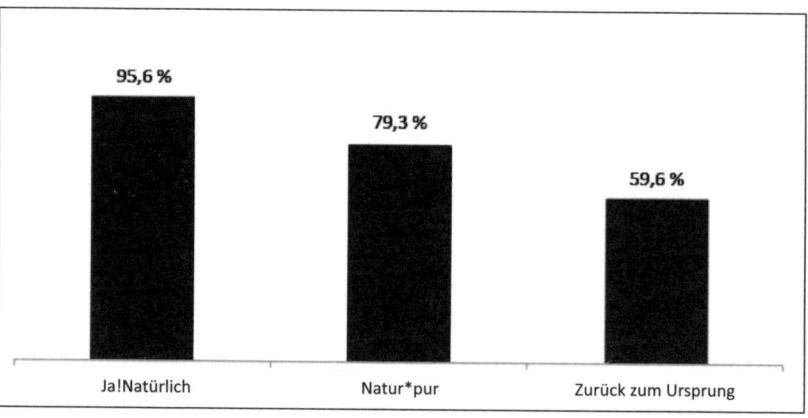

Wiedererkennungswert der drei Protagonisten des Bio-Massenmarktes im Vergleich[6] (So viele Menschen in Österreich kennen die jeweilige Marke)

14

WIE ICH ZUM ÖKOLANDBAU KAM
Ein persönlicher Rückblick

»Ich für meinen Teil verlange überhaupt von jedem Autor, dass er einfach und aufrichtig auch aus seinem eigenen Leben erzähle, und nicht nur davon, was er über das Leben anderer erfahren hat.«[7]
(Henry David Thoreau, Philosoph und Schriftsteller, 1817–1862)

Kindheitserinnerungen

Als ich ein Kind war – das war in den 1980er-Jahren –, lebte mein Großvater in einer Holzhütte, umringt von grünen Wäldern und Wiesen, Fischteichen und Bergen. Nicht weit von dem Häuschen entfernt, gab es eine Stelle in einem versteckten Graben, an der drei Wildbäche ineinanderliefen und sich zu einem kleinen Fluss vereinten. Deswegen nannte man diesen Ort »Dreibach«.

Die Hütte meines Großvaters bot ein bescheidenes, aber gemütliches Zuhause. Sie stand an einem Hang, leicht erhöht auf steinernem Fundament. Die dunkel verfärbten Holzstiegen im Haus knarrten jedes Mal laut, wenn jemand über sie hinwegschritt. Manchmal knarrten sie auch ohne erkennbaren Grund. Die Treppe führte in das Dachgeschoss, in dem sich ein Schlafzimmer befand, dessen Holzwände von malerischen Landschafts- und Pflanzendarstellungen geschmückt waren. In einer Ecke am Kamin lag stets ein Buch auf dem Tischchen, das alle giftigen sowie essbaren Pilze beschrieb, die in den umliegenden Wäldern wuchsen. Meinem Großvater, einem begeisterten Förster, war der Wald zum zweiten Zuhause geworden.

Mir sind meine kindlichen Erkundungen des Landlebens, gemeinsam mit Bäuerinnen und Bauern aus der Region, in lebhafter Erinnerung geblieben: meine Traktorfahrten – als Beifahrer, versteht sich – und meine abenteuerlichen Besuche in Kuhställen oder in dem alten Forsthaus an einer Waldlichtung. Manchmal durfte ich in Bauerngärten bei der Gemüseernte helfen oder sorgsam Bohnen in die Erde aussäen. Ab und zu fütterte ich Hühner. Ich werde den Tag nie vergessen, an dem ich zum ersten Mal beim Scheren der Schafe des Nachbarbauern dabei war. Auf dem Hof lebten auch Milchkühe und die Familie bewirtschaftete ein Stück Wald. Es gab manchmal Wolle und Fleisch, und immer gab es ausreichend Milch, die im nächsten größeren Dorf verkauft wurde – in einem angestammten Bauernladen, der schon seit Generationen in Familienbesitz war. Das Geschäft bestand aus einem einzelnen Verkaufsraum und wurde von Landwirtinnen und Landwirten aus der Region beliefert. Es war meistens das erhältlich, was gerade Saison hatte. Es gab Bauernbrot und Milch, Butter und Käse, Eier und Würste, Frischfleisch auf Bestellung, Getreide, Mehl und Sämereien, Kräuter, Säfte, Eingemachtes und Schnäpse. Natürlich gab es auch Gemüse und Obst. Erdbeeren, Himbeeren und ähnliche Köstlichkeiten waren immer dann zu haben, wenn sie hierzulande gerade geerntet werden konnten. Bananen, Kiwis, Orangen oder Zitronen gab es nie. Doch es fehlte das ganze Jahr über an nichts, um die Kundschaft gebührend zufriedenzustellen. Als ich in diesem Bauernladen in den 1980ern die wild durcheinandergewürfelten Düfte der ländlichen Lebensmittel wahrnahm und staunend vor den gefüllten Getreidesäcken stand, die so hoch wie ich selbst waren, wusste ich nicht, dass dieser Typus von Kaufladen, der mir so großes Vergnügen bereitete, hierzulande schon bald der Vergangenheit angehören würde. In der verlassenen Gegend an den drei Bächen, an denen mein Großvater lebte, gewann ich meine ersten, kindlich-naiven Eindrücke vom Bauernleben.

Das große Wachsen

Der Bauernladen an den drei Bächen ist und bleibt eine romantische Kindheitserinnerung und auch in den 1980er-Jahren war diese regionale Art der landwirtschaftlichen Vermarktung längst nicht mehr als Prototyp anzusehen. Doch immerhin: Vereinheitlichung und Zentralisierung des Lebensmittelhandels waren nicht so weit fortgeschritten, wie dies heute der Fall ist. Sogar in Europas Städten konnte man damals noch in kleinen Greißlergeschäften einkaufen, die viele von uns aus Kindheitstagen kennen und die man in Deutschland und der Schweiz als »Tante-Emma-Läden« bezeichnet. Noch gegen Ende der Achtziger investierte ich mein Taschengeld regelmäßig in Kaugummi und Schokolade, die ich mir gemeinsam mit anderen Kindern bei einem Greißler am Stadtrand von Graz kaufte, wo ich aufwuchs. Der bereits in die Jahre gekommene Besitzer saß oft selbst an der Kassa, häufig bediente er Kunden hinter der Feinkostvitrine und murmelte dabei die üblichen Kaufmannsphrasen in seinen grauen Krausebart: »Noch einen Wunsch, gnädige Frau?« oder »Darf's ein bisserl mehr sein, mein Herr?« Der von jeglicher Konzernzentrale unabhängige Handelsmann war frei genug, seine Lieferanten selbst auszuwählen oder sogar direkt bei Landwirten aus dem städtischen Umland zu bestellen. Vielleicht war er einer der letzten seiner Spezies.

Am Übergang in die Neunziger änderte sich etwas. Es gab viele große Bauvorhaben in der Stadt und unser Greißler am Eck sperrte zu, ein neuer Besitzer versuchte sein Glück und scheiterte binnen weniger Monate. Dann kam, nach einer kurzen Pause, in der das Lokal leer stand, ein dritter. Der Laden lief nun ein paar Jahre, in denen über dem Eingang ein großes Schild mit der Aufschrift »Adeg« prangte. Diese Handelskette war schon gegen Ende der 1920er-Jahre als Einkaufsgenossenschaft selbstständiger Kaufleute in Österreich gegründet worden. Inzwischen wurde Adeg allerdings vom Rewe-Konzern geschluckt, ist also nun die »kleine Schwester« von Billa, Merkur, Penny, AGM und Bipa. Der neue Kaufladen am Eck hielt etwa bis in die Mitte der Neunziger durch, dann machte er endgültig dicht und niemand versuchte es seither dort mit einer Neueröffnung. Stattdessen nahm eine Supermarktkette in unserer Wohngegend eine weitere Filiale in Betrieb und ein zweiter Greißler schloss seine Pforten für immer, ebenso wie der Besitzer eines kleinen Gemüseladens. Diesem Beispiel folgten in den Jahren darauf eine angestammte Bäckerei, ein Fleischermeister und ein Feinkostladen. Sie alle gehören der Vergangenheit an. Dafür aber wuchs die neue Supermarktfiliale, indem man ausbaute und die Verkaufsfläche deutlich vergrößerte. Ebenfalls im Laufe der 1990er befand ich mich als Teenager in einer Handwerkslehre zum Buchbinder. Meinen Lehrabschluss konnte ich gerade noch machen, bevor unsere traditionsreiche Buchbinderei schließen musste. Bücher wurden schon längst automatisiert in industriellen Buchstraßen hergestellt, in denen man keine Buchbinderinnen und Buchbinder mehr einstellte, sondern sogenannte Maschinenführer. Kleine Handwerksbetriebe hatten es unter dem Druck der Großen zusehends schwerer. Mit ihnen wurde auch ihr Wissen und Können rund um alte Buchbindetechniken immer seltener. Meine Qualifikation als Handbuchbinder hätte mich in keine allzu rosige Zukunft geführt. Doch die Entscheidung für ein naturwissenschaftliches Studium war ohnedies schon gefällt. Mein Interesse an natürlichen Kreisläufen und ökologischer Landwirtschaft begann in dieser Zeit rapide zu wachsen und außerdem stieß ich damals auf einen alten Bio-Laden, der später zu meinem Stammgeschäft wurde.

Aufwachen

Im Jahr 1993, als ich dreizehn war, kam mir ein Buch über die Fleischindustrie in die Hände.[8] Manfred Karremann, ein mehrfach ausgezeichneter Journalist, zeigte auf authentische und eindrucksvolle Weise, dass die Wirtschaftstrends der Industrialisierung und der Zentralisierung auch vor der landwirtschaftlichen Tierhaltung nicht haltgemacht hatten. Die Folge waren Intensivtierhaltung, Massentiertransporte und das Ende des Bauerntums. An dessen Stelle trat eine neue Vertragslandwirtschaft unter der Schirmherrschaft expandierender Handelskonzerne. Die schrecklichen Impressionen aus der Massenproduktion von Tieren trafen mich damaligen Dreikäsehoch hart. Weshalb hielt man diese Zustände von uns Konsumentinnen und Konsumenten fern? Wieso wusste niemand, wie unser Fleisch produziert wurde? Und weshalb hingen über den Fleischtheken der Supermärkte Bilder von Rindern auf grünen, saftigen Wiesen und glücklichen Hühnern am Bauernhof statt Abbildungen aus der Realität?

18

Auf Eierverpackungen hätte man Fabriken zeigen sollen, in denen Küken auf Fließbändern durch die Hallen jagen und männliche Jungtiere – automatisch und ganz nach Roboterart – zu Mus geschnetzelt werden, weil sie keine Eier legen können. Man hätte anstatt der werbewirksamen Bauernhofidylle besser Fotos von Tieren präsentiert, die im rasenden Akkord am Fließband dahingeschlachtet werden. Diese bitteren Wahrheiten entfachten nachhaltig mein Interesse an der Herkunft unserer Lebensmittel.

Es gab noch viel zu lernen und zu erfahren. Die nächsten Jahre verliefen vorerst ohne große Fortschritte. Ich war zu sehr mit der anstrengenden Aufgabe beschäftigt, ein Teenager zu sein, als dass ich mich ausführlich mit den Hintergründen der Lebensmittelwelt hätte beschäftigen können. Erst mit achtzehn, als ich an der Kippe zum Erwachsenwerden stand, erwachte mein Wissensdrang aufs Neue. Ich wusste nicht, dass ich bald alle meine Vorstellungen, die ich von Landwirtschaft und Lebensmittelherstellung hatte, endgültig über Bord würde werfen müssen. Ich las mehrere Bücher über Ökologie und Agrarkunde, über die Probleme des Bauernstandes und den Druck, der auf diesem seitens des Handels und der Industrie lastete. Als ich »Der stumme Frühling« von Rachel Carson las – ein Buch über die verheerenden Folgen des landwirtschaftlichen Pestizideinsatzes für Mensch und Umwelt –, war ich schockiert darüber, dass dieses Werk bereits in den 1960er-Jahren erschienen war und die Problematik dennoch unter den Konsumentinnen und Konsumenten so wenig bekannt war. Wir kauften dies, wir kauften jenes, kaum jemand wusste, wie unsere Nahrung eigentlich produziert wurde. Die meisten Menschen hatten zum Beispiel keine Ahnung über die Herkunft unserer Milch, außer, dass sie in Getränkekartons abgefüllt wurde, die alle dieselbe Form hatten – unter welchem Markennamen auch immer man die Milch kaufte. Auch Butter und viele andere Lebensmittel trugen längst die uniforme Handschrift der Großindustrie. Unsere Nahrung war zum wachsenden Industriezweig geworden, in dem es um ein erklärtes Ziel ging: möglichst große Mengen auf möglichst kleiner Fläche möglichst schnell und unter Maximierung der Gewinnspanne zu produzieren. Nach allem, das ich in dieser Zeit las, hörte und herausfand, war mein Vertrauen in die Lebensmittelbranche völlig erschüttert. Da die

Information, die wir aus der bunten und heilen Welt der Werbung erhielten, offensichtlich radikal zensiert und beschönigt war, beschloss ich, mir die Realität mit eigenen Augen anzusehen.

Ich war neunzehn Jahre alt, als ich anfing, zu den Produktionsstätten hinauszufahren, aus denen unsere Lebensmittel stammten. Das war 1999. Ein solches Vorhaben ist schwer zu realisieren, da Besucherinnen und Besucher, die unbequeme Fragen stellen, in der Lebensmittelindustrie nicht willkommen sind. Dort arbeitet man lieber hinter streng verschlossenen Türen, während man sich die Idylle versprechenden Fotos in die Auslagen hängt. Ich war selbst verwundert, als es mir zum ersten Mal gelang, eine industrielle Schweinemastanlage von innen zu besichtigen, in der für eine große Supermarktkette unter dem Schlagwort »vom Bauernhof« Tiere gehalten wurden. Wie dehnbar der Begriff »Bauernhof« ist, wurde mir erst an diesem Tag bewusst. Ein andermal verschlug es mich ins Marchfeld, das durch die Werbung als »Gemüsekammer« Österreichs bekannt geworden war. In TV-Werbespots wurden uns Bäuerinnen und Bauern präsentiert, die auf nostalgisch wirkenden Traktoren Feldwege entlangzuckelten und dabei Anhänger mit buntem Gemüse transportierten. Die Realität, die ich auf meinen Erkundungen im Marchfeld vorfand, ernüchterte mich allerdings schlagartig. Die Region erschien mir als eine Art »Hot Spot« der Agrar- und Lebensmittelindustrie. In der ebenen Landschaft lassen sich schier nie endende Monokulturen anlegen, die mit großen und schweren Maschinen nach Lust und Laune bewirtschaftet werden können. Ein Eldorado der Großindustriellen! Wer heute Ackerland von hundert Hektar im Marchfeld bewirtschaftet (das entspricht einem satten Quadratkilometer), zählt zu den Kleinsten der Region. Das Marchfeld ist ein Landstrich, der von seinen früheren Landschaftselementen weitgehend ausgeräumt wurde. Ich besichtigte damals außerdem eine Brotfabrik, die direkt neben den Gebäuden eines Stahlkonzerns angesiedelt war und die selbst den Charme eines Stahlkonzerns hatte, eine große Milchverarbeitungsfabrik, eine Käserei im Format XXL, einen Schlachthof sowie die Fließbänder einer »Produktionsanlage« für Küken.

Ich wurde Bio-Konsument

Danach hatte ich einfach keine Lust mehr, industrielle, in Massen produzierte Nahrungsmittel zu mir zu nehmen, die wie Pappkarton aus den Fabriken geschossen wurden. Ich hatte die Realität mehrfach mit eigenen Augen gesehen und gegen die idyllischen Bilder und Versprechen aus der Werbung war mir eine löwenstarke Haut gewachsen. Ich wollte Nahrungsmittel, die diese Bezeichnung noch verdienten: gesunde, vielfältige Produkte, die ökologisch und fair produziert wurden und die nicht die Handschrift immer wieder derselben Konzerne trugen. Ich wollte keine Lebensmittel-»Industrie«, sondern eine Nahrungsmittel-»Kultur«. Ich wünschte mir Transparenz und Verantwortungsgefühl seitens der Produzentinnen und Produzenten. Ich wollte nicht nur wissen, wer unsere Nahrung herstellte, sondern auch, wie dies geschah. Gleichzeitig erklärte ich mich mit jenen Bäuerinnen und Bauern solidarisch, die unter die Räder dieser Industrie gekommen waren. Der Siegeszug der Großkonzerne führte auch zu einem kulturellen Verlust, da traditionelles Wissen und Können, wie schon unter Buchbinderinnen und Buchbindern, auch in der Landwirtschaft vor allem durch kleinere und mittlere Betriebe erhalten und weitergegeben wird. Die letzten Landstriche, die für industrielle Maschinen zugänglich waren, verwandelten sich in Agrarwüsten, die Vielfalt der Kulturpflanzen und Nutztiere wurde durch Vereinheitlichung und Massenproduktion noch weiter dezimiert. All das wollte ich nicht. Ich entschloss mich, Bio-Konsument zu werden – noch konsequenter, als ich es inzwischen schon war.

Und ich wurde Bio-Insider

Nachdem ich als frischgebackener Agrarbiologe von der Uni gekommen war, pachtete ich eine landwirtschaftliche Anbaufläche im Raum Wien und führte dort wissenschaftliche Versuche zum Anbau von Bio-Gemüse durch: Sortenversuche, Experimente zur natürlichen Schädlingsbekämpfung und zur Bestimmung der optimalen Pflanzdichten verschiedener Feldfrüchte. Ich schrieb ein Fachbuch über alte Sorten in Landwirtschaft und Garten, das 2011 auf dem Buchmarkt erschien. Ich besuchte Bio-Höfe in ganz Österreich sowie im Ausland. Einmal verschlug es mich an die wilde und gleichsam romantische Küste von Wales in Großbritannien, wo ich eine Zeit lang auf einer ökologischen Farm wohnte und mitarbeitete. »Never say you are in England!«, warnte mich ein Bauer in Wales, während er seinen neuen Hut aufsetzte und sich mit einem Stock in der Hand durch dichte Nebelschwaden auf den Weg zu seiner Schafherde machte. Die Landschaft in dieser Region war märchenhaft. Die moosbewachsenen walisischen Wälder mit ihren uralten, knorrigen Bäumen, das stürmische Meer, die Ziegen und Schafe, die mir überall unterwegs begegneten, und nicht zuletzt die Menschen auf der Öko-Farm, die sich für eine nachhaltige Landwirtschaft einsetzten, machten meinen Aufenthalt unvergesslich.

Später wurde ich vom Insider der Bio-Bewegung sogar zum Insider des Bio-Massenmarktes: Ich arbeitete fast ein halbes Jahr lang im Qualitätsmanagement für die Bio-Marke *Zurück zum Ursprung* des Lebensmittel-Discounters Hofer. Doch die Business-Welt der »Big Fishes« des Lebensmittelhandels, in der ich gelandet war, entsprach ganz und gar nicht meinen persönlichen Vorstellungen des »kontrolliert biologischen Marketings«. In dieser Zeit wurde mir zum ersten Mal bewusst, dass rund um die ökologische Landwirtschaft zwei gegensätzliche Kräfte am Werk sind: nämlich eine Bio-Bewegung und eine Bio^{TM}-Branche. Es kam zu einer *einvernehmlichen* Auflösung meines Managerdienstverhältnisses. Seither widme ich mich wieder als unabhängiger Wissenschaftler der biologischen Landwirtschaft, ohne einen Konzern im Nacken. Ich möchte keinen Zweifel daran lassen, dass mein Herz für den Ökolandbau schlägt. Das Buch, das Sie in Ihren Händen halten, richtet sich beileibe nicht gegen die Idee der biologischen Lebensmittelherstellung an sich! Im Gegenteil: Ich möchte einen Beitrag dazu leisten, die Bio-Idee zu erhalten. Und zwar in ihrer ursprünglichen Form, in der sie auch den Erwartungen und Vorstellungen vieler Verbraucherinnen und Verbraucher entspricht. Als Bio-Konsumentinnen und Bio-Konsumenten müssen wir auf der Hut sein, wenn wir nicht bloß die »Zielgruppe« für das »zielgruppenorientierte Marketing« der Lebensmittelkonzerne sein möchten.

DER BIO™-PIONIER UND DAS »TRADITIONELLE BÄCKERHANDWERK«

Als ich zum ersten Mal hinter die Bio-Kulissen der Supermärkte blickte

»Es ist fürchterlich, wie man Bio-Brot heute produzieren darf.«
(Franz Kaschik, Bio-Vollwertbäcker, Wien)

Der Ursprungsbäcker

Idyllische Bilder aus einer wohlig warm wirkenden Backstube: Der Raum ist abgedunkelt, schummriges Stimmungslicht verwandelt den Schauplatz in eine theatrale Bühne. Aus dem dunklen Hintergrund heben sich ein paar Brotkörbe ab, die nur mehr darauf warten, gefüllt zu werden. Im beleuchteten Vordergrund knetet ein junger Bio-Bäcker sorgfältig und mit gekonnten Handbewegungen den Teig. Handarbeit scheint hier noch einen wichtigen Stellenwert zu haben. Auf dem Arbeitstisch finden wir vier rohe Brotlaibe und ein einzelnes Brotkörbchen – alles perfekt arrangiert. Die Szenerie gehört zu einem TV-Werbespot für *Zurück zum Ursprung*, der Bio-Marke von Hofer (so nennt man den Aldi-Konzern in Österreich). Außer dem Bäcker ist noch ein zweiter Mann im Bild. Er trägt einen urigen grauen, beinahe bergbäuerlich anmutenden Bart und stellt den eigentlichen Hauptakteur des Geschehens dar. In den Medien ist er als »Österreichs Bio-Pionier« bekannt und wird manchmal auch als »Bio-Papst« bezeichnet: Werner Lampert. Inmitten der für die Kameras in Szene gesetzten und romantisch aufgepeppten Backstube versucht er sich als Bäcker und legt selbst Hand an den Teig, um diesen zu Brotlaiben

23

zu formen. Doch es will nicht gelingen. Der Teig bleibt erbarmungslos an den Händen des Pioniers kleben, wofür er sich beileibe nicht zu schämen braucht. Es würde vermutlich uns allen so ergehen. Also führt uns dann doch lieber der engagierte junge Bäcker vor, wie bei *Zurück zum Ursprung* gebacken wird: Der Arbeitstisch wird bemehlt und die Brote werden Stück für Stück von Hand geformt. Aus einem Jutebeutel bestreut sie der Bäcker anschließend mit Mehl. Ruhe und Besonnenheit dominieren hier die Bäckerkunst. Doch Sendezeit ist teuer: Schon im nächsten Augenblick erhält der Bio™-Pionier Lampert einen mehligen, aber freundschaftlichen Schlag des Bäckers auf die Schulter und teilt seine Werbebotschaft direkt aus der schummrigen Backstube dem allabendlichen Millionenpublikum mit. Seinen »Ursprungsbäckern«, so heißt es, erlaube er nur eines, nämlich »traditionelles Handwerk«. Mit diesem Versprechen endet der Werbespot zu bester Sendezeit.

» … nur traditionelles Handwerk.«
(Originalton aus der Werbung für Bio-Brot von *Zurück zum Ursprung*, Hofer)

Dieser TV-Spot wurde schließlich unter dem Titel »Brot backen wie früher einmal« auch im Internet über Youtube von *Zurück zum Ursprung* veröffentlicht.[9] Als überzeugter Bio-Konsument war ich von dem Versprechen des traditionellen Bäckerhandwerks beeindruckt und auch die einprägsamen Bilder aus der romantisch beleuchteten Backstube weckten Zuneigung in mir. Hand aufs Herz: Wer isst schon gerne Industriebrot, das hergestellt wird wie Schuhkartons?

Noch am selben Tag, an dem ich den Werbespot zum ersten Mal sah, machte ich mich auf den Weg in eine der zahlreichen Wiener Filialen von Hofer. Und dort nahmen meine Erkundungen des österreichischen Bio-Massenmarktes sowie die wahre Geschichte, die ich Ihnen in diesem Buch erzähle, ihren Anfang.

Hofer kehrt »zurück zum Ursprung« – auch bei Bio-Brot

Lokalaugenschein bei Hofer in Wien. Ich schlängelte mich zwischen einzelnen in der Halle stehenden Regalen hindurch, vollgestopft mit Discount-Keksen, ließ das überaus günstige Discount-Gemüse links hinter mir liegen und steuerte direkt auf das Brotregal zu. Dort wühlte ich mich durch einen Berg von Discount-Gebäck, wobei ich lautes Knistern und Rascheln erzeugte. Es war das Plastik, in das die Ware eingeschweißt war. Endlich! Inmitten der Unmengen an Brot und Semmeln erspähte ich das einprägsame Logo von *Zurück zum Ursprung*. Es befand sich neben unzähligen anderen Siegeln, Zeichen und Symbolen. Ein Etikett versicherte mir, dass ich meinen ökologischen Fußabdruck – trotz herkömmlicher Plastikverpackung – maßgeblich verkleinern konnte, indem ich dieses Brot kaufte. Als ich mir das Sammelsurium an eingeschweißten Backwaren ansah, die wild durcheinandergewürfelt vor mir lagen, kam aber dennoch keine richtige Bio-Brotstimmung auf. Ich gab mir zwar Mühe, die romantischen Szenen aus der Werbung in mein Gedächtnis zu rufen – die Hingabe, mit welcher der Bäcker den Teig formte, und das urtümliche Ambiente der Backstube –, aber es half nichts. Ich hatte den Eindruck, dass sich dieses Bio-Brot in seiner Gesamterscheinung nicht wesentlich von dem konventionellen, also herkömmlichen Brot unterschied, das im selben Regal angeboten wurde. Verpackung, Form und Aufmachung wirkten auf mich wie aus ein und derselben Schmiede[10]. Auch die verschiedenen Bio-Backwaren – Semmeln, Weckerln, Brote – glichen einander wie ein Ei dem anderen. Ich ließ das Brot liegen und beschloss, mich als Lebensmitteldetektiv zu betätigen, so wie ich es schon in früheren Jahren praktiziert hatte. Ich wollte herausfinden, wo und wie diese Backwaren produziert wurden. Die erste Spur: »Kuchen Peter«. Der Name des Herstellers war auf der Verpackung des Brotes ausgewiesen. Mehr als die Hälfte aller lagernden Bio-Backwaren stammte aus dieser Bäckerei. Rückverfolgbarkeit ist ein wichtiges Schlagwort im Marketing von *Zurück zum Ursprung*. Ich nahm es mit der Rückverfolgung diesmal besonders wörtlich – wahrscheinlich wörtlicher, als es das Unternehmen selbst eigentlich gemeint hatte.

Lokalaugenschein beim »Ursprungsbäcker«

Bäckerinnen und Bäcker arbeiten bekanntlich in der Nacht am intensivsten, obwohl die Produktion auf dem Massenmarkt niemals stillsteht. Es war stockdunkel, als ich auf dem Betriebsgelände der Bäckerei Kuchen Peter in Hagenbrunn, nicht weit von Wien, ankam. Ein Blick auf die Uhr: Mitternacht. Ich verdankte es zwei Tassen Kaffee, dass ich noch hellwach und aufnahmefähig war. Ich stieg aus dem Auto und schritt auf das Hauptgebäude der Bäckerei zu. Dass mich hier keine »Backstube« erwartete, wurde mir auf den ersten Blick klar. Die Fabrikhallen lagen schwerfällig vor mir und eine ganze Flotte von Lastwägen stand schon bereit und wartete darauf, die Backwaren dieser Nacht in den frühen Morgenstunden über ganz Österreich zu verteilen. Die Adresse der Firma fand ich ausgesprochen aussagekräftig. Sie lautete auf »Industriestraße«. Eine Maschinenfabrik war die unmittelbare Nachbarin der Backfabrik. Die Hoffnung, auf das in der Werbung versprochene traditionelle Handwerk zu stoßen, hatte ich bereits aufgegeben, als ich die Pforte in die Welt der Bäcker durchschritt. Auch drinnen erinnerte mich nichts an eine Backstube. Einer der Schichtführer hatte mich willkommen geheißen, durch den Sicherheitstrakt geschleust und mich an den Ort des Geschehens geführt. Wir befanden uns in »Produktionshalle Eins«, wie mir ein Schild verriet. Es dauerte eine Weile, bis ich mich in der ungewohnten Umgebung orientiert und meine Ohren sich an das rasende Betriebsgeräusch der Maschinen und Fließbänder gewöhnt hatten. Dann begaben wir uns auf einen Rundgang. Die Fabrik bestand aus drei aufeinanderfolgenden Hallen, die durch große automatische Tore voneinander getrennt waren. Das Ambiente hätte auch zu einer Papierfabrik gehören können. Bäckerinnen und Bäcker, wie ich sie mir vorgestellt hatte, würde ich in dieser Nacht keine treffen – dafür aber zahlreiche »Maschinenführer«.

Schichtführer und Maschinenschlosser waren auf *Fahrrädern* unterwegs! In diesem Fabrikkomplex zu Fuß zu gehen, wäre eine äußerst zeitverschwendende Angelegenheit gewesen. Und Zeit ist Geld. In einigen Metern Höhe jagte fertig gebackenes Brot auf Förderbändern in erstaunlich hoher Geschwindigkeit über meinen Kopf hinweg: Massentransport in die Packhalle.

Wir kamen an eine Maschine von beeindruckender Größe. Dass es sich bei diesem Ungetüm um einen Backofen handelte, überraschte mich jetzt nicht mehr. Man hätte einen Lastwagen darin parken können. Als ich die metallene Realität der Großindustrie innerlich mit den Illusionen der gemütlichen Bäckerstube und des »traditionellen Handwerks« verglich, die uns in der Werbung aufgetischt werden, kam ich mir irgendwie an der Nase herumgeführt vor. Ein Strom, ein ganzes Meer an noch rohen Bio-Semmeln, floss unentwegt und voll automatisiert in den monströsen Ofen, der auf etlichen Etagen übereinander buk und die fertigen Semmeln am Ende scheinbar tonnenweise wieder ausspuckte – eine nie enden wollende Flut an essbarer Industrieware. Egal wohin ich blickte, überall dasselbe Bild: Riesige Maschinen kneteten Teig, formten Brot und Wecken, drückten ihre Roboterarme im rasenden Akkord auf das Backwerk, um diesem Form und Struktur zu verleihen, als hätten Bäckerin und Bäcker Hand angelegt. Hier rieselte Sesam aus tiefen Wannen auf das vorbeiflitzende Gebäck, dort sortierte ein Roboterarm misslungene Endprodukte aus. Hie und da traf man auf Menschen. Die einen, die das Sagen hatten, fuhren auf ihren flinken Fahrrädern und Elektrowägen durch den Hallenkomplex. Die anderen – jene nämlich, die von den Fahrradfahrern umher kommandiert wurden – waren zu großen Teilen ausländische Arbeiter. Sie kamen aus Osteuropa, einige auch aus Afrika. Im Akkord führten sie die ganze Nacht hindurch immer dieselben Handbewegungen aus, auf die sie trainiert und gedrillt waren – der Mensch als Produktionsmaschine. Manche verdrehten in atemberaubender Geschwindigkeit die pausenlos vorbeiflitzenden »Bio-Ursprungsweckerln« von Hofer und brachten sie so in die Form einer Schleife. Andere schaufelten ohne Einhalt Semmelberge von einem Fließband auf das nächste. Wieder andere klebten Etiketten auf das in Plastikfolie verschweißte Bio-Gebäck und versuchten dabei, mit der Affengeschwindigkeit der Packmaschine mitzuhalten.

Alles aus einer Hand

Die von mir besuchte Backfabrik ist keine »Bio-Bäckerei«, sondern ein Betrieb, in dem hauptsächlich konventionelle, das heißt nicht-biologische Backwaren für die großen Lebensmittelkonzerne hergestellt werden. Kuchen Peter gilt beispielsweise als österreichischer Marktführer bei Krapfen. Mehr als ein Drittel der Krapfen des Landes stammt aus dieser Fabrik. Der Betrieb stellt eigenen Angaben zufolge etwa zweihundert Millionen Stück Backwaren pro Jahr her[11]. Bio-Gebäck für *Zurück zum Ursprung* (Hofer), *Ja!Natürlich* (Rewe) und *Natur*pur* (Spar) läuft nebenbei mit – in denselben Nächten, mit denselben Maschinen und auf dieselbe industrielle Weise wie herkömmliche, konventionelle Ware. Das Unternehmen gibt auf seiner Internetseite an, das Produktionsvolumen laufend zu vergrößern. Immer mehr Brot und Gebäck wird in Zukunft von immer weniger Backkonzernen hergestellt werden: bio und konventionell, alles aus einer Hand – aus einer großen, industriellen Hand. Daran können romantische Werbeversprechen nichts mehr ändern.

Bilanz für Bio-Brot von Zurück zum Ursprung

Nachdem ich das nächtliche Treiben in der Brotfabrik verlassen hatte, klang der rasende Takt der Maschinen noch eine Weile in meinen Ohren. Auf der Heimfahrt, gegen drei Uhr morgens, während ich meiner Müdigkeit mit einem weiteren Becher Kaffee entschieden entgegentrat, wuchs meine detektivische Neugier. Das Nächste, worüber ich mehr erfahren wollte, war die Herkunft der übrigen Bio-Backwaren von Hofer. Würde ich doch noch auf das traditionelle Handwerk stoßen, das der Konzern versprach?

Schon am nächsten Tag klapperte ich mehrere Filialen ab und notierte mir die Produktionsbetriebe. Dabei fiel mir ein besonders wohlklingender Name auf: »Willis Backstube«. »Na bitte«, dachte ich mir, »das hört sich doch vielversprechend an.« Bilder von Willi, dem Bäcker, tauchten in meiner Fantasie auf. Ich stellte mir vor, wie mir Willi die Türe öffnen und mir seine mehlige Hand entgegenstrecken würde, um mich danach durch seine Backstube zu führen. Ich hoffte, dort des lang ersehnten Traditionshandwerks fündig zu werden. Ein Blick auf eine Satellitenkarte im Internet führte aber zur Ernüchterung. Der Betrieb befand sich in einem bekannten Industriegebiet in Linz. Einen

28

Bäcker namens Willi würde ich dort vermutlich nicht finden, dafür aber – wie schon gehabt – einen ganzen Stab aus Maschinenführern. Hinter dem klingenden Namen »Willis Backstube« verbirgt sich die Firma Fischer Brot. Auf Anfrage per E-Mail wurde mir mein Wunsch, den Betrieb zu besichtigen, abgeschlagen. Ich fuhr dennoch hin, um einen Eindruck der Bäckerei zu gewinnen. Schon aus kilometerweiter Entfernung waren die Schornsteine der Voest Alpine zu sehen, eines internationalen Stahlgroßkonzerns. Die Industrieschlote ragten in schwindelerregende Höhen und stießen dort ihren dichten Dampf in die Atmosphäre aus. Ich konnte es kaum glauben, dass mich ausgerechnet die Spuren des Bio-Brotes von *Zurück zum Ursprung* in diese stahlgeprägte Gegend geführt hatten.

In beengender Nähe zu den Schornsteinen der Voest Alpine, mitten in der Industriezone, stand ich schließlich vor dem Imperium der Firma Fischer Brot – alias »Willis Backstube«. Vor vierundzwanzig Laderampen der Bäckerei warteten gezählte einundzwanzig Lastwagenzüge. Ob die motorisierte Flotte vollzählig war, konnte ich nicht beurteilen. Jeder LKW trug die Werbeaufschrift »Natur in aller Munde«. Die »Natur«, die die Firma meint, wird auf den dröhnenden Fließbändern der drei Backfabriken hergestellt, die von Fischer Brot österreichweit betrieben werden und die es auf insgesamt dreiundzwanzigtausend Quadratmeter Nutzfläche bringen. Auch hier gilt, dass der Großteil der Produktionsmenge konventionelle Ware ist, also nicht biologisch. Der Handelsname »Willis Backstube« wurde eigens erfunden, um unter dieser Bezeichnung an Hofer liefern zu können. Außerdem würde sich der Name einer der größten Industriebäckereien Österreichs auf Bio-Brot, das unter dem Mäntelchen des traditionellen Handwerks vermarktet wird, vermutlich nicht besonders gut machen.

Nicht nur die Firma Fischer Brot, sondern auch manch anderer Backwarenhersteller lässt sich für die Discounthandelsketten kreative Handelsbezeichnungen einfallen und nimmt an dem Versteckspiel des Massenmarktes teil: »Ich sag es ganz offen, wir tun das, um die Konsumenten nicht zu verunsichern«, erklärte mir der Produktionsleiter einer Großbäckerei. Eine kurze Recherche im Firmenbuch ergab rasch, dass sich beispielsweise hinter der »Ur-Guat Backstube« die Bäckerei Mann verbirgt, die auch unter dem Markennamen »Der

Mann, der verwöhnt« bekannt ist. Die Backfabrik der Firma Mann fand ich im Industriezentrum Perfektastraße in Wien. Früher trat die Bäckerei bei Hofer als »Anitas Backstube« auf. Hinter dem Namen »Alpenbäck« steckt die Firma Sorger Brot aus Graz. In der Steiermark gehört das Unternehmen gemeinsam mit der Backfirma Teschl Brot zu den größten Brotherstellern. Letztere Firma mischt übrigens ebenfalls bei Hofer mit: Die Firma Teschl stellt sowohl konventionelles als auch Bio-Brot für den Discounter her. Ihre Produktionsstraße gilt in der heimischen Backindustrie als eine der technologisch modernsten.

Nachdem ich die Hersteller des Bio-Brotes von Hofer unter die Lupe genommen hatte, begrub ich meine Hoffnungen auf das versprochene »traditionelle Handwerk« unter einem riesigen Berg an Kilometern, die ich auf Autobahnen durch ganz Österreich zurückgelegt hatte.

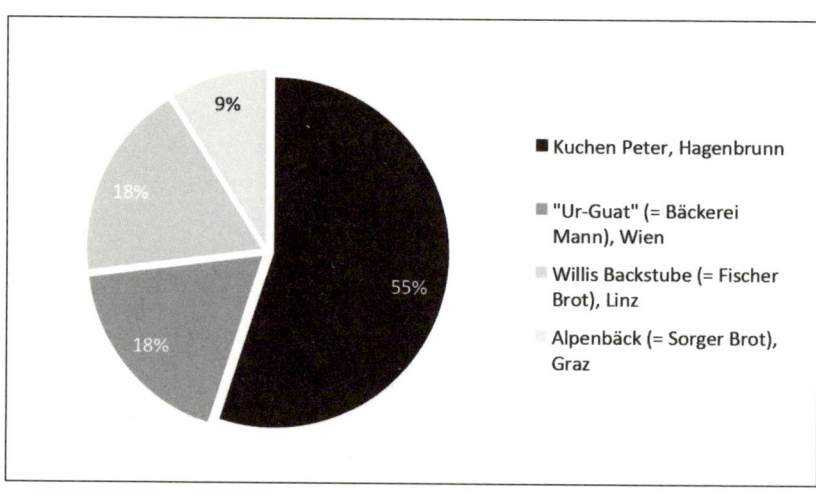

Herkunft der Bio-Backwaren von *Zurück zum Ursprung* (Hofer) in Wien (2011)

Bio-Brot aus dem Tiefkühlfach? Ja, natürlich!

»Schauen Sie zum Beispiel bei Billa oder Merkur einfach einmal ins Tiefkühlregal. Alles, was Sie dort sehen, wurde von uns geliefert.« Der sympathische Vorarlberger hatte sich zuerst Sorgen wegen seines Dialektes gemacht. Doch es war kein Problem für mich, ihn zu verstehen. Meine Recherchen hatten mich ein weiteres Mal in einen Industrie- und Gewerbepark geführt. Im Nordosten von Wien ist die TKL Tiefkühllogistik GmbH zu Hause. Hier verharren jährlich hunderttausend Tonnen Tiefkühllebensmittel verschiedenster Hersteller in eisiger Erstarrung. Sie werden von Produzenten aus ganz Österreich, aber auch aus dem Ausland in das frostige Lager transportiert, von wo sie auf Abruf mit hundertfünfzig Sattel-Lastkraftwagen über die verschiedenen Supermarktfilialen im ganzen Land verteilt werden. Iglo-Gemüse lagert hier neben Bio-Gemüse, gefrorene Chicken-Nuggets neben italienischer Bio-Tiefkühlpizza. Doch das ist nicht alles. Auch der Großteil des Bio-Brotes und Bio-Gebäcks von *Ja!Natürlich* wird aus diesem überdimensionalen Lager verteilt. Die Teigrohlinge werden dort direkt aus den Backfabriken eingelagert. Wenn die Rohlinge ankommen, sind sie bereits auf Fließbändern vorgebacken, tiefgefroren und in Plastik eingepackt worden.

»Im Durchschnitt lagert die gefrorene Bäckerware hier drei bis vier Wochen, bevor sie an die Filialen ausgeliefert wird«, erklärte mir der freundliche Vorarlberger, während ich aus einem Fenster des Bürokomplexes auf die riesigen Hallen starrte. Aber es gäbe auch Ausreißer, meinte er, die hier drei oder vier Monate Zwischenstopp machen würden. Sind die vorgebackenen Brote und Wecken endlich an die Filialen der Rewe-Supermärkte geliefert worden, werden sie dort direkt im Backshop aufgebacken. Den biologischen wird das *Ja!Natürlich*-Logo verpasst, den konventionellen nicht. Hinter der Vitrine und im Brotkorb sieht man den Backwaren die zurückgelegte Odyssee nicht mehr an. Es deutet nichts mehr auf ihre Herkunft hin, auch nicht auf dem Etikett. Deswegen musste ich erst mit Mitarbeiterinnen und Mitarbeitern bei Merkur und Billa ins Gespräch kommen, um in Erfahrung zu bringen, welche Backfabriken ursächlich hinter Bio-Brot von *Ja!Natürlich* stehen. Und es waren wieder ähnliche, teilweise dieselben Back-Goliaths, die ich schon von *Zurück zum Ursprung* kannte. Auch Kuchen Peter war wieder mit von der Partie und liefert für Rewe gefrorene Bio-Rohlinge an das Tiefkühllager in Wien. Die Praxis von *Ja!Natürlich*, tiefgefrorenes und vorgebackenes Brot in den Filialen aufzubacken, ist nichts Neues. Das tut man auch an Tankstellen und in Würstelbuden. Spar setzt mit seiner eigenen Bio-Marke *Natur*pur* ebenfalls auf das große Vorbacken, Einfrieren, Auftauen und Aufbacken. Dass Penny mit *Echt Bio* in die Reihen der »Tiefkühl- und Wieder-Auf-Bäcker« gehört, verwunderte mich nicht, da die Handelskette, ebenso wie *Ja!Natürlich*, zum Rewe-Konzern zählt. Werbetafeln mit der Aufschrift »Frisch gebacken in der Filiale« verlieren vor diesem Hintergrund ein wenig von ihrem Reiz.

Der Bio- und Vollwertbäcker Franz Kaschik aus Wien brachte es mit folgenden Worten auf den Punkt: »Wenn Brot schreien könnte, müsste man sich im Supermarkt die Ohren zuhalten.« Warum er das glaube, fragte ich den erfahrenen Meisterbäcker. »Na stellen Sie sich das einmal vor«, war die Antwort: »Die Teige werden zweimal gebacken, einmal in der Fabrik, einmal in der Filiale. Und viermal braucht man die Gefriertruhe, weil der Teig von den schnellen Maschinen nur unter Zugabe von Crash-Eis geknetet werden kann, um nicht zu überhitzen. Dann wird er eingefroren, im Anschluss im Tiefkühllager untergebracht und später nochmal in den Filialen in die Tiefkühltruhen gesteckt.« Vollkornbäcker Kaschik schloss mit den Worten: »Das kann man Brot doch nicht antun!«

Als ich doch noch auf Bäckerhandwerk stieß

Ein sengend heißer Sommertag im Burgenland: Die Sonne brannte auf die reifen Kornfelder herab und tauchte sie in gleißendes Gold. Es war Mittagszeit. Den Weg hierher hatten mir keine Industrieschlote gewiesen und auch Straßenschilder mit der Aufschrift »Industriegebiet«, wie ich sie aus meinen bisherigen Erkundungen bereits kannte, waren mir unterwegs nicht aufgefallen. Ich befand mich weit, weit weg von den ratternden und tosenden Fabriken der Bio™-Branche. Über dem alten Torbogen an der Straße verriet lediglich ein unscheinbarer Schriftzug, dass sich dahinter eine Bäckerei verbarg. Clemens Waldherr hatte soeben die Öfen ausgemacht, die er um drei Uhr morgens angeworfen hatte. Feierabend. Zumindest vorläufig, denn für Nachmittag standen Büroarbeiten an. »Mein Vater gründete als junger Mann unsere Bäckerei«, erklärte mir der Meisterbäcker, während er einen Laib Brot anschnitt, um ihn mit mir gemeinsam zu kosten. »Aber verantwortlich dafür, dass wir heute Bäcker sind, ist eigentlich meine Großmutter.« Als die Großeltern den alten Hof kauften, so der Vollkornbäcker, sei in einem der Räume ein voluminöser Backofen gestanden. Zu ihrem Sohn, Waldherr Senior, der als Jugendlicher einen Beruf erlernen musste, habe die Großmutter gesagt: »Wir haben jetzt einen Backofen im Haus, also wirst du Bäcker.« Die Zeiten waren anders als heute. Gelernt wurde das, was gebraucht wurde. Und das Dorf brauchte einen Dorfbäcker. »Mein Vater wollte eigentlich gar kein Bäcker werden«, fügte Clemens Waldherr lachend hinzu. Doch die Großmutter habe nicht mit sich diskutieren lassen und so sei schon damals der Grundstein für die heutige Vollkornbäckerei gelegt worden. »Meine Eltern arbeiteten ihr ganzes Leben lang hier.« Der Vater habe seinen Kindern immer davon abgeraten, Bäcker zu werden, weil er selbst nie richtig glücklich in diesem Beruf gewesen war. Nach einer HTL-Matura entschied sich Clemens Waldherr dann aber doch – und gegen den Rat seines Vaters – für die Bäckerzunft. »Unser täglicher Backbetrieb teilt sich auf zwei Werkstätten zu jeweils siebzig Quadratmetern auf«, erfuhr ich von dem Bäckermeister. Das Vollwertmehl wird jeden Morgen frisch gemahlen, im Keller lagert das Getreide. Kein einziges Stück Brot aus diesem Handwerksbetrieb landet in den Regalen eines konventionellen Supermarktkonzerns. Die Bio-Backwaren und Bio-Kuchen warten in den drei eigenen Verkaufsfilialen der Bäckerei darauf, von den Kundinnen und Kunden eingesackt zu werden.

»Ich bin Bäcker und Geschäftsführer in einem. Ich bin die Marketingabteilung und die Logistikabteilung. Ich bin der Einkäufer und der Verkäufer.« Für gewieftes Marketing interessiere sich der Vollkornbäcker nicht. »Ich habe keine Lust, irgendwelche künstlichen Mythen rund um meine Produkte entstehen zu lassen. Wenn den Kundinnen und Kunden mein Brot schmeckt, dann kommen sie ohnedies wieder.« Clemens Waldherr wolle den Anteil an Handarbeit so hoch wie möglich halten und das ginge in der Massenproduktion nicht. Deswegen störe es ihn, sagte er, wie sich die großen Industriebäckereien in den Medien mit den Federn des Handwerks schmückten:»Es werden oft nur Ausschnitte aus den Betrieben gezeigt oder überhaupt Schauplätze inszeniert, die gar nicht existieren.« In der Werbung sehe man Bäuerinnen, Bauern und gemütliche Backstuben anstatt die Realität. Man bediene sich wohlklingender Worte und jede Kleinigkeit werde ganz groß aufgeblasen. Der Bäcker legte einen Zeitungsartikel auf den Tisch, in dem für das Bio-Brot eines Supermarktkonzerns geworben wurde.»Wir rühren behutsam Wasser und Mehl an«, stand in dem Werbeartikel zu lesen. Und weiter:»Fachleute kneten und backen feinste Sorten.« Clemens Waldherr lachte. Die Werbung der Industrie, auch der Bio-Industrie, arbeite ihm zu sehr mit unterschwelligen Botschaften, die ein geschöntes Bild entstehen ließen, erklärte er. Die Übertreibung, Mystifizierung, Harmonisierung und Glättung der Tatsachen in der Werbung seien ihm ein Dorn im Auge.»Man stellt dar, was die Konsumentinnen und Konsumenten der Zielgruppe gerne hören oder sehen möchten. Die meisten Kunden wissen nicht einmal, dass auch in der Bio-Industrie oft Fertigbackmischungen zum Einsatz kommen.« Werbung sei perfekte Illusion, meinte er.

Für mich war es an der Zeit, eine neue Frage zu stellen. Eine, deren Beantwortung ich mit ein wenig Unwohlsein entgegentrat: Sie lautete: Wie wird in der industrialisierten Bio-Branche eigentlich mit Tieren umgegangen? Würden mich Parallelen zum »Umgang« mit Getreide und Brot erwarten? Ich ahnte, dass ich auf meinem nächsten Weg starke Nerven brauchen würde.

DAS GROSSE GACKERN IM TODESKARUSSELL

Von »überglücklichen Hühnern« und anderen
gackernden Werbefantasien

Lebende Ware

Höher entwickelte Tiere können als Wesen mit unterschiedlich stark
ausgeprägten Fähigkeiten zur Eigenbestimmtheit betrachtet werden.
Warengüter hingegen sind Produkte, die mit dem Vorsatz erzeugt werden, ihrem Hersteller durch Verkauf materielle Gewinne einzubringen.
Um mit Tieren handeln zu können, muss erstens vorausgesetzt werden, dass Tiere in beliebiger Stückzahl Eigentum einer Firma sein können und dass sich zweitens für sie ein materieller Marktwert festlegen
lässt. Während man sich in der Philosophie neuerdings wieder intensiver die Frage stellt, ob lebendige Tiere so ohne Weiteres zu Produkten
gemacht werden dürfen, ist dieses Problem auf dem Bio-Massenmarkt
offenbar längst geklärt: »Hier wird die Lebendware ausgeliefert«, erklärte mir in routiniertem Ton der Chef einer Brutfabrik, in der für die
Bio-Industrie Hühnereier ausgebrütet werden. Ein LKW fuhr rückwärts
an die Laderampe und öffnete routiniert schnell seine Heckklappe. Der
Fahrer stieg aus, ein automatisches Tor rollte hoch und ein Mitarbeiter
brachte auf einem Hubstapler eine Palette mit weißen Plastikkisten aus
dem Fabrikkomplex. Dann noch eine und noch eine. So ging das eine
Weile dahin. Der LKW-Fahrer übernahm die Türme und half bei der
Verladung – Kisten über Kisten. Am Ende war der LKW voll. Doch nicht
nur das Fahrzeug war gefüllt, auch die Plastikkisten waren es. In jeder
einzelnen hockten – eingepackt bis zum Überquellen – jeweils hundert
kleine Küken, die in der Nacht zuvor oder am Morgen geschlüpft waren.

»Jetzt wird die Lebendware an die Mastbetriebe ausgeliefert«, bekam ich erklärt. Der Laderaum des Wagens war geschlossen worden und das durcheinanderklingende Zwitschern der Küken drang jetzt nur mehr gedämpft an meine Ohren. Abtransport. Ich blickte dem LKW noch eine Weile hinterher und verabschiedete mich innerlich von den kleinen Neuankömmlingen auf diesem Planeten, von der »Lebendware« also, die ihre vorprogrammierte Reise durch die Maschinerien der Bio-Industrie angetreten hatte. Dies war mein erster Schritt in eine äußerst seltsame Welt – in eine Bio™-Welt der automatischen Vogelnester, der Kükenfließbänder und der Todeskarusselle. Ein Imperium der holländischen Bruteier, der Hühnerrasse JA-757, der industriellen Fütterungsautomaten und der Kükenvernichtungsanlagen. In dieser Welt haben Bio-Landwirtinnen und Bio-Landwirte nichts mehr mit Bauerntum zu tun, so wie sich die meisten Konsumenten das vorstellen. Sie sind zu vertraglich gebundenen Hühnerfütterern expandierender Handelskonzerne degradiert worden.

Der Geflügelproduktionszyklus

Ich war neugierig darauf, welche Wege Bio-Eier sowie Bio-Hühner-und-Putenfleisch beschreiten, um schließlich fein säuberlich verpackt in den Supermarktregalen zu landen. Bevor ich Sie auf diese Reise mitnehme, ist es notwendig, ein wenig Theorie vorauszuschicken.

Die Produktionsschritte, die Legehennen, Masthühner und Mastputen in Österreich durchlaufen, sind zahlreich und komplex. Die Tiere durchwandern bis zur Endstation im Todeskarussell mehrere voneinander getrennte Schauplätze. Damit Sie in diesem Kapitel nicht die Orientierung verlieren, stelle ich Ihnen überblicksartig den Produktionszyklus für Bio-Geflügelfleisch und Bio-Eier vor. Und dazu müssen Sie eines schon im Vorfeld wissen: Wenn Sie heute in österreichischen Supermärkten biologisches Hühner- oder Putenfleisch bzw. biologische Eier kaufen, dann nehmen Sie nicht das Produkt eines Bauernhofes mit nach Hause, sondern ein Konzernprodukt, das während der zentral gesteuerten Produktion zwischen Fabriken und Landwirten hin und her geschoben worden ist – streng vertraglich geregelt.

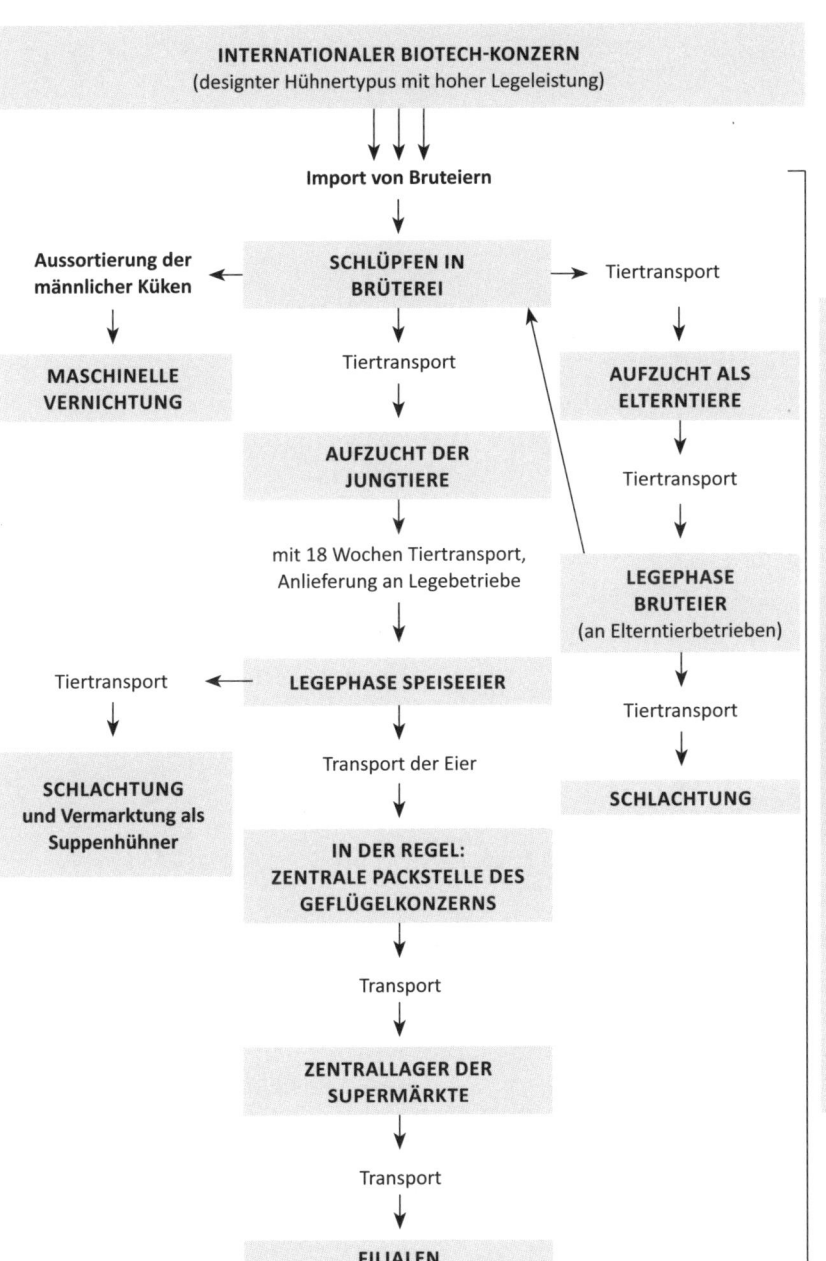

INTERNATIONALER BIOTECH-KONZERN
(designter Hühnertypus mit hoher Legeleistung)

Import von Bruteiern

Aussortierung der
männlicher Küken

**SCHLÜPFEN IN
BRÜTEREI**

Tiertransport

**MASCHINELLE
VERNICHTUNG**

Tiertransport

**AUFZUCHT ALS
ELTERNTIERE**

**AUFZUCHT DER
JUNGTIERE**

Tiertransport

mit 18 Wochen Tiertransport,
Anlieferung an Legebetriebe

**LEGEPHASE
BRUTEIER**
(an Elterntierbetrieben)

Tiertransport

LEGEPHASE SPEISEEIER

Tiertransport

Tiertransport

**SCHLACHTUNG
und Vermarktung als
Suppenhühner**

Transport der Eier

SCHLACHTUNG

**IN DER REGEL:
ZENTRALE PACKSTELLE DES
GEFLÜGELKONZERNS**

Transport

**ZENTRALLAGER DER
SUPERMÄRKTE**

Transport

FILIALEN

ZENTRALER GEFLÜGELKONZERN

Bio™-Marken (Ja!Natürlich, Zurück zum Ursprung, Natur*pur...)

Produktionszyklus für Hühnereier der Bio™-Branche

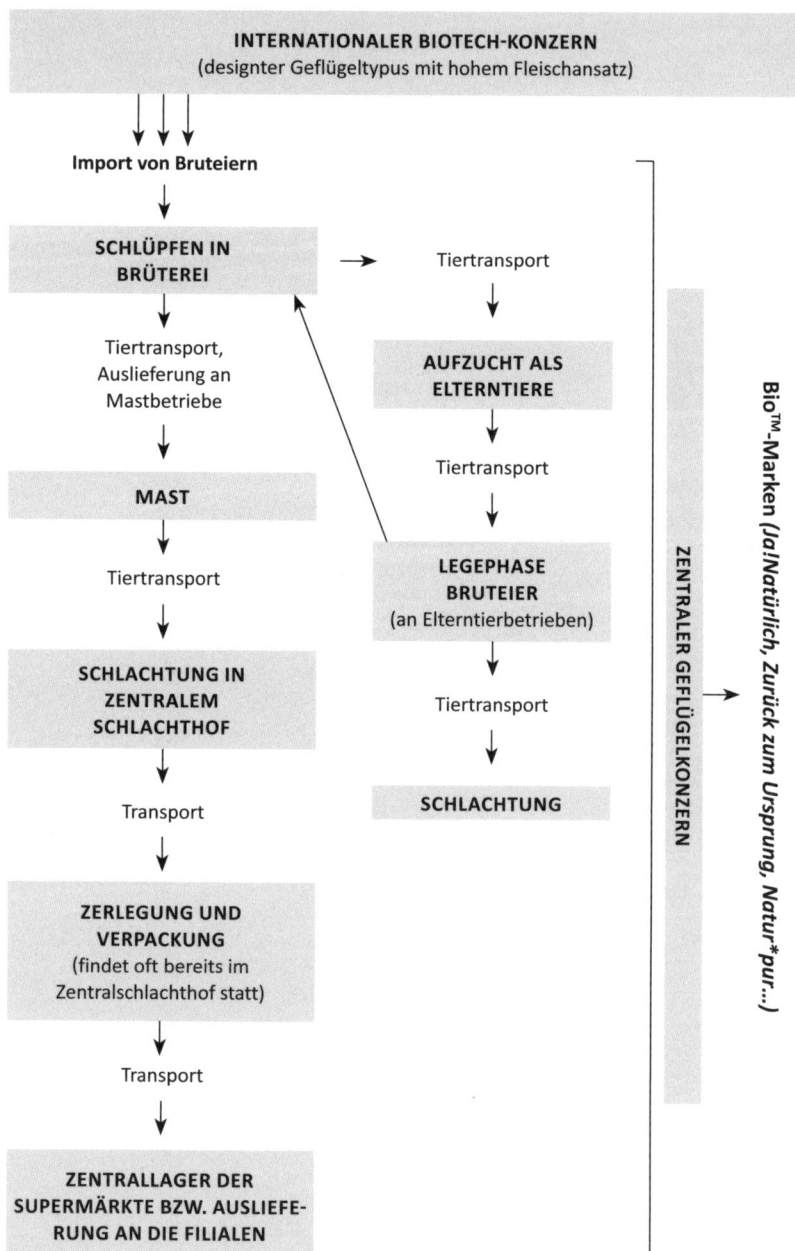

INTERNATIONALER BIOTECH-KONZERN
(designter Geflügeltypus mit hohem Fleischansatz)

Import von Bruteiern

SCHLÜPFEN IN BRÜTEREI → Tiertransport

Tiertransport, Auslieferung an Mastbetriebe

AUFZUCHT ALS ELTERNTIERE

MAST

Tiertransport

Tiertransport

LEGEPHASE BRUTEIER
(an Elterntierbetrieben)

SCHLACHTUNG IN ZENTRALEM SCHLACHTHOF

Tiertransport

Transport

SCHLACHTUNG

ZERLEGUNG UND VERPACKUNG
(findet oft bereits im Zentralschlachthof statt)

Transport

ZENTRALLAGER DER SUPERMÄRKTE BZW. AUSLIEFE-RUNG AN DIE FILIALEN

ZENTRALER GEFLÜGELKONZERN

Bio™-Marken (Ja!Natürlich, Zurück zum Ursprung, Natur*pur...)

Produktionszyklus für Masthühner und Mastputen der Bio™-Branche

Im Supermarktregal ist dann auf dem Fleisch nur mehr der Name des Mastbetriebes oder, auf Eierverpackungen, der des Legebetriebes angegeben. Die zahlreichen vor- und nachgereihten Stationen werden den Käuferinnen und Käufern vorenthalten. Sie würden einfach nicht zu dem hübschen Bild der »Hühner vom Bio-Bauernhof« passen, an das wir glauben sollen. Stattdessen legt man lieber ein bäuerliches Familienfoto bei – natürlich mit Henne, die werbetauglich gestreichelt wird. Und auf die Lastwagen schreibt man: »Direkt vom Bio-Bauern«.

Ich begab mich auf ein bemerkenswertes Abenteuer. Ein wohlklingendes Zitat aus der Werbung spukte mir dabei ständig im Kopf herum: »Eier von überglücklichen Hühnern? – Ja, natürlich!«

Wie Bio™-Küken das Licht der Welt erblicken

Ich hatte mir eine weiße Latzhose und einen weißen Mantel übergezogen – ganz nach Vorschrift. Die Hose war mir zu kurz, die weißen Hausschuhe zu groß. Die Kopfbedeckung – ebenfalls weiß – erinnerte mich an das Maurerhandwerk, doch der Betrieb, in dem ich mich befand, hatte mit dem Baugewerbe nichts zu tun. Das Ambiente wirkte stählern und steril, ähnlich wie in einem Labor. Ich blickte den langen Korridor entlang, der beiderseits von schweren Isolationstüren gesäumt war. In den dahinterliegenden Kammern wurde das Klima elektronisch gesteuert und kontrolliert. Überwachungsanlagen gaben zahlreiche Messwerte wieder, vor allem Lufttemperatur und Luftfeuchtigkeit, Ventilation und Kohlendioxidgehalt. Henne braucht man hier keine einzige, um Eier auszubrüten: »Wir simulieren im Grunde genau das, was auch in der Natur passiert«, erläuterte mir der Firmenchef. »Unsere Anlagen erzeugen denselben Temperaturverlauf, den auch eine Henne erzeugen würde, wenn sie brütet.« Mit der Brutleistung der Geflügelindustrie könnten Hennen jedoch nicht mithalten: Jede Woche verlassen insgesamt eine halbe Million Mastküken diese Brüterei und werden an die Fleischindustrie ausgeliefert. Ein Teil davon sind Bio-Tiere.

Was eine halbe Million lebender Küken bedeutet, begreift man vermutlich erst, wenn man sich das industrielle Megabrüten live angesehen hat. Nachdem der Hausherr eine der Brutkammern geöffnet hatte, schlug mir eine Wolke des Vogelgezwitschers entgegen. Die Zelle war regelrecht erfüllt von dem Gepiepe der Küken. Sie saßen zwischen zerbrochenen Eierschalen in Plastikkisten, die übereinander-getürmt waren. Jedes einzelne von ihnen hatte an diesem Morgen, nach einundzwanzig Tagen Brutzeit mithilfe des Eizahnes – das ist ein verhornter Höcker am Schnabel – die Schale aufgebrochen und war ans Licht geschlüpft. Doch ich konnte mich des Eindrucks nicht erwehren, dass sich die kleinen Vögelchen umsonst angestrengt hatten. So viel Mühe und dann dieses Erwachen als Eigentum der Bio-Großindustrie: Jetzt hockten sie, haufenweise, in ganz und gar unnatürlicher Umgebung.

Sie waren als Massenware auf die Welt gekommen. Und als solche würden sie ihr Leben lang behandelt werden. Auf Schiebewägen brachte man die Kisten mit den frisch geschlüpften Tieren in die Sortier- und Packhalle. Dort wurden sie von Mitarbeiterinnen und Mitarbeitern, die offensichtlich unter enormem Zeitdruck standen, auf ein Fließband ausgelegt. Bei solch hohen Produktionsmengen muss es einfach ruck, zuck gehen. Die kleinen gelben Küken sausten, dicht gedrängt, auf der Industrieanlage dahin, so schnell und so zahlreich wie die Bio-Semmeln, die ich in den Backfabriken beobachtet hatte. Sie verschmolzen zu einem Kükenmeer, zu einem gelben, flauschigen Federnteppich. Das Förderband transportierte die kleinen Tiere in die Zählanlage. Dort wurden sie automatisch auf drei schmälere Fließbänder aufgeteilt, die wahnsinnig schnell liefen. Zu schnell für das menschliche Auge, denn ich sah nur mehr verschwommene gelbe Farbkleckse auf der Maschine. Die vorbeiflitzenden Vögel hatten ihre Identität endgültig verloren, sie waren jetzt wirklich zu einem homogenen gelben Warenstrom geworden.

Auf diese Weise wurden die Küken durch eine computergesteuerte Zählmaschine geschossen. Am Ende des Förderbandes wurden sie über eine Kante regelrecht hinausgeschleudert und landeten eine Etage tiefer auf einem anderen Fließband, in einer Transportkiste.

»Das sind Vögel«, erklärte mir der Firmenboss, »deswegen macht es ihnen nichts, wenn sie so geworfen werden.« Immer, wenn der Zählcomputer die Zahl Hundert erreicht und wieder auf Null zurückgeschaltet hatte, schob die Maschine automatisch eine neue, leere Kiste nach. Das musste wirklich rasch gehen, denn es dauerte nur wenige Augenblicke, bis wieder eine Kiste mit hundert Küken gefüllt war. So ging das ununterbrochen dahin.

Irgendwie geschah es, dass eines der kleinen Vogeljungen am Rande des Fließbandes zu Boden fiel. Es fing an, ganz nach Kükenart umherzutaumeln. Es bewegte seine kleinen, zerbrechlichen Flügel und stolperte verloren auf der kalten Betonfläche umher. Der Anblick war bemerkenswert, denn das flauschige Tier war auf diese Weise ganz unerwartet zu einem Individuum geworden. Es war aus dem anonymen Massenstrom herausgefallen. Ich sah den kleinen runden Kopf, die spiegelnden schwarzen Augen, die Minikrallen an seinen Füßen. Es war ein Küken! Ein eigenständiges, für sich existierendes Wesen, das den Mittelpunkt seines eigenen kleinen Vogeluniversums darstellte. Der Inhaber der Fabrik zögerte nicht lange, griff nach dem Küken und schleuderte es, wie einen Tennisball, zurück auf das Fließband. In diesem Augenblick verlor das Tier scheinbar wieder seine Identität und verschmolz mit dem gelben Kükenstrom, aus dem es gekommen war. Am Ende der Anlage wurden die Kisten mit Plastikdeckeln verschlossen, übereinander gestapelt und an der Laderampe für den Transport in die Mastbetriebe vorbereitet. In dieser Fabrik ist jeden Mittwoch Bio-Schlüpftag. Einmal in der Woche jagen also Bio-Küken über die Fließbänder, an den übrigen Tagen gehört dieselbe Anlage den konventionellen Vögelchen. Die Internetseite des Unternehmens wird von einem herzförmigen Symbol mit einem Küken geziert, das die Aufschrift »Ein Herz für Tiere« trägt.

Beim großen Brüten für die Eierproduktion geht es ähnlich zu. Bio-Legehühner, die dort schlüpfen, durchlaufen allerdings einen zusätzlichen Verarbeitungsschritt: Sie werden »gesext«, das heißt, männliche Küken werden aussortiert. Früher mussten die Fließbandarbeiterinnen und Fließbandarbeiter hierzu einen Blick auf die Intimteile der Vogeljungen werfen. Heute geschieht das rascher, schneller, effektiver. Internationalen Biotech-Konzernen ist es gelungen, ein spezielles Gen in das Erbgut der Tiere einzukreuzen, das noch im Ei zu unterschiedlich raschem Wachstum der Flügelfedern männlicher im Vergleich zu denen von weiblichen Küken führt. Weil man jetzt beim Spreizen des Flügels an der Federnlänge erkennen kann, ob es sich um eine künftige Henne oder einen Hahn handelt, sind Aufwand und Know-how beim Sortieren geringer und dadurch erhöht sich die Stundenleistung an den Akkordfließbändern. Der Prozess nennt sich »Federsexen«. Die weiblichen Küken werden (auf die bereits beschriebene Roboterart) automatisch gezählt und in Transportkisten verpackt. Das Förderband mit den männlichen Tieren hingegen führt in eine Einbahnstraße, an deren Ende der industrielle Tod durch rotierende Messer oder durch Erstickung in einer CO_2-Gasanlage wartet. Die Verarbeitung der noch lebenden Küken zu Brei durch die Rotationsklingen wird von Fachleuten als »Homogenisierung[12]« bezeichnet.

Bio-Bauernhof oder Hühnerfabrik?

Ich klopfte an das Tor und betrat die Eierpackhalle. Es lief gerade ein Förderband, an dem die Hausherrin stand und Eier in Kisten verpackte. Ich befand mich in einem Legebetrieb – in einem Bauernhof, in dem Bio-Eier für fast alle österreichischen Supermarktkonzerne produziert werden. Die Ei-Abnahme erfolgt hier automatisch: Im Stall legen die Hühner ihre Eier über ein sogenanntes Automatiknest auf ein Fließband und jeden Vormittag setzen sich die Zahnräder der Anlage in Bewegung, um Tausende von Eiern durch eine Öffnung in der Wand in die Packhalle zu transportieren. Ebenfalls automatisch gesteuert werden die Tränke- und Fütterungsanlagen, die den Stall durchziehen.

Plötzlich geschah etwas Unerwartetes. Aus dem Schwarz der Luke tauchte, wie aus dem Nichts, eine Henne auf. Sie kauerte ängstlich und flach gedrückt auf dem Fließband, von dem sie mitgeschleppt wurde. Offenbar war sie aus ihrem Automatiknest aufs Förderband gerutscht. Ob so etwas öfter passiere, fragte ich. Es komme gelegentlich vor, antwortete die Landwirtin, während sie die Henne routiniert an den Hinterbeinen packte und durch eine kleine Türe zurück in den Stall bugsierte.

Meine Neugier wuchs. Ich wollte einen Blick hinter die Mauern werfen und sehen, was sich in dem Stall verbarg, aus dem unentwegt dieser Klangteppich des nervösen Gackerns und Flatterns drang. Der Landwirt, der sich inzwischen dazugesellt hatte, erlaubte mir einen kurzen Blick hinter die Kulissen. »Aber ziehen Sie lieber Stallschuhe an«, warnte er mich. Ich zögerte zunächst, denn ich trug ohnedies robuste Schuhe, die mich bereits über unwegsameres Gelände als einen Hühnerstall getragen hatten. »Es ist aber alles voll mit Kot, da werden Sie richtig einsinken.« Nun gut, dachte ich mir, während ich meine eigenen Schuhe aus- und die Gummischuhe anzog. Wir näherten uns der hölzernen Stalltüre. Ich vernahm aufgeregtes Scharren und Kratzen an den Außenwänden. Die Türe klemmte ein wenig. Der Landwirt rüttelte heftig an ihr und sie ging auf. Sofort schlug mir ein lauwarmer, feuchter Dampf entgegen, der mir stechend in die Nase schoss. Die Luft war trüb und aufgewirbelt, es roch scharf. Ich trat über die Türschwelle und tat ein paar Schritte in den Stall. Drinnen hielt ich inne, versuchte, so wenig wie möglich zu atmen, und gab mein Bestes, um meine Überraschung zu verbergen. Ich stand am Rande eines regelrechten Hühnerteppichs ohne Ende. Die Tiere flatterten, hockten und gackerten überall. Sie quollen förmlich aus allen Ecken und Enden. Die Halle war mit rotem Dämmerlicht ausgestattet. Das wirke beruhigend und erhöhe die Legeleistung, wurde mir erklärt. Ich schnappte nach Luft, bekam aber keine. So etwas hatte ich mir unter einem »Bio-Bauernhof« einfach nicht vorgestellt.

»Wie viele Hennen werden denn hier gehalten?«, fragte ich in neutral gehaltenem Ton. »Derzeit sind es fünfzehntausend Stück in fünf Stalleinheiten«, bekam ich ebenso neutral zur Antwort. »Aber wir bauen gerade aus. Bald werden wir insgesamt achtzehntausend Hennen haben.« – »Achtzehntausend?«, wiederholte ich. – »Ja, achtzehntausend«, war die Antwort. Das ergibt eine Ausbeute von etwa siebzehntausend Bio-Eiern pro Tag – mehr als sechs Millionen Stück im Jahr. Die Ware ist nicht etwa für Bio-Läden bestimmt, sondern geht an einen riesengroßen Geflügel- und Eierkonzern in Schlierbach und von dort weiter an die Bio-Handelsmarken mehrerer österreichischer Supermärkte – dieselben Eier, unterschiedlich verpackt und mit verschiedenen hübschen Logos beklebt.

Hier legen Hennen für österreichische Supermarktkonzerne ihre Bio-Eier über automatische Nester auf ein Förderband.

Szenenwechsel: Ich befand mich in einem Bio-Mastbetrieb in der Steiermark, wo in zwei Stalleinheiten neuntausendsechshundert Masthühner lebten, die vertraglich der Fleischindustrie verschrieben waren. Nach wochenlanger Erkundung der heimischen Bio-Geflügel-branche war ich an den Gestank der vollgestopften Großraumhallen bereits gewöhnt. Ich blickte durch die geöffnete Tür in den Stall. Das Bild, das sich mir offenbarte, kannte ich ebenfalls bereits. Es war immer dasselbe: eine große Halle, ganz ohne bäuerlichen Charme, darin dicht gedrängte Masthühner. Strukturlos und ohne ausreichende Beschäftigungsmöglichkeit. Die Tiere bedeckten den Boden, von dem ich kaum etwas zu sehen bekam, wie ein lebendiger, gackernder, flatternder Teppich.

Bio-Masthühner am »Bio-Bauernhof«. Die Elemente der Masthalle werden von einem Computer überwacht und gesteuert, der mit dem Zentralcomputer eines Geflügelkonzerns verbunden ist.

Von der Decke hing eine elektronische Geflügelwaage in das Hühnermeer herunter. Über den Tag verteilt, springen zahlreiche Tiere auf die runde Wiegeplatte. Ein Sensor schickt die Daten an einen Zentralcomputer, der das jeweils aktuelle Durchschnittsgewicht der Masthühner errechnet. Die Ergebnisse werden Tag für Tag automatisch an den Geflügelkonzern weitergeleitet, unter dessen Vertrag produziert wird.

So wissen die Mästerinnen und Mäster immer, wie profitabel ihre Riesenherde gerade ist, aber auch der übergeordnete Konzern hat vollste Kontrolle: »Ein Programm läuft im Hintergrund mit und speichert in unserer Zentrale die Daten von allen Vertragsmastbetrieben. Der Computer berechnet dann den optimalen Schlachttermin«, wurde mir vom Manager des steirischen Geflügelkonzerns Herbert Lugitsch und Söhne erklärt. »Wir dürfen die Hühner nämlich nicht zu schwer werden lassen. Dann müssten wir dem Mäster zu viel für seine Tiere bezahlen und die Schlachtkörper würden nicht mehr der

Norm des Marktes entsprechen.« Dieses zentrale EDV-System sei, so erfuhr ich, Standard in der Bio™-Branche, ebenso wie in der konventionellen.

Die Computer, die bei den Landwirtinnen und Landwirten im Technikraum stehen, können aber noch mehr, als das ununterbrochene Verwiegen der Hühnerkörper und das Versenden aller Daten ans Mutterschiff. Die Anlagen kontrollieren und steuern die Lüftung, die automatische Fütterung und die automatische Wasserversorgung in den Hühnerproduktionshallen. Ich traf in allen Mastbetrieben auf dieselben elektronisch geregelten Tränke- und Futterlinien, von denen die Ställe durchzogen waren und die mir auch aus konventionellen Massentierhaltungen bekannt waren. Überhaupt wunderte ich mich darüber, wie auffallend ähnlich die meisten Bio™-Hühnermastanlagen aussahen.»Den Stallbau hat gleich der Geflügelkonzern durchgeführt, der uns unter Vertrag hat«, lieferte mir eine Mästerin die Erklärung für die Einheitlichkeit der Branche. Sie hielt mir einen Prospekt der steirischen Herbert Lugitsch und Söhne GmbH entgegen, der vor Vertragsabschluss überreicht worden war. Die Firma Lugitsch handelt nämlich – außer mit ihrem Produkt »Steirerhuhn«, einer wettbewerbsrechtlich geschützten Wort-Bild-Marke – auch mit den zur Hühnerhaltung im großen Stil notwendigen Stallsystemen. Übrigens auch mit Futter, das die Mästerinnen und Mäster nach Vertragsabschluss häufig aus den Händen der Firma mitbeziehen. Im Eiergeschäft ist der Konzern ebenfalls an vorderer Front dabei und tritt dort unter dem Namen Nest Ei auf. Ein eigenes Eier-Logistikzentrum gehört auch dazu. Den Massenmarkt für Bio-Geflügelfleisch teilt sich der Lugitsch-Konzern mit zwei weiteren Giganten, nämlich mit den Firmen Hubers Landhendl (Oberösterreich) und Wech Kärntner Bauerngeflügel. Alle drei produzieren vor allem konventionelles Fleisch.

Die Bio-Mastbetriebe, die ich besuchte, beherbergten zwischen fünftausend und knapp zehntausend Tiere. In Legebetrieben waren es dreitausend bis fünfzehntausend. Eine Landwirtin in der Steiermark, die Legehennen für die Bio-Industrie hält, erinnerte sich an die guten alten Zeiten:»Vor zwanzig Jahren begannen wir als unabhängige Bauern mit fünfhundert Hennen und konnten ein volles Einkommen damit erwirtschaften. Heute haben wir dreitausend Tiere im Stall, also

Bio-Putenmast: Die gesetzlich erlaubten 21 Kilogramm »Lebendgewicht« pro Quadratmeter werden in der Bio™-Branche meistens vollständig ausgereizt.

sechsmal so viel. Damit zählen wir zu den Kleinsten der Branche.« Der Preisdruck sei jetzt am Bio-Massenmarkt so stark zu spüren, dass sich trotz der Betriebsvergrößerung auf das Sechsfache kein Vollerwerb mehr ausgehe, erklärte mir die Nebenerwerbslandwirtin. Ihr Mann müsse nun einer geregelten Arbeit nachgehen, damit die Familie über die Runden kommt. Ähnliches berichtete mir ein Hühnermäster in Kärnten, als er zwischen seinen beiden Hightech-Ställen mit insgesamt fast zehntausend Bio-Masthühnern stand: »Das Überleben der Mäster ist überhaupt nur mehr über hohe Stückzahlen möglich. Außerdem bin ich vertraglich an einen Geflügelkonzern gebunden, der die schlachtreifen Masthühner im Alter von etwa acht Wochen wieder abholt. Um in diesen Vertrag einzusteigen, musste ich zuerst einmal investieren, sonst könnte ich die geforderte Menge gar nicht produzieren. Jetzt gibt es kein Zurück mehr.« Ein anderer Mäster beklagte den Druck, den er durch die Vertragsbindung an Geflügelkonzerne empfinde: »Es dreht sich alles um das große Geschäft.« Der überaus sympathische Mann trauerte seiner Zeit als selbstbestimmter Landwirt nach. Die strukturellen Veränderungen, sowohl in der konventionellen als auch in der Bio-Landwirtschaft, begünstigen das Entstehen von intensiver Bio-Tierhaltung. Weitaus intensiver, als es sich die Vorreiterinnen und Vorreiter der Ökolandbaubewegung jemals hätten erträumen lassen.

Die Gesetzgebung hat sich für die Lebensqualität der Bio-Tiere nicht sonderlich ins Zeug gelegt. Während man in der konventionellen, also herkömmlichen Eierproduktion sieben Legehennen pro Quadratmeter Stallfläche halten darf, sind es in der kontrolliert biologischen sechs – also genau ein Tier weniger. Bio-Masthühner müssen sich einen Quadratmeter Stallfläche überhaupt zu zehnt teilen. Dies ergibt sich aus dem Gesetzestext, laut welchem in Mästereien einundzwanzig Kilogramm Lebendgeflügel pro Quadratmeter untergebracht werden dürfen. Das ist immerhin um ein gutes Drittel weniger, als in der konventionellen Landwirtschaft, wenn man sich am Gewicht orientiert. Aber eng bleibt eng, unabhängig davon, ob es auch Haltungsformen mit noch geringerem Platzangebot gibt. De facto lebt ein Bio™-Masthuhn auf einer Stallfläche, die ungefähr eineinhalb DIN-A4-Seiten entspricht. Eine Bio™-Legehenne hat eine DIN-A4-Seite mehr zur Verfügung.

Das Gesetz erlaubt einem Bio-Legebetrieb sechstausend Legehennen in zwei Stalleinheiten und einem Bio-Mastbetrieb neuntausendsechshundert Tiere, ebenfalls aufgeteilt auf zwei Stalleinheiten. Obwohl sich schon diese Vorgaben nach den Wünschen der Lebensmittelkonzerne und nicht nach den Bedürfnissen der Tiere richten, lassen sich manche Bio-Tierhalter Tricks einfallen, ihre Gesamtzahl an Hühnern noch weiter in die Höhe zu treiben. Es hat sich offenbar herumgesprochen: Wer das eigene Hühnerdomizil rein formal – also nur auf dem Papier – in zwei oder mehr Betriebe aufteilt, kann die zulässige Höchstzahl der Hühner und Stalleinheiten maßgeblich überschreiten, obwohl es sich in der Realität um nur einen Betrieb handelt.

Die Handelskonzerne und Geflügelgoliaths Österreichs wissen das natürlich. Und es scheint ihnen recht gut ins Konzept zu passen. »Wir versorgen fast alle österreichischen Supermärkte in allen Bundesländern mit unseren Eiern«, teilte mir ein Hühnerhalter aus Kärnten mit, während er mit einem festen Schlag die Stalltüre verschloss, auf dass der Hühnerteppich nicht aus dem vollen Fass auslaufe.»Unsere Zwischenhandelsfirma in Schlierbach weiß: Selbst dann, wenn es in Supermärkten einmal einen Engpass für Bio-Eier gibt, können sie bei uns immer welche abholen.«

Mit Fotomaterial aus meinen Recherchen saß ich kurze Zeit später am Institut für Nutztierwissenschaften der Universität für Bodenkultur in Wien. Ich traf den Universitätsdozenten Dr. Werner Zollitsch, den ich noch aus meiner Studienzeit kenne und schätze. Er sah sich Aufnahmen an, die ich in Bio-Hühnerställen gemacht hatte.»Diese Herde von fast fünftausend Tieren müsste man mindestens vierteln, um überhaupt in die Nähe einer wirklich artgemäßen Tierhaltung zu kommen«, war der erste Kommentar des Nutztierexperten.»Aber selbst Herden mit tausend Tieren wären eigentlich noch immer zu groß, um den Hühnern ein artgemäßes Sozialleben zu ermöglichen«. Die Tiere stünden in so großen Geflügelherden ständig unter Stress, so der Universitätsdozent, weil es ihnen unmöglich sei, eine stabile soziale Rangordnung zu entwickeln. Er erklärte mir:»Insbesondere in der Hühnermast ist, neben der hohen Besatzdichte, das Fehlen von Strukturen in den Masthallen ein Problem für die Tiere.« Auch Bio™-Masthühner haben in der Praxis, im Gegensatz zu Legehühnern, zum Beispiel keine Sitzstangen. Diese wären aber notwendig, um angeborene Vogelbedürfnisse, wie das natürliche Ruheverhalten, befriedigend auszuleben. Die Füße der Hühner und Puten sind nicht für ein Leben auf ebenen Stallböden gemacht. Die Tiere brauchen erhöhte Sitzmöglichkeiten, die sie mit ihren Zehen umgreifen können, wie es Vögel eben tun. Einzelne Tiere versuchen immer wieder, sich auf die viel zu dicken Rohre der automatischen Futterlinien zu setzen, die der Länge nach durch den Stall verlaufen. Dass man den Masttieren Sitzstangen zum Ausleben ihrer elementaren Hühnerbedürfnisse verwehrt, hat in erster Linie wirtschaftliche Gründe. Einzelne Bio-Verbände empfehlen zwar Sitzstangen, doch Theorie und Praxis weichen auch in diesen Fällen maßgeblich voneinander ab. Wenn ich überhaupt auf erhöhte Sitzmöglichkeiten in Mastställen stieß – und das war meistens nicht der Fall –, dann hielten diese keiner näheren Überprüfung stand: Sie reichten nur für einen kleinen Teil der Hühner oder Puten, sodass nur die dominanten Tiere in den Genuss des erhöhten Sitzens kamen. In Putenställen traf ich gelegentlich auf einzelne Strohballen, die in der Werbung als »artgerechte Stallstrukturen« verkauft werden. Ebenfalls problematisch in derart großen Hühner- und Putenherden, egal ob in Lege- oder Mastbetrieben, sei die unzureichende Mensch-Tier-Beziehung, so der Nutztierwissenschaftler Zollitsch: »Bei solchen Dimensionen ist es nicht mehr möglich, regelmäßig durch den Stall zu gehen oder gar Beziehung zu den Tieren aufzubauen.« Auch dies ist aber im Sinne der artgemäßen Tierhaltung wichtig, da Hühner und Puten Kulturtiere sind, die seit Jahrtausenden an den Menschen gewöhnt sind und sich erst unter dessen Hand entwickelt haben.

Auslauf ins Freie! Oder doch nicht?

Kein Vorteil der biologischen Geflügelhaltung gegenüber der konventionellen Bodenhaltung wird in der Werbung offensiver ausgenutzt als der Auslauf, der Bio-Hühnern und Bio-Puten gesetzlich zur Verfügung steht. Jedem Masthuhn wird eine Freilandfläche von zwei Quadratmetern zugestanden. Bei Puten und Legehennen sind es zehn Quadratmeter pro Tier. Eines aber wissen viele Konsumentinnen und Konsumenten nicht: Ausgerechnet dieser Punkt – der Freigang ins Grüne – bietet unter Expertinnen und Experten Zündstoff für die heißesten Diskussionen. »Ich halte Geflügelherden ab tausend Tieren für Tierquälerei. Und mit dem Auslauf klappt es in diesen Dimensionen sowieso nicht mehr«, sagte mir der Besitzer eines kleinstädtischen Bio-Ladens, der seinen Eierbauern persönlich kennt und sich immer wieder davon überzeugt, dass dessen Hühnerherde nicht zu sehr in die Masse wächst. »Ich komme viel herum, weil ich landwirtschaftliche Erzeugnisse für mein Geschäft direkt bei meinen Bauern abhole«, erklärte mir der Kaufmann. »Und wann immer ich an einem dieser großen Bio-Ställe vorbeifahre, fällt mir eines auf: nämlich leer gefegte Auslaufflächen.« Diese Beobachtung hatte auch ich am laufenden

Band gemacht, als ich in der Bio-Geflügel-Branche recherchierte. Obwohl ich an den Höfen über den gesamten Frühling und Sommer, zu verschiedensten Tageszeiten und während der unterschiedlichsten Wetterlagen auftauchte, suchte ich das idyllische Puten- oder Hühnervergnügen auf grünen Wiesen, das wir aus der Werbung kennen, vergebens. »Die Tiere gehen einfach nicht hinaus, das ist wirklich ein Problem«, sagte mir eine Bio-Hühnermästerin, während sie von der Masthalle aus mit dem Finger auf die Freilandfläche zeigte, die verlassen in der Nachmittagssonne lag. »Wir haben schon alles versucht. Sogar Sandhaufen haben wir draußen aufgeschüttet, weil Hühner ja von Natur aus gerne scharren.« Das habe auch nichts geholfen, erklärte mir die ratlose Landwirtin. Es seien nur wenige, einzelne Tiere hinausgegangen, die sich nicht weiter als fünf Meter unter den freien Himmel getraut hätten.

In Werbebeiträgen werden dennoch Auslaufflächen gezeigt, auf denen sich »viele« Hühner tummeln. Doch selbst wenn man hundert oder zweihundert Tiere vor der Halle sieht, dann bedeutet dies bei Herden dieser Größen, dass sich noch immer Tausende Hühner in der Enge des Stalls befinden.

Ein anderer Hühnermäster, der ähnliche Erfahrungen gemacht hatte, lieferte die Erklärung für die Auslaufprobleme gleich mit: »Die Herden sind einfach zu groß.« Dies sei in der Hühnermast noch problematischer als bei Legehennen, sagte er. »In dieser kurzen Zeit, in der die Masthühner bei uns sind, gewöhnen sie sich sowieso nicht an den Auslauf.«

Ich zeigte Werner Zollitsch, dem Universitätsdozenten an der BOKU, Fotos von Grünflächen rund um Lege- und Mastbetriebe mit Bio-Vertragsbindungen. Die Aufnahmen waren an sommerlichen Tagen entstanden. Sie zeigten angenehmes Wetter, nicht zu heiß und nicht zu kalt. Das perfekte Freilandwetter für Vögel. Doch zu sehen waren – wie gewohnt – leer stehende Gefilde trotz geöffneter Ställe. »Das ist kein Wunder!«, rief der Dozent aus. »Es fehlt an Strukturen, die die Tiere zur Deckung nutzen können.« Kein Vogel bewegt sich

Eine typische Bio™-Hühnermasthalle in Österreich. Vor der Halle befindet sich der exponierte Grünauslauf ohne Strukturen und Deckungsmöglichkeiten. In der Halle drängen sich Tausende von Tieren.

auf exponierten Flächen und ein paar einzelne Bäume oder Büsche reichen längst nicht aus. »Hühnerfeindlicher kann man den Platz nicht mehr gestalten, es fehlt nur noch, dass man einen Raubvogel darüber kreisen lässt«, schüttelte der Wissenschaftler seinen Kopf. »Überhaupt kann man sagen«, fügte er hinzu, »je größer die Herde, desto weniger Tiere gehen hinaus.« Sie sind einfach zu gestresst von dieser intensiven Haltung. Während es mit dem Auslauf bei Bio™-Masthühnern so gut wie nie klappt, ist die Situation für Legehennen in manchen Betrieben etwas besser. Diese nämlich leben länger und haben daher mehr Zeit, sich an ihr Umfeld zu gewöhnen.

Die Auslaufluken sind darüber hinaus öfter geschlossen, als man es sich im Sinne der Tiere wünscht: Für Legehühner zum Beispiel an feuchten Tagen, wenn sich die Vögel ihre Füße schmutzig machen könnten. Denn dies würde die Zahl sogenannter Schmutzeier erhöhen, was für den Betrieb einen gestiegenen Arbeitsaufwand bzw. einen geringeren Gewinn bedeutet. Oder wenn es draußen wirklich nass ist und Keime zur Gefahr werden könnten. Infektionen hätten bei so großen Herden fatale Auswirkungen. Die Bio-Massenställe sind Monokulturen, in denen sich Krankheitserreger ausbreiten können wie ein Lauffeuer. Wenn es dazu kommt, müssen selbst in der biologischen Landwirtschaft Antibiotika eingesetzt werden. Während der kalten Jahreszeit bleiben die Luken der Masthallen und Legeställe oft über längere Zeiträume geschlossen. »Es gibt Herden, die ihr ganzes Leben hinter verschlossenen Türen verbringen«, erklärte mir ein Hühnermäster. Warum dies so sei, fragte ich. Er antwortete: »Im Winter kann ich die Auslaufluken manchmal wochenlang nicht öffnen. Und dann werden die Hühner schon geschlachtet.« Hühner und Puten gehen aber erfahrungsgemäß im Winter selbst dann kaum hinaus, wenn sie die Möglichkeit dazu haben, und müssen sich daher mit der Enge des Stalles zufriedengeben. Kein Huhn würde beispielsweise durch Pulverschnee laufen. Im Winter begeben sich einzelne Tiere nur an optimalen Tagen ins Freie. Das bedeutet: Sonnenschein, Windstille und entweder gar keine Schneedecke oder gefrorener, tragfähiger Schnee. Der Großteil der Tiere meidet aber den Freigang im Winter generell, da die empfindlichen Augen der Hühner durch die Lichtreflexion an der weißen Schneedecke geblendet werden. Ich lernte Hühnermäster kennen, die im Herbst alle Auslaufluken schlossen und das wars dann bis zum nächsten Frühjahr.

Unabhängig von der Jahreszeit gibt es ein weiteres pikantes Detail, über das Konsumentinnen und Konsumenten weder auf den Homepages der Lebensmittelkonzerne noch in der Werbung informiert werden: Die Hühnermast dauert insgesamt acht bis neun Wochen. Während der ersten vier Wochen, also bis zur vollständigen Befiederung, werden die jungen Tiere ohne Auslauf gehalten. Diese Zeit wird auch als Vormast bezeichnet. In Vormastställen beträgt die Besatzdichte bis zu fünfunddreißig Hühner pro Quadratmeter. Und noch etwas lässt uns die Werbung nicht wissen: Bio-Elterntiere – das sind die, deren Eier in Brutfabriken ausgebrütet werden und die so für den Nachwuchs an Industrieküken sorgen – kommen ihr ganzes Leben lang grundsätzlich nicht unter freien Himmel. In der Elterntierhaltung herrscht eine Ausnahmeregelung und es ist kein Grünauslauf vorgesehen. Aus diesem Grund dürfen Bio-Elterntierhalter ihre Eier auch nicht als Bio-Eier kennzeichnen. Stattdessen müssen sie den Stempel

In der Bio-Vormast, die in der Regel vier Wochen dauert, gibt es grundsätzlich keinen Auslauf und es werden bis zu 35 Tiere pro m² gehalten.

Bio-Elterntieren bleibt der Grünauslauf ihr ganzes Leben lang verwehrt

für herkömmliche Bodenhaltung verwenden. Während es für Lege- und Masthühner auch in Österreich Landwirtinnen und Landwirte gibt, die vertraglich Bio-Elterntiere für Geflügelkonzerne halten, existiert hierzulande für Bio-Puten kein einziger solcher Betrieb. Man ist auf ausländische Bruteier angewiesen.

Ein Wort zum Ei

Die historische oberösterreichische Stadt Schlierbach wurde im Mittelalter malerisch an einen Hang gebaut. Heute ist sie Sitz eines marktwirtschaftlich bedeutenden Geflügelkonzerns. Gemeinsam mit drei anderen Goliaths der Branche beherrscht die Firma den gesamten österreichischen Eiermarkt. Fast jedes Ei, das Sie in einem Supermarkt oder beim Discounter kaufen, ganz egal ob biologisch oder konventionell, kommt von einem der vier »Gigantisten«. Und die Wahrscheinlichkeit, dass es aus Schlierbach geliefert wurde, ist am größten. Die Firma ist in Österreich marktführend. Fünfzig Prozent der heimischen Eierproduktion stehen unter ihrem Regiment. Auch viele Mast- und Legeküken der Bio-Industrie stammen aus einer industriellen Brüterei, die zu dem Konzern gehört. Und jeden Dienstag ist dort »Bio-Schlüpftag«.

Wieder einmal kommt alles aus einer Hand: »Bio-Eier – konventionelle Eier – Bruteier – Küken – Junghennen.« Mit diesen Worten wird man in fetten Lettern auf der Homepage der Firma begrüßt. Das Unternehmen mischt in allen Bereichen der Eier- und Geflügelindustrie mit. Deswegen schaffen seine Kükenfließbänder fünfzigtausend transportfertige Küken pro Stunde. Kein Wunder, dass sich ein derart auf wirschaftliches Wachstum ausgerichteter Konzern auch ein Stück des Bio-Kuchens abschneiden möchte.

Als ich in der Eierpackhalle der Zentrale in Schlierbach stand, war ich nicht überrascht darüber, dass es dort vor Großförderbändern und Robotern geradezu wimmelte. In den vollgestopften Lagerhallen stapelte sich das Verpackungsmaterial bis unter die Decke. »In vier Wochen haben wir das alles verbraucht«, schätzte der Geschäftsführer. In diesem Lager entdeckte ich den Großteil aller mir bekannten

Eierverpackungen. »Wir liefern an alle Supermärkte und unter verschiedenen Marken«, kommentierte der Chef die unüberschaubare Vielfalt. Doch auch sein eigenes Unternehmen nimmt unter mehreren Namen an immer demselben großen Spiel teil: Wenn es nicht unter der eigentlichen Bezeichnung »Geflügel GmbH« auftritt, dann unter dem Namen »Die Eiermacher«. Eigens für *Ja!Natürlich* liefert man schließlich als »Bio-Produkte Stift Schlierbach Handels GmbH«. Die übrige Hälfte des Massenmarktes für Eier teilen sich – vorwiegend als Vermarkter – die drei Mitbewerber, namentlich die Firmen Schlögl Ei, Tonis Freilandeier und Nest Ei. Hinter der letztgenannten Firma, Nest Ei, steckt die bereits bekannt gemachte Lugitsch GmbH: Steirerhuhn™.

Endstation Bio™: Das Todeskarussell

Durch einen schmalen Hintereingang trat ich aus dem Tageslicht in den Schlachthof ein. Drinnen herrschte eigentümliches schwachblaues Licht. Diese Art von Licht können Hühner nicht wahrnehmen, sie empfinden den Raum als dunkel. Es wird immer wieder behauptet, das Blaulicht werde eingesetzt, um den Stress der Hühner zu reduzieren. Der eigentliche Grund ist aber ein anderer: Hühner, die nichts sehen, lassen sich der industriellen Anlage leichter zuführen. Der Eingang, durch den ich hereingekommen war, befand sich direkt neben einem stählernen Karussell. Wer in dieses Karussell einsteigt, steigt nie wieder aus. Es war gerade Chargenwechsel. Deswegen ratterten leere Metallhaken an mir vorbei (etwa drei in der Sekunde). Dann hörte ich ein klapperndes Geräusch am Anfang des Karussells, gefolgt von weiteren. Noch war mir das Geschehen verborgen, denn das Fließband nahm einen gebogenen Verlauf und ich konnte nicht um die Kurve sehen. Nebenan hatte der Hubstapler die Hühnerladung auf die Schlachtlinie gekippt und man hatte begonnen, die Tiere kopfüber an die Haken zu hängen. Ich blickte in das bläulich durchzogene Schwarz. Dann tauchte aus dem Dunkeln das erste Huhn auf, die Beine nach oben. Es raste auf ein rotierendes Messer zu, eine tödliche Scheibe, von der ich nur einen Schritt entfernt stand. Ich folgte mit meinen Augen dem Tier, das um die Kurve geschleppt wurde, während dahinter schon unzählige nachkamen und das schaurige Klappern aus der Dunkelheit immer lauter und dichter wurde.

Alles, was von nun an geschah, spielte sich im hämmernden Akkord ab: Die Hälse der Tiere wurden von einer Metallschiene erfasst, gespannt und im nächsten Augenblick von einem Gummirad positioniert. Schon im übernächsten Moment erfolgte der Kehlschnitt durch das Rotationsmesser. Ich befand mich im Schlachthof der Firma Wech Kärntner Bauerngeflügel. Bio-Hühner, die schon auf Fließbändern geboren worden waren, starben vor meinen Augen auch wieder auf Fließbändern. So nahm der Zyklus des kontrolliert biologischen Lebens und Sterbens seinen Lauf. Zentralisierung und Industrialisierung machen vor dem Akt des Tötens genauso wenig halt wie vor der Geburt. Ich brauchte nur zwei große Geflügelschlachthöfe zu besuchen und kannte bereits die Todesstätten des Großteils aller Bio-Hühner der Supermarktkonzerne und Discounter. In beiden Betrieben erfolgten Schlachtung, Zerlegung und Verpackung unter einem Dach. Das bedeutet: Man steckt am Anfang der Produktionsanlage ein lebendiges Huhn hinein und bekommt es am Ende, zerlegt und verkaufsfertig verpackt, wieder heraus. Dazwischen ist kein Ab- oder Umhängen der Schlachtkörper nötig, keine Pause und kein Aufenthalt. Es ist wie in einem riesengroßen, endlosen und immer wieder von vorne beginnenden Karussell, das einzig nach drei Kriterien designt wurde: Mehr, Mehr und Mehr!

Und das sieht in der Praxis so aus: Ich stand in der Anlieferungshalle am Schlachthof der Firma Hubers Landhendl in Oberösterreich. Die Massentiertransporter mit den lebenden Hühnern waren, wie üblich, am Tag zuvor bis Mitternacht angekommen. Seither harrten die Tiere in der Warteschleife aus. Sie waren bereits mitsamt LKW verwogen worden (man braucht dann nur mehr das Gewicht des Trucks abzurechnen). Draußen und in der Anlieferungshalle stapelten sich die Container mit der Lebendware. »In der Halle selbst können wir mindestens sechs volle LKW-Züge gleichzeitig unterbringen und nacheinander abladen. In Spitzenzeiten sind es sogar mehr«, ließ mich einer der Veterinärmediziner des Betriebes wissen, der an diesem Tag die Produktion überwachte.

Ein Hubstapler kam angerollt und begann, die Bio-Hühner aus dem LKW container-
erweise auf ein breites Förderband zu schlichten. Dann wurden sie, als wären sie
Kartoffeln, vollautomatisch in die Schlachtlinie gekippt.

Allein an diesem Tag traten in dem Betrieb hundertvierzigtausend
Hühner auf diese Weise die Reise in den industriellen Tod an. Fünfzigtausend davon waren Bio-Tiere und auf dem Weg in die Regale
von *Zurück zum Ursprung* (Hofer), *Ja!Natürlich* (Rewe) und *Natur**
pur (Spar). Die Tiere fingen an, aufgeregt zu flattern und versuchten,
übereinander hinweg zu flüchten. Doch das Fließband war schneller
und beförderte die Hühnerberge in den lang gestreckten Tunnel der
Gasanlage. Von nun an konnte ich das schaurige Treiben nur mehr
durch gläserne Blickfenster beobachten. Die »Betäubung« (treffender wäre: Erstickung) erfolgte in zwei Phasen. Zunächst wurden die
Tiere bei einer noch geringen Gaskonzentration durch die Anlage geschickt. Das bot einen entsetzlichen Anblick. Die Hühner rissen ihre
Schnäbel weit auf, rangen um Luft, verloren aber nicht das Bewusstsein. Die Schnabelatmung ist bei Vögeln ein Zeichen größter Atem-
not. »Das gefällt den Tieren natürlich gar nicht«, kommentierte der
Veterinärmediziner das Geschehen. »Wir müssen sie zuerst einer geringen Gaskonzentration aussetzen, damit die eigentliche Betäubung
dann greift.« Am Ende der lang gestreckten Gasanlage kehrte das
Fließband um und transportierte die Hühner noch einmal durch den
Tunnel. Diesmal eine Etage tiefer und bei hoher CO_2-Konzentration:
Massenbetäubung. Schließlich spuckte das metallene Monstrum Berge an regungslosen Vögeln aus. Auf einem breiten Fließband wurden
sie, wild durcheinandergewürfelt, zum Einhängekarussell geschleppt
und von Hand in die Metallhaken gehängt. »Diese Männer haben die
unangenehmste Arbeit im ganzen Schlachthof«, wurde mir erklärt,
aber ich hatte mir das ohnedies schon gedacht. Die Arbeiter, die aus
Osteuropa und Afrika kamen, mussten mit der rasenden Geschwindigkeit der Maschinen Schritt halten. Sie standen unter Zeitdruck,
die Luft war schlecht, das Ambiente schmutzig und das Getöse der
Anlagen erschien mir auf Dauer unerträglich. Diese Männer waren

zu integrativen Bestandteilen der Maschinen geworden. Derartig monotone Arbeit – viele Tausende Male pro Tag denselben Handgriff – bleibt nicht ohne gesundheitliche Folgen. Zwei von ihnen nahmen sich Auszeit und fingen an, sich gegenseitig zu massieren. Immerhin: So ein Bio-Huhn wiegt zwei Kilogramm. Einer fragte mich nach einer Schmerztablette und erschien dabei nur gezwungen humorvoll. Ich hatte keine.

Ich ließ die Arbeiter hinter mir, folgte der Endlosschleife an sterbenden Hühnern und bewegte mich vorbei an dem bereits beschriebenen Rotationsmesser, das zehntausend Tieren pro Stunde die Kehle durchschnitt. Jeder einzelne weitere Verarbeitungsschritt musste während der Fahrt geschehen, da das Fließband nie stehen bleiben durfte. Es lief ununterbrochen, von drei Uhr morgens bis sieben Uhr abends. Es durchzog – wie ein verwinkeltes, verschachteltes Todeskarussell – den gesamten Fabrikkomplex von Alpha bis Omega. Ausbluten während voller Fahrt. Transport durch vier Brühtunnel und fünf Rupftunnel. Waschen, Abziehen von Kopf und Speiseröhre, Aufbohren der Kloake, Ausnehmen und Aussaugen. Abschneiden von Körperteilen, Hacken hier, Hacken dort: Überall bohrten Roboter ihre Arme im dreifachen Sekundenrhythmus in die Hühnerkörper, klopften und zerrten an ihnen, rüttelten und schüttelten sie, zermalmten Teile. Köpfe und Speiseröhren tanzten, auf Haken hängend, über meinen eigenen Kopf hinweg. Unter meinen Füßen verliefen Kanäle, in denen Ströme des blutigen Abwassers kreuz und quer durch die Hallen flossen. Die fertigen Schlachtkörper stiegen dann in Reih und Glied durch eine Luke in der Decke ins obere Stockwerk auf. Dort betrat ich schließlich den verrücktesten Kühlraum, den ich je gesehen hatte. Weil die Anlage niemals stehen bleiben darf, können die Hühner auch im Kühlraum nicht gestoppt oder etwa sogar abgenommen werden. Die Kühlhalle war daher vielfach durchzogen von dem Hühnerfließband. Es verlief dort im Zickzack, hin und her, hinauf und hinunter. Die Hühner waren ununterbrochen in Bewegung und dennoch dauerte es beinahe drei Stunden, bis sie die Kühlung perfekt temperiert wieder verlassen hatten. In einem anderen Schlachthof waren es knapp zwei Stunden. Dann ging es weiter mit der Zerlegung und Verpackung, bis irgendwann am Ende die plastikverschweißten und mit verschiedenen Markenzeichen beklebten Fleisch- und Innereientassen entnommen werden konnten.

Der Exitus im Todeskarussell tritt für Bio-Hühner im Alter von acht bis neun Wochen ein, für Bio-Puten mit zwanzig bis vierundzwanzig Wochen. Bio-Legehühner treten diese Reise nach etwa zwölf Monaten an, wenn ihre Legeleistung nicht mehr den Anforderungen der Handelskonzerne entspricht. Ab der einundzwanzigsten Lebenswoche liegt die Legeleistung der Hennen bei etwa neunzig Prozent und sinkt bis zum Ende des ersten Jahres auf siebzig bis fünfundsiebzig Prozent. Das bedeutet, dass pro hundert Tiere noch immer täglich siebzig bis fünfundsiebzig Eier anfallen. Die Hennen sind zu diesem Zeitpunkt noch jung. Sie könnten fünf Jahre alt werden und weiterhin Eier legen. »Die Herde ist dann aber nicht mehr lukrativ«, erläuterte mir eine Bio-Eierproduzentin den Grund für die frühe Schlachtung. Warum nicht, wollte ich wissen. Weil der Handel mit seinen Abnahmepreisen nicht sonderlich flexibel sei, war die Antwort.

Schlachtzeitpunkte für Geflügel					
	Masthühner		**Mastputen**		**Legehennen**
	bio	*konventionell*	*bio*	*konventionell*	
Schlacht-alter	8-9 Wo.	5-6 Wo.	Hennen: 20 Wo.	Hennen: 15-20 Wo.	12 Monate
			Hähne: 20-25 Wo.	Hähne: 20 Wo.	
Schlacht-gewicht	2 - 2,2 kg	1,6 - 1,8 kg	Hennen: 11 kg	Hennen: 10 kg	
			Hähne: 20 kg	Hähne: 20 kg	

Beachten Sie vor allem bei Masthühnern das Verhältnis zwischen Gewicht und Alter. »Langsam wachsende« Bio-Hühner werden zwar länger gemästet, haben dann aber auch höhere Schlachtgewichte.

Bio-Tech im Hühnerstall

JA-757, Red-JA-brown und JA-Color-Yield[13]. Diese Hybridhühner haben eine Gemeinsamkeit: Alle drei wurden von demselben internationalen Biotech-Konzern, bekannt unter dem Namen »Hubbard«, nach den Bedürfnissen des Geflügelfleischmarktes entwickelt. Sie beherrschen die gesamte Bio™-Branche. In keinem Maststall des Massenmarktes traf ich auf andere Rassen als diese. Obwohl sie nicht speziell für die Bio-Produktion designt sind und auch in der konventionellen Agrarindustrie zum Einsatz kommen, erfreuen sie sich unter Bio™-Konzernen derzeit besonderer Beliebtheit, weil sie etwas langsamer wachsen als manche andere Hybridsorten. Dennoch gibt der Biotech-Konzern an, mit den Hühnerzüchtungen den »heavy weight market« sowie den »medium weight market« zu bedienen. In der Werbung sprechen die Supermarktkonzerne, die das Fleisch von JA-757, Red-JA-brown oder JA-Color-Yield im Sortiment haben, freizügig von »langsam wachsenden Rassen«. Der nach Bauernhofidylle klingende Begriff der Langsamkeit ist ein Dauerbrenner in der Bio-Werbung, und zwar in fast allen Produktgruppen. »Langsam wachsende Rassen« – das klingt nach alten Rassen, nach lokalen Landsorten, deren Erhaltung man in der ursprünglichen Ökolandbau-Bewegung gefordert hat. Den Bio-Hybridhühnern werden im Marketing sogar klingende Namen wie etwa »Schlierbacher Bio-Wildhendl« gegeben. Durch die Regionsbezeichnung »Schlierbach« entsteht der Eindruck, es handle sich um eine lokale Landrasse. Tatsächlich aber befindet sich in der Region Schlierbach lediglich die Fabrik mit ihren Kükenfließbändern, in der die Hybrid-Eier bebrütet werden. Keine alte Rasse und schon gar kein »Wildhuhn« passen in das Geschäftskonzept der Bio™-Branche, das auf Leistung und Ertrag aufbaut. Und »Wildhühner« trifft man seit über viertausend Jahren in der Landwirtschaft grundsätzlich nicht an. Sie leben, wie das Wort schon sagt, in der Wildnis – und zwar in Südostasien. In der Zoologie sind sie als Bankivahühner *(Gallus gallus)* bekannt.

Der Hubbard-Konzern, aus dessen Laboratorien die Designerhühner JA-757, Red-JA-brown und JA-Color-Yield stammen, wirbt auf seiner Homepage mit hohen Schlachtgewichten. Für alle Bedürfnisse gibt es eine eigene Produktlinie. Kundinnen und Kunden wählen beispielsweise zwischen Tieren aus der Classic- oder der JV-Serie, aus den Serien Flex und F15 oder aus der H1-Reihe. Der Biotech-Goliath berichtet über seine internationalen Standorte in den USA sowie in Europa und betont die moderne Labortechnologie, die zum Einsatz kommt. Hubbard gehört zu Groupe Grimaud, einem weltumspannenden Giganten der Biotechnologie, Pharmazie und genetischen Selektion bei Tieren. Auf der Firmenhomepage erfuhr ich, dass den Ingenieurinnen und Ingenieuren neueste Computeranlagen zur genetischen Analyse ihrer – Zitat: »Elite-Zuchttiere« – zur Verfügung stehen. Ganz besonders nobel sei es, so der Konzern, dass seine Zuchtlinien weißes Fleisch aufweisen, das sich besser vermarktet, obwohl die Farbe weder etwas über die Qualität, noch über den Fettgehalt aussagt. Die Hühnerdesigner geben an, zu den Anbietern der kommerziell ertragreichsten Rassen zu zählen. »Und das ist nur der Anfang unserer laufenden Innovationen in der Entwicklung neuer Sorten«, heißt es weiter. Wer mehr wissen möchte, kann sich an die Hubbard-Niederlassungen in Holland oder Frankreich wenden, die für den österreichischen Markt zuständig sind. Leider hat die Philosophie der »Elite-Rassen« auch ihre Schattenseiten, wenn marktwirtschaftliche Kriterien bei der Zuchtwahl im Vordergrund stehen. »Viele unserer Tiere humpeln«, berichtete einer der Mäster, die ich besuchte. Wie bei allen auf Leistung gezüchteten Rassen, so können auch bei den Bio-Hühnern gesundheitliche Beeinträchtigungen beobachtet werden. Schwachstellen sind vor allem das Herz-Kreislaufsystem und der Stützapparat. »Der Bewegungsmangel begünstigt noch dazu das Auftreten von Beinfehlern und Lahmheiten«, ergänzte der Nutztierwissenschaftler und Universitätsdozent Dr. Werner Zollitsch von der Universität für Bodenkultur in Wien.

Nicht nur alle Masthühner des Bio™-Massenmarktes stammen aus den Händen eines der Global Player im Biotech-Business. Wann immer ich Legebetriebe besuchte, die von den Bio-Marken der Supermärkte und Discounter unter Vertrag gestellt worden waren, stieß ich auf die selben Legehennen, die der Hybridherkunft »Lohmann Brown Classic« zuzuordnen sind. Der internationale Lohmann-Konzern mit Sitz in Deutschland ist mit einem seiner zahlreichen Schwesterkonzerne auch im pharmazeutischen Geschäft mit Impfstoffen vertreten. Er verfügt über Produktionsstandorte und Tochtergesellschaften in allen Regionen der Erde, wie sich der Homepage der Firma entnehmen lässt. Der Konzern gilt als Weltmarktführer der Legehennen-Technologie. Die zentralen Biotech-Labore befinden sich außer in Deutschland auch in Kanada und in den USA. »Für jeden Markt das richtige Ei«, so lautet der Leitspruch bei Lohmann. Deswegen können die Kunden aus acht verschiedenen Hybridhuhntypen wählen: LSL-Classic, LSL-Lite, LSL-Extra, Brown-Classic, Brown-Lite, Brown-Tradition, Brown-Silver und Brown-Sandy. Der Typus Brown-Classic, den ich während meiner Recherchen in sämtlichen Bio-Ställen antraf, dominiert alle Eiermärkte der Welt, ganz egal ob biologische oder konventionelle[14]. Dies liegt wohl an der besonders hohen Leistung, die von Lohmann herausgestrichen wird. Eine solche Biotech-Henne weist während der »Produktionsspitze« eine Legeleistung von 95 Prozent auf. Sie legt also an 95 von 100 Tagen ein Ei. Das entspräche pro Henne, so die Angaben des Konzerns, einer »Produktionsmasse« von mehr als 20 Kilogramm Ei-Masse in zwölf Monaten. Danach haben die Tiere ihre Dienste für die Industrie getan, werden verladen und dem bereits dargestellten Todeskarussell zugeführt. Lohmann bietet eben eine »breite Palette an wettbewerbsfähigen Tieren an«, so die Werbetexte. Der Typus Classic-Brown ist laut dem Konzern für alle Haltungsformen geeignet: Bio- und Freilandhaltung, Bodenhaltung, Käfighaltung und Kleingruppenhaltung[15]. Die männlichen Küken dieser Serie lassen sich außerdem anhand ihrer Flügelfedern besonders einfach von den weiblichen unterscheiden und der maschinellen Tötung zuführen – auch auf schnellen Fließbandanlagen.

Bio™-Werbeillusionen rund ums Geflügel

Nichts aus der Hühner-Realität, über die ich Ihnen auf den vergangenen Seiten berichtet habe, eignet sich für den großen Kundenfang, schon gar nicht unter Bio-Konsumentinnen und Bio-Konsumenten. Zur Herstellung von »Informationsfilmen« schicken die Konzerne des Lebensmittelhandels ihre Kameras daher bevorzugt zu sorgfältig ausgewählten und werbetauglichen Betrieben. Oft sind diese nicht repräsentativ oder die Kameraführung wird einer Art Werbezensur unterworfen. Gezeigt wird dann nur, was die Konsumentinnen und Konsumenten sehen und glauben »dürfen«. Manchmal sind der Werbung scheinbar gar keine Grenzen mehr für mediale Verzerrung gesetzt.

Im Auftrag von Spar begibt sich Mirjam Weichselbraun für die Kameras von *Natur*pur* früh morgens in den Hühnerstall eines alten, hölzernen Bauernhauses. Drinnen stößt sie auf eine einzelne Legehenne im dichten Stroh, mit viel Platz und einem Federnkleid, das an alte italienische Landrassen erinnert. Ganz besonders ist mir ein TV-Werbespot der Rewe-Marke *Ja!Natürlich* im Gedächtnis geblieben – und somit befinden wir uns auch schon vollends in der Märchenwelt des allabendlichen Fernsehwerbeblocks: Da ist ein Bauernhof zu sehen, der so richtig in Szene geworfen und zu einer filmreifen Bühne umgestaltet wurde. Vor dem urigen Holzhäuschen tobt eine kleine Hühnerherde umher. Im Hintergrund: ein nostalgischer Traktor aus den Sechzigern, ein Stapel Brennholz und ein handgemachter Holzzaun, der die ganze Szenerie einrahmt. Ein Picknickkorb auf einer karierten Decke, geziert von zarten Holunderblüten, gehört ebenfalls zum Szenario. Und zwei putzige Bauernkätzchen dürfen natürlich nicht fehlen. Ein Schauspieler hat sich in ein kariertes Hemd geworfen. Er ist der Bauer, der die Hühner liebevoll aus einer Küchenpfanne mit Maiskörnern füttern wird. Hinzu gesellt sich ein rosarotes, sprechendes Schweinchen, das dem Rewe-Konzern als entzückendes »*Ja!Natürlich*-Schweinderl« Tür und Tor in die Herzen der Österreicherinnen und Österreicher öffnet. Voilà, die Werbeidylle ist perfekt. Nach diesem Feuerwerk der Sinneseindrücke sagt der Werbesprecher nur mehr seinen Text auf: »Eier von überglücklichen Hühnern? – Ja, natürlich!« Die Abweichungen dieser werbemedialen Darstellungen von der Realität sind so gravierend, dass man sie nicht mehr so einfach ignorieren kann. Das falsche Spiel der Werbung lässt sich nicht mehr so ohne Weiteres als »Freiheit der Kunst« abtun. Denn es sind reale Erwartungen von Konsumentinnen und Konsumenten daran geknüpft. Die nächsten beiden Kapitel beschäftigen sich ausführlich mit der Welt des Bio™-Marketings.

MOGELPACKUNG BIO™
Werbung oder Täuschung?

> *»Aber es ist wie in Hollywood: alles falsch,*
> *alles Schwindel, alles Kulisse.«*[16]
> (Dr. Thilo Bode, Gründer der Verbraucher-
> schutzorganisation Foodwatch)

Bio-Food Inc.

Bunte Schmetterlingswiesen neben idyllischen Bauerngärtchen. Bio-Pioniere, die festen Schrittes einsame Berggipfel in stürmischer Höhe erklimmen. Liebevolle Handarbeit zwischen romantischen Himbeer-hecken. »Überglückliche Hühner« vor urigen Bauernhäuschen. Bio-Meisterbäcker, die hingebungsvoll und mit ihren eigenen Händen den Teig kneten. Aufnahmen »unberührter Natur« und aller Natio-nalparks, die Österreich zu bieten hat, in einem einzigen Werbespot vereint. Ja sogar weiß gekleidete Mönche beim Füttern einer kleinen Gruppe von Gänsen auf einer riesengroßen Sommerwiese und Bäue-rinnen, die liebevoll Küchenkräuter aus dem Hausgarten ernten und im Innenhof Hühner streicheln. Resches Bio-Brot, das auf einem länd-lichen Tanzfest direkt aus dem Holzofen serviert wird.

Konventionelle Lebensmittelkonzerne greifen tief in die Märchen-kiste, um ihre Bio-Marketinglinien zu promoten. Mitunter geht es dabei auch ordentlich kitschig zu – und das, obwohl Kitsch eigent-lich gar nicht zu der geerdeten Philosophie des Ökolandbaus passt. Insbesondere gemessen an den Werbestrategien unterscheidet sich Bio™ kaum vom konventionellen Lebensmittelmarkt. Die US-amerikanischen Journalisten Eric Schlosser und Michael Pollan brachten im Jahr 2008 gemeinsam mit dem Regisseur Robert Kenner einen Dokumentarfilm über die konventionelle Agrar- und Lebensmittelindustrie heraus. »Food, Inc.« – so lautet der Titel ihres enthüllenden Werks. Der Film beginnt, übersetzt aus dem amerikanischen Original, etwa so:

>»Die Art und Weise, wie unsere Nahrung produziert wird, hat sich in den vergangenen 50 Jahren stärker verändert als in den 10.000 Jahren davor. Aber man verkauft uns noch immer das Image des ›Farmlandes Amerika‹. Wir gehen in den Supermarkt und wir sehen überall Fotos von Bauern und Bäuerinnen. Holzzäune, alte Bauernhäuser, saftig grünes Gras – die Fantasie der ländlichen Idylle! Die Industrie will nicht, dass wir wissen, wo unsere Lebensmittel herkommen. Wenn wir die Produkte aus dem Supermarkt zurückverfolgen, finden wir eine völlig andere Realität als in der Werbung. Die Realität ist kein Bauernhof, sondern eine Fabrik.«[17]

Die Parallelen zum Marketing österreichischer Lebensmittelkonzerne sind nicht zu leugnen, auch dann nicht, wenn es um die biologische Landwirtschaft geht. Die Realität der Bio-Produktion weicht von den medial verbreiteten Eigendarstellungen der Konzernmarken ab. Sicher: Werbeversprechen wie »unberührte Natur«, »traditionelles Handwerk« oder »überglückliche Hühner« klingen äußerst attraktiv und sind mindestens ebenso lukrativ. Aber sollen Managerinnen und Manager der Lebensmittelbranche deswegen einfach darauf vergessen, dass sie noch immer reale Produkte und nicht bloß ein gepflegtes Image verkaufen?

Früher dachte ich, in der Bio-Branche gehe es noch aufrichtiger zu als in anderen Bereichen der Wirtschaft. Immerhin ist »Bio« in unseren Köpfen mit Idealismus assoziiert und die Vertreterinnen und Vertreter der Ökolandbaubewegung richteten sich schon immer entschieden gegen die Konzernpolitik der konventionellen Goliaths. Wenn wir vom ökologischen Landbau sprechen, denken wir noch immer an die Agrarrebellen, die alles anders machen wollten. Eben an echte Pioniere. Wer Bio-Produkte vermarktet, so dachte ich, müsse die Werte der Bio-Bewegung teilen. Fairness, auch gegenüber den Konsumentinnen und Konsumenten, gehört zu diesen. »Information statt Täuschung« ist eine wichtige Grundforderung der Ökolandbaubewegung. Doch was Eric Schlosser und Michael Pollan in ihrem Film »Food, Inc.« über die amerikanische Lebensmittelindustrie sagen, stellte sich, mitten in Österreich, auch für den Bio-Massenmarkt als zutreffend heraus: »[ ] die Fantasie der ländlichen Idylle! Die Industrie will nicht, dass wir wissen, wo unsere Lebensmittel herkommen. Wenn wir die Produkte aus dem Supermarkt zurückverfolgen, finden wir eine völlig andere Realität, als in der Werbung. Die Realität ist kein Bauernhof, sondern eine Fabrik.«

Besuch in einer Bio™-Werbeschmiede

»Ökologische Lebensmittelproduktion war früher ein Programm für eine Minderheit«, erklärte mir einer der drei Chefs einer Marketing-Agentur, die im Auftrag des Rewe-Konzerns für *Ja!Natürlich* Werbung gestaltete. Bio sei etwas für Asketen gewesen und alles habe sich ausschließlich um Gesundheit und Natürlichkeit gedreht. »Die Bio-Geschäfte damals waren relativ klein und hatten nur schrumpelige Kartoffeln und Äpfel«, meinte der Werbeboss. Die Vermarktung sei direkt von den Landwirten zu den Konsumentinnen und Konsumenten gelaufen oder über regionale Bauern- und Bio-Läden. Dann seien er und seinesgleichen gekommen und hätten das geändert. Der schick gestylte Manager nahm seine runde schwarze Edelbrille ab und lehnte sich zurück. Er streifte sein halblanges Haar hinter die Ohren. Wir griffen beinahe synchron zu unseren Porzellantassen, in denen uns von einer der Sekretärinnen auf einem silbernen Servierwagen Kaffee kredenzt worden war. Ich blickte durch die Glasschiebetüre hinaus in den Empfangsbereich. Das Altbauhaus war äußerst nobel renoviert. Eine Treppe mit goldenem Geländer führte hinunter zur Rezeption. »Heute ist Bio ein echter Megatrend«, fuhr der Marketingboss fort. »Und die großen Konzerne sind jetzt voll im Geschäft.« Verzichten brauche niemand mehr auf irgendetwas. Es gäbe so ziemlich alles in Bio-Version: Tiefkühlpizza und Fertiggerichte, Chips, Chicken Nuggets, Konservendosen. »Es ist uns gelungen, Bio zu einem Lifestyle zu machen und der Markt boomt.« Für die Werbung von *Ja!Natürlich* habe sich sein Team etwas ganz Besonderes einfallen lassen: Das sprechende Schweinchen solle zweierlei verkörpern. Es stehe einerseits für die Natur und das Tierreich und stille unsere Sehnsucht nach dem Natürlichen. Andererseits erfülle es einen urtümlichen Wunsch des Menschen, nämlich mit Tieren sprechen zu können. Dadurch verschaffe man sich Zugang zur Emotionswelt der Konsumentinnen und Konsumenten. »Wir aktivieren positive Grundreize. Wir haben herausgefunden, dass unser *Ja!Natürlich*-Schweinchen bei allen Altersgruppen gut ankommt. Es geht uns um Aufmerksamkeit und deswegen haben wir uns für das emotionale Marketing entschieden«, wurde mir erklärt. Dies sei auch der Grund, weshalb die Werbespots für *Ja!Natürlich* in einer idealisierten Bauernwelt spielen und nicht die wirkliche Situation widerspiegeln. Durch diese Fernsehidylle könne man Kindheitserinnerungen und Vorstellungen von einer harmonischen Landwirtschaft wecken, die tief in uns schlummern, bekam ich erläutert. Auch das sei eine emotionale Angelegenheit und man müsse es verstehen, die richtigen Türen und Tore in die Gefühlswelt der Menschen zu öffnen.

»Wir wollen den Eindruck des Retro-Bauerntums erwecken. Mit Monokulturen und industriellen Mähdreschern spricht man niemanden an.« Wir blickten einander für einen kurzen Moment wortlos an. Dann stimmten wir darin überein, dass industrielle Mähdrescher und Monokulturen die Realität seien. »Aber unser Auftrag ist es, die Menschen mit positiven Reizen anzusprechen«, erklärte mir der Werbefachmann. Schön und gut, aber ob die Botschaften der Werbung dann nicht etwas zu weit von der Realität entfernt lägen, fragte ich. In der Publikumswerbung stehe nicht die Information im Vordergrund, wurde mir entgegengehalten. »Wir müssen die Leute irgendwie einfangen und uns gegenüber der Konkurrenz durchsetzen. Wenn es uns gelungen ist, die Menschen in die Supermärkte unseres Auftraggebers zu bringen, haben wir unseren Job gut gemacht.« Ob aber die Gefahren von Missverständnissen und Desinformation durch derart verzerrte Darstellungen wie in der Werbung nicht zu hoch seien, bohrte ich nach. »Noch einmal: Information ist nicht die Aufgabe der Marketing-Agenturen«, wiederholte sich der Fachmann. Wessen Aufgabe sie denn sei, fragte ich unwissend. Für sachliche Information seien die jeweiligen Unternehmen selbst zuständig, bekam ich zu hören, zum Beispiel im Rahmen von Internetauftritten oder über andere Medien wie etwa Zeitungen. Geht diese Rechnung aber wirklich auf? Stellen die Supermarktkonzerne für die Kundinnen und Kunden ihrer Bio-Produktlinien tatsächlich neutrale Information im Internet und über andere Kommunikationsmedien zur Verfügung? Ich werde noch auf diese Frage zurückkommen.

Bio™ – das Geschäft mit den Emotionen

Wenn Sie eine trendige Marken-Jean erwerben, wird Ihnen vor allem ein cooles Image verkauft. Die Werbung gibt sich Mühe, dieses zu erzeugen und am Leben zu erhalten. Autos werden in erster Linie über das Gefühl der Freiheit, der Lässigkeit oder des ultimativen Fahrerlebnisses vermarktet. Cola ist ebenfalls »cool«, genauso wie medial gepushte Schokoriegel, die in Wirklichkeit nur aus minderwertiger Schokolade bestehen und in industriellen Anlagen halbherzig zusammengebaut werden. Hauptsache, das Image stimmt. Und darum kümmert sich die Werbung. Auf dem Bio-Massenmarkt ist es nicht anders. Mit Bio vermarkten Großkonzerne vielmehr ein Lebensgefühl als ein Produkt. Bio ist gut. Bio ist ökologisch und nachhaltig. Bio ist fair, sozial, ethisch korrekt – ganz egal, in welchem Multisupermarkt Sie es kaufen. Die Werbeagenturen der konventionellen Lebensmittelkonzerne haben leichtes Spiel, das idealisierte und mystifizierte Bio-Image für ihre Bio-Produktlinien zu nutzen. Sie schlagen gebetsmühlenartig in die bereits vorhandenen Kerben in unseren Köpfen, in denen Bio noch immer mit einer idealistischen Bewegung verbunden ist. Das Retro-Bauerntum aus der *Ja!Natürlich*-Werbung, die urtümlichen Naturaufnahmen bei *Zurück zum Ursprung*, die liebliche Bauernhofidylle aus der Werbung von *Natur*pur* – sie alle sprechen unsere tiefsten Sehnsüchte nach einer heilen, naturnahen und fairen Produktion unserer Nahrungsmittel an. Dass der Chef einer Werbeagentur davon überzeugt ist, mit einem sprechenden Schweinchen den menschlichen Wunsch zu stillen, sich mit Tieren unterhalten zu können, ist dabei nur ein skurriles Detail im Dschungel des Ausverkaufs der Emotionen. Viel entscheidender ist etwas anderes: Wir leben in einer Gesellschaft der Naturentfremdung. Die Zwänge des Konsumkapitalismus haben dazu geführt, dass viele Menschen von Landwirtschaft und Lebensmittelproduktion abgeschnitten sind und wenig Ahnung davon haben, was sich hinter den Kulissen abspielt. Die meisten von uns haben den Bezug zur wichtigsten Wertschöpfung unserer Gesellschaft verloren. Landwirtschaft und Lebensmittelherstellung sind die fundamentalsten Tätigkeiten jeder menschlichen Gemeinschaft. Die Notwendigkeit, Nahrung aufzunehmen, wird uns bis an den letzten Tag unseres Lebens, ja sogar bis ans Ende unserer Spezies begleiten. Egal wie weit Technisierung, Industrialisierung und Zentralisierung fortschreiten: Indem wir essen, werden wir immer wieder an unsere Herkunft erinnert. Wir sind Naturwesen, die ohne Natur nicht überleben können. Im Konsumkapitalismus, der uns gar graue Lebensbühnen aus Beton und einen durch und durch materiell orientierten Alltag beschert hat, ist die Nahrungsaufnahme vielleicht der letzte Daseinsbereich, in dem wir jeden Tag und bedingungslos unserer menschlichen Natur begegnen können und sogar müssen. Wir nehmen die Früchte der Erde in uns auf. Wir sind abhängig von ihnen und sie werden Teil von uns. Doch wenn wir essen, nehmen wir nicht bloß Proteine, Kohlenhydrate, Fette und andere chemische Verbindungen auf. Wir treten auf mannigfaltige Weise mit unserer Nahrung in Kontakt: über den Geruchssinn, den Geschmacks- und den Tastsinn, über visuelle Wahrnehmung und unser ästhetisches Empfinden. Schließlich auch auf der psychologischen Ebene, denn die Nahrung, die wir aufnehmen, löst Assoziationen in uns aus. Wenn wir eine Tomate in Scheiben schneiden und genüsslich verzehren, sehen wir vielleicht in unserer Fantasie das Tomatenfeld vor uns, das in der Sonne glänzt. Über die Erdenfrucht nehmen wir auch Bestandteile der Erde selbst in uns auf. Und wir nehmen das Sonnenlicht auf, das die Pflanze in Form von Sonnenenergie in der Frucht gespeichert hat. Die Bedeutung der Nahrungsaufnahme und ihr Symbolcharakter für unsere untrennbare Verbindung mit der Natur, sind kaum zu überschätzen. Dies ist vermutlich einer der Gründe, weshalb wir uns nach naturnaher, gesunder Landwirtschaft sehnen.

Viele Menschen haben die industrielle Herstellung ihrer Nahrungsmittel satt. Sie wollen keine (Bio-)Designertomaten aus riesigen Gewächshausanlagen, keine (Bio-)Superleistungshybridhennen, die von Biotech-Konzernen auf maximalen Fleischansatz oder turbomäßige Legeleistung selektiert worden sind. Die Sehnsucht nach Natur und nach ursprünglicher Landwirtschaft, wird von der Werbung aufgegriffen und angesprochen. Jeden Tag schleicht sich die Werbung zwischen uns und die Welt und erzählt die fiktive Geschichte einer Landwirtschaft, die genau so ist, wie wir sie uns wünschen. Das Bio™-Marketing bedient sich unserer Gefühle, manipuliert sie und nutzt sie für Konzernzwecke. Es verbindet unsere tiefsten menschlichen Bedürfnisse sowie unseren innigen Wunsch nach natürlicher, ökologisch produzierter Nahrung mit kommerziellen Markenprodukten. Die Injektionsnadel wird uns dabei so unterschwellig verabreicht, dass wir es gar nicht bemerken. Es ist verständlich, dass wir lieber nicht allzu tief nachforschen, inwieweit wir den Werbeversprechen der Konzerne trauen können, denn ihre Kommerzprodukte sind unsere einzige Chance, im Konsumkapitalismus und in den Betonschluchten der Großstädte an ein Stück plastikverpackte Natur zu gelangen, die uns inzwischen schon auf Autobahnen von den Bio-Werbeplakaten entgegenwinkt. Unser Bedürfnis nach dem Natürlichen macht uns reif für die große Manipulation. Wir können von Markenlogos in Bewegung gesetzt werden, ohne dass wir es merken. Wenn wir in konventionellen Supermärkten oder beim Discounter degenerierte Bio-Hybridtomaten aus spanischen oder italienischen Gewächshäusern kaufen, dann kaufen wir die Marke, nicht das Produkt. Und wir haben ein gutes Gefühl dabei. Vielleicht würde dieses gute Gefühl der Abneigung weichen, wenn wir sehen würden, unter welchen industriellen Bedingungen diese Tomaten angebaut wurden und wie afrikanische Saisonarbeiter, über deren Arbeitslohn wir nichts wissen, sich dafür abrackern mussten. Möglicherweise handelt es sich sogar um eine Tomatensorte des international in die Schlagzeilen geratenen Saatgutriesen Monsanto. Aber es kommt gar nicht so weit, dass wir dies alles erfahren. Das angenehme Gefühl, das Richtige, das Nachhaltige, das »Gute« gekauft zu haben, wurde durch die Werbung bereits erfolgreich in unsere Köpfe verpflanzt.

Das Gehirn als eigentlicher Adressat der Werbung

Um das Buch zu schreiben, das Sie gerade in Ihren Händen halten, wälzte ich tage- und nächtelang die Standardlehrbücher der Medienwissenschaft und Werbepsychologie. Ich wollte die Theorien verstehen, die hinter dem Verschleierungsmarketing der Lebensmittelkonzerne stehen. Als Biologe und Agrarwissenschaftler bewegte ich mich zunächst etwas unbeholfen auf diesem fremden Terrain, aber schon bald fand ich mich in den ungewohnten Disziplinen zurecht. Ich lernte, dass wir in der Werbung – ganz ähnlich wie in der fiktionalen Literatur – sogenannte »Narrative« finden können. Ein Narrativ ist nichts anderes als das Schema oder der Typus einer (erfundenen) Erzählung. Die entführte und meistens wieder gerettete Prinzessin gehört beispielsweise zu einem Narrativ, das wir alle aus den Märchenerzählungen unserer Kindheit kennen. Die Gebrüder Grimm und die großen Lebensmittelketten haben einiges gemeinsam. Auch im Marketing für Bio-Produkte finden wir Narrative, die als Fiktion – sogenannte Werbefiktion – an den Mann und an die Frau gebracht werden. Der Vergleich zwischen Werbung und Geschichtenerzählen könnte nicht treffender sein. Selbst Marketingexperten sprechen vom sogenannten »Storytelling«. Die altbekannte Geschichte vom »laaangsam« und sorgsam gebackenen Brot, das so voller Tradition und Handwerk stecken soll, ist ein repräsentatives Beispiel für ein Narrativ der Bio-Werbung; ebenso wie die »glücklichen Hühner«, die bei *Ja!Natürlich* sogar »überglücklich« sein sollen.

Was Marken erfolgreich macht, das wissen zum Beispiel die Psychologen Christian Scheier und Dirk Held. In ihrem gemeinsamen Buch[18] geben sie den Werbeabteilungen Tipps zum Aufbau starker Marken mit gutem Image. Es sei das Wichtigste, implizite Signale zu setzen, schreiben sie. Und das am besten auf allen Ebenen der Wahrnehmung: Akustisch, visuell, inhaltlich. Man müsse die Trends und Wunschvorstellungen der Zielgruppe beachten und diese dann implizit ansprechen – immer wieder und wieder. »Implizit« bedeutet in diesem Zusammenhang nichts anderes als »unterschwellig«. Es geht darum, solche Signale zu setzen, die mit positiven Inhalten und Vorstellungen verknüpft sind. Wahrscheinlich haben die meisten solcher TV-Spots nicht das Ziel, den Zuseherinnen und Zusehern weiszumachen, die Bio-Produkte kämen tatsächlich von kleinstrukturierten und liebevoll umhegten Retrobauernhöfen. Nein, die Werbefachleute halten Sie und mich vermutlich nicht für naiv! Moderne Werbung bedient sich gänzlich anderer, nur schwer durchschaubarer Mechanismen. Die Marketingwissenschaft ist schon seit Langem ein interdisziplinäres Fach, in dem man sich auf Erkenntnisse der Neuropsychologie und der Neurobiologie stützt. »Neuromarketing« heißt der brandheiße Trend! In dieser Disziplin betrachtet man Sie und mich als Ansammlung von Gehirnneuronen, die durch gewiefte Stimulation zu einem bestimmten Konsumverhalten angeregt werden können. »Der Konsument« – wie man unter Managerinnen und Managern zu sagen pflegt – ist dann nur mehr ein potenzielles Käufergehirn.

Die DINKS, die LOHAS und wie man sie sich angelt

Was ist das Um und Auf erfolgreicher Werbung? »Die Emotions- und Motivwelten im Gehirn des Kunden und Konsumenten zu kennen und sicher zu treffen«, antwortet der Marketingexperte Hans-Georg Häusel in seinem Fachbuch »Brain View! Warum Kunden kaufen«[19]. Selbst das bunteste Werbefeuerwerk nützt nichts, wenn man nicht darauf Rücksicht nimmt, was in der Zielgruppe gut ankommt. »Wir richten uns vorwiegend nach den DINKS«, wurde mir vom Chefqualitätsmanager einer österreichischen Bio-Marke erklärt. Ich fing mit dem Begriff »DINKS« nicht viel an und mein Gesichtsausdruck hatte meine Wissenslücke wohl verraten. Der geduldige Manager nahm sich ein Herz und machte mir klar, das Kürzel stünde für »Double Income – No Kids«. Und das sei der Überbegriff für eine bestimmte Zielgruppe von Konsumentinnen und Konsumenten. DINKS sind also Paare, von denen beide über ein Einkommen verfügen und die keine Kinder zu versorgen haben. Sie sind in der Lage, höhere Preise zu bezahlen, und lassen sich mit sogenannten »Premium-Produkten« besonders gut ansprechen. Es handelt sich daher um eine Einkommensgruppe. Für mich war diese Zielgruppenorientiertheit etwas völlig Fremdes. Ich bemerkte, dass ich rund um die Bio™-Branche in einer Welt des Marketings gelandet war, die ganz und gar anders tickte als alle »Bio- und Öko-Welten«, in denen ich mich in meinem bisherigen Leben bewegt hatte.

Ein halbes Jahr nachdem ich auf den Chefmanager getroffen war, der es auf die Geldbörse der DINKS abgesehen hatte, führte ich an einem zentralen Gemüseproduktionsbetrieb genau dieser Marke ein interessantes Gespräch mit einem der Produktionsleiter. Wir unterhielten uns über die Werbeschiene der Bio™-Branche. Der erfahrene Gemüsegroßproduzent war vom zielgruppenorientierten Marketing der Handelskonzerne offenbar ebenso wenig begeistert wie ich. »Erst neulich war wieder so ein Filmteam bei uns, um einen Werbespot zu drehen«, erzählte er mir in leicht aufgebrachtem Ton. »Die waren ganz gierig darauf, einen Platz zu finden, von dem aus unsere großflächigen Gewächshausanlagen nicht zu sehen waren.« Sie hätten darauf bestanden, so ließ er mich wissen, kein Stück Plastikfolie zu zeigen, und die Kameras seien vom Regisseur ganz nach diesem Vorsatz positioniert worden. Sogar dann, als Aufnahmen direkt in den Gewächshäusern gemacht wurden, habe man sich aufs Äußerste bemüht, die Objektive stets von dem Plastik abzuwenden und stattdessen ins dichte Grün der Pflanzen zu tauchen. Ich verstand die Aufregung des Mannes, und dann ließ er die Katze aus dem Sack: »Die Konsumenten werden für dumm gehalten«, erboste er sich, »Unter freiem Himmel werden Bio-Tomaten höchstens noch für den Bauernmarkt gezogen.« Ich verstand nicht, weshalb man den Konsumentinnen und Konsumenten diese Wahrheit nicht zumuten wolle. »Es geht ums Image. Von Konzernen können Sie kein Gewissen erwarten«, war die ernüchternde Antwort, »weil für die zählt als Allererstes noch immer die Gewinnmaximierung.« Ich schweige. »Aber Hauptsache, sie können sich irgendwie als Retter der Umwelt darstellen«, fügte der Insider noch hinzu. Und er verstehe überhaupt nicht, weshalb in der Werbung alles so hochgespielt werde: »Wir tun das Normalste der Welt, aber die Leute glauben, dass wir etwas ganz Besonderes machen, weil wir das auf so eine hohe Stufe heben müssen … hunderttausend Pickerl und Siegel auf den Packungen. Die Handelsmarken wollen daraus ein Produkt machen, das praktisch nur mehr für eine gehobene Klientel ist.« Ich dachte an die DINKS, hörte aber weiterhin aufmerksam zu: »Es ist nichts Exotisches, was wir hier machen. Ich bin dagegen, das Ganze in den Bereich des Exotischen zu heben. Es gibt kleinere Bio-Höfe, an denen noch viel ökologischer gewirtschaftet wird, als bei uns. Aber das ist überhaupt nicht präsent in der Bevölkerung.« Ich schwieg noch immer, während ich pausenlos und Wort für Wort mitschrieb. Und es kam noch mehr: »Wenn ich sehe, dass ich hier nur noch Cash machen soll ... das kann es einfach nicht sein!« Ich zog innerlich den Hut vor diesem Mann und seinen offenen Worten. Ich ging dann aus der großen Verpackungshalle, in der Frauen aus Ungarn, Rumänien und der Slowakei tagtäglich an den Akkord-Packmaschinen standen. Ich sah die Gewächshäuser, die fast alle nur Tomaten beherbergten, und ich sah die unzähligen osteuropäischen Arbeitskräfte, die darin arbeiteten – insgesamt waren es siebzig. Aus einem der Gewächshäuser drang lautes Geschrei. Schimpfwörter fielen. Ein Helfer aus Ungarn arbeitete nicht schnell genug, jetzt musste er die Konsequenzen über sich ergehen lassen. Es herrschte sengende Hitze, fast unerträglich. In den Gewächshäusern war es noch unerträglicher. Ich zählte und ich rechnete. Hätte man alle Gewächshäuser dieses Betriebes aneinandergereiht, wäre man auf eine Strecke von fast fünf Kilometern gekommen. Als ich an der endlosen Plastikfront vorbei und zurück nach Hause fuhr, fielen mir die idyllischen Szenen aus der TV-Werbung der Supermärkte wieder ein. Ich dachte an einen Fernsehspot, in dem ein bekannter Vertreter der Bio™-Branche mit seinen eigenen Händen einen hölzernen Leiterwagen, gefüllt mit buntem Gemüse, einen Feldweg entlangzieht. »Inszenieren die dieses ganze Theater wirklich nur für die DINKS?«, fragte ich mich. Nein, denn außer den DINKS gibt es da auch noch die LOHAS. Hinter dieser Abkürzung steht eine Zielgruppe, die den »Lifestyle Of Health And Sustainability« (Lebensstil der Gesundheit und Nachhaltigkeit) praktiziert. Wer Bio-Konsumentin oder Bio-Konsument ist und natürliche Nahrungsmittel oder Nachhaltigkeit beim Einkaufen für wichtig hält, würde von einigen Marketingmanagern in die Schublade der LOHAS eingeordnet werden.

Entscheidend ist, wer spricht

Der Imageaufbau von Marken wird beinahe immer durch eine strategisch gewählte Kommunikatorin oder einen Kommunikator unterstützt. Sie oder er muss sich durch spezifische Eigenschaften besonders dazu eignen, gerade die eine Botschaft, nämlich die der jeweiligen Marke, zu verkörpern. Es kann sich um eine Person handeln, die den Ruf hat, besonders gebildet oder etwa sogar Spezialistin oder Spezialist für etwas zu sein. Solchen Menschen wird in der Regel von Haus aus mehr Vertrauen entgegengebracht und man glaubt ihnen eher. Auch charismatische oder einfach nur in der Öffentlichkeit bekannte Menschen werden häufig als Kommunikatorinnen und Kommunikatoren engagiert. Manchmal sind es eben auch Tiere, die sprechen können.

Natur*pur setzt in der Werbung auf die TV-Moderatorin Mirjam Weichselbraun, die für die Kameras in romantische Olivenhaine am Mittelmeer, auf saftige Almen und vor Bauernhäuschen gesetzt wird. Sie streichelt Kühe, pflückt Früchte von Bäumen und picknickt auf grünen Wiesen. Dabei wird offenbar auf die Bekanntheit der Darstellerin in den Massenmedien gesetzt.

Dem *Ja!Natürlich*-Schweinderl kann man andichten, was man möchte. Es ist ohnehin eine Kunstfigur, ebenso wie der *Ja!Natürlich*-Retrobauer. Die beiden können für das, was sie sagen, nicht zur Rechenschaft gezogen werden. Durch die beiden Märchencharaktere entzieht man sich der Realität. Theoretisch braucht nichts, das in einer offensichtlichen Märchenwelt gesprochen oder dargestellt wird, wahrsein. Außerdem haben die zwei Charaktere Charisma. Sie stellen als Werbekommunikatoren ohne Zweifel ein originelles Duo dar.

Der vierte bekannte Werbekommunikator des Bio-Massenmarktes, der Bio™-Pionier Werner Lampert von *Zurück zum Ursprung*, erhebt in der Werbung höchstpersönlich die Stimme für seine eigene Markenschöpfung. Nachdem er sich für Hofer medial als »Bio-Pionier Österreichs« einen Namen gemacht hatte, konterte *Ja!Natürlich* prompt: »Der Pionier und Bionier ist und bleibt *Ja!Natürlich*«, heißt seither der Kampfslogan, in dem sich das stark ausgeprägte Konkurrenzdenken unter den großen Handelskonzernen zeigt. Hofer setzt, trotz Gegenstrategien von Rewe, der medialen Inszenierung des eigenen Pionierentums kein Ende: In TV-Spots kann man den Bio-Pionier dabei beobachten, wie er sich alte Aufnahmen von Pionierleistungen wie etwa von historischen Flugversuchen, Erstbesteigungen von Bergen und sogar von der Mondlandung ansieht.

INFORMATION ODER NOCH MEHR MOGELN?

Greenwash am Bio™-Massenmarkt

»Mit der gesellschaftlichen Verantwortung von Unternehmen verhält es sich in etwa so, wie mit Zuckerwatte: Je kräftiger man reinbeißt, desto schneller löst sie sich in nichts auf.«[20]
(Univ.-Prof. Dr. Robert Reich, University of California in Berkeley)

Grüngewaschen!

Das sogenannte Greenwash ist die selektive Darstellung der Realität unter Verwendung ökologischer Schlagwörter, mit dem Ziel, die Wirtschaftsweise eines Unternehmens als ökologisch nachhaltiger (oder auch als sozial verträglicher) erscheinen zu lassen, als sie tatsächlich ist.

Ein Beispiel für Greenwash: Auf Lastwagen eines großen österreichischen Importeurs für Süd- und Tropenfrüchte, der unter anderem auch Bio-Ware an Supermärkte liefert, steht in großen Zügen geschrieben: »Klimaneutral gereift.« Gemeint sind die Bananen, die unternehmenseigenen Angaben zufolge unter Einhaltung einer klimaneutralen CO_2-Bilanz reif werden sollen. Bei der Reifung handelt es sich um einen natürlich ablaufenden Prozess, der durch Begasung der grün geernteten Früchte mit einem Pflanzenhormon unterstützt wird. In dem Werbeslogan »klimaneutral gereift«, der aus nur zwei Wörtern besteht, finden sich bereits die elementarsten Charakteristika von Greenwash. Die Darstellung ist höchst selektiv, da sich die Produktion und Vermarktung von Süd- und Tropenfrüchten nicht im

Greenwash hat typischerweise folgende Charakteristika:

– Selektive Darstellung: Es werden nur einzelne Aspekte eines komplexen Sachverhaltes wiedergegeben, die den Eindruck der Nachhaltigkeit verstärken. Kontroverse Aspekte oder negative Auswirkungen eines Produktes oder Geschäftsaktes werden verschwiegen.

– Verwendung allgemein akzeptierter ökologischer Sprachausdrücke: Man greift vorwiegend auf Begriffe zurück, die in der Öffentlichkeit bereits im positiven Sinne mit Ökologie und Sozialem verbunden sind (z. B.: »Klimaneutralität«, »Verantwortung«, »ökologischer Fußabdruck«, »Biodiversität« oder »Regionalität«).

– Darstellung von Bildern, die Assoziationen mit Umweltschutz oder Nachhaltigkeit auslösen (z. B.: grüne Almwiesen oder Alpenblüten auf Milchpackungen, Gewässer und Wälder, Pflanzen, Tiere, Berge, Streuobstwiesen etc.).

– Selbstdarstellung der Unternehmen als Idealisten, Pioniere und Vorkämpfer für Nachhaltigkeit oder Soziales.

– Verschleierung industrieller Praktiken oder Anpreisung neuer Technologien als »grüne Zukunftslösungen«.

– Ausblendung von Gegenargumenten und wissenschaftlichen oder politischen Gesamtdebatten.

bloßen Reifungsprozess erschöpft. Um die Ökobilanz der Produkte zu beurteilen, müssen auch Anbau, Transporte von den Erzeugerkontinenten bis nach Österreich, Lagerung und Kühlung, Vermarktungswege und Auslieferungstransporte mitberücksichtigt werden. Soziale Aspekte der Nachhaltigkeit, wie etwa die Situation der Erntehelferinnen und Erntehelfer in den Ländern, aus denen die Früchte kommen, sind in dieser Aufzählung noch gar nicht berücksichtigt. Ungeklärt bleibt auch, wie das Unternehmen die Klimaneutralität festgestellt hat. Die lückenhafte, selektive Darstellungsweise tritt aber aufgrund der Wirkung des Wortes »klimaneutral« in den Hintergrund, da der Begriff durch Marketing und Medien in der Öffentlichkeit bereits positiv besetzt ist. Die Art der Argumentation, die dem Greenwash zugrunde liegt, wird von kritischen Medienwissenschaftlerinnen und Medienwissenschaftlern als »Enthymemargumentation« bezeichnet. Ein Enthymem ist eine verkürzte Beweisführung, bei der man von einer unbestrittenen und allgemein akzeptierten Voraussetzung auf eine bestimmte Sache abzielt, die als plausibel erscheinen soll. Typisch für die Enthymemargumentation ist die Verschleierung der Argumentationsschritte, also beispielsweise so: Klimaneutralität gehört zum Konzept der Nachhaltigkeit – wir reifen unsere Früchte klimaneutral – es folgt: Wir sind nachhaltig. In diesem Sinne stützen sich Unternehmen, die Greenwash betreiben, auf Ideen der Ökologie oder sozialen Gerechtigkeit, die in weiten Teilen der Bevölkerung anerkannt sind, ohne das Zustandekommen ihrer Werbeaussagen im Detail offenzulegen.

Wasser- und Klimaschutz als Markenzeichen?

Auf den Plastikverpackungen der Bio-Produkte in Supermärkten wimmelt es geradezu vor Aufklebern und Logos, Ökolabels, Auszeichnungen und Plaketten. Jeder Supermarktkonzern entwickelt für seine Produktlinien eigene Standards und »Gütesiegel«, mit denen man sich von der Konkurrenz abgrenzen will und die den Eindruck des Besonderen, des Besseren vermitteln sollen. Konsumentenschützer klagen über die undurchschaubare Vielfalt an Labels und Logos der konventionellen Handelskonzerne, die nun auch auf deren Bio-Marketing übergegriffen hat. Während es nur ein Zeichen gibt, das klare Aussagekraft besitzt – nämlich das EU-Biozeichen – muss den anderen Siegeln ihre Bedeutung erst durch Marketingmaßnahmen angedichtet werden.

Ein Beispiel für diese unter Lebensmittelkonzernen übliche Praxis, ist das Öko-Labeling von Hofers *Zurück zum Ursprung*. Dort geht man mit Einsparungen an CO_2 und Wasser auf Kundenfang. Man weist die ökologischen Vorteile verschiedener Produkte auf den jeweiligen Verpackungen aus, und zwar in Prozentangaben: also zum Beispiel »zwanzig Prozent weniger CO_2« oder »fünfzehn Prozent weniger Wasserverbrauch«. Dabei bezieht man sich auf konventionelle Vergleichsprodukte.

Ich wollte wissen, was es mit den Angaben rund um Wasser und Klima auf sich hat und wie viel Sorgfalt das Unternehmen bei der Ausweisung dieser Daten an den Tag legt. Daher besuchte ich das Büro jenes *privaten* Forschungsinstitutes in Wien, an dem die Ökowerte im Auftrag von *Zurück zum Ursprung* errechnet werden. Zuständig für diese Aufgabe ist dort einer meiner ehemaligen Studienkollegen von der Wiener Universität für Bodenkultur, inzwischen ein frischgebackener Doktor naturalium technicarum. »Wir begannen unsere Berechnungen für *Zurück zum Ursprung* mit den Treibhausgasen CO_2, Lachgas und Methan, die in der Landwirtschaft eine Rolle spielen«, eröffnete der junge Wissenschaftler. »Aber die ökologischen Vorteile gegenüber konventionellen Produkten waren nicht immer ausreichend. Es kam sogar vor, dass herkömmliche Ware die besseren Werte hatte. Deswegen gibt es einige Produkte von *Zurück zum Ursprung*, auf denen die Treibhausgasemissionen gar nicht ausgewiesen sind.« Also habe man gemeinsam mit Vertreterinnen und Vertretern der Bio-Marke überlegt, wie man diesem Dilemma entrinnen könne und sei zunächst auf die Idee gekommen, auch den Wasserverbrauch zu berechnen. Wasser, das in einem ständigen geoökologischen Kreislauf steht, wird zwar – außer man zapft fossile Lagerstätten an – im eigentlichen Sinne nicht verbraucht, sondern lediglich an einem Ort entnommen, an dem es dann nicht mehr zur Verfügung steht. An diesem Ort erscheint das Wasser als verbraucht. *Zurück zum Ursprung* stand allerdings vor dem Problem, dass die errechneten Werte zum Umhängen des grünen Mäntelchens nicht reichten: »Manchmal erwies sich der Wasserverbrauch konventioneller Vergleichsprodukte sogar als geringer, weil in der herkömmlichen Landwirtschaft oft höhere Erträge pro Fläche erzielt werden und dadurch der relative Wassereinsatz sinkt«, bekam ich erklärt. Für die Managerinnen und Manager der Bio-Marke wäre es natürlich nicht reizvoll gewesen, auf die Packungen zu schreiben: »Für dieses Produkt wurde etwa gleich viel oder mehr Wasser verbraucht als für ein ähnliches konventionelles Produkt.« Das würde nicht zünden. Aber anstatt die Sache bleiben zu lassen und stattdessen auf andere Vorteile der Bio-Produkte zu verweisen, die es mit Sicherheit gibt, entschied man sich, das virtuelle Modell für den Wasserverbrauch entsprechend den eigenen Interessen anzupassen. »Da wir keine Unterschiede im tatsächlichen Wasserverbrauch fanden, fügten wir unserem Konzept den theoretischen Wert des sogenannten ›grauen Wassers‹ hinzu«, bekam ich erläutert. Bei virtuellen Berechnungen des Wasserverbrauchs berücksichtigt man in der Regel das »blaue Wasser«. Das ist der direkte Einsatz von Wasser in der Produktion, also beispielsweise die Bewässerung von Pflanzen oder die Tränke von Tieren. Hinzu kommt das »grüne Wasser«. Dabei handelt es sich um Wasser, das aus Boden- oder Wasserflächen verdunstet (Evaporation), ergänzt durch jene Wassermenge, die durch Transpiration aus Pflanzen oder Tieren entweicht. Diese »Gesamtverdunstung« für eine bestimmte Fläche wird in der Wissenschaft als »Evapotranspiration« bezeichnet. Blaues und grünes Wasser reichen den meisten Forscherinnen und Forschern aus, um Berechnungen des Wasserverbrauchs durchzuführen.

Für *Zurück zum Ursprung* wird hingegen erst der Wert des grauen Wassers zum eigentlichen Joker. Graues Wasser macht das virtuelle Wassermodell so richtig »virtuell«. Es wird an keinem Punkt der Produktionskette jemals entnommen oder verbraucht. Es handelt sich um eine rein theoretische Kenngröße, die von Ökologinnen und Ökologen üblicherweise nicht zur Berechnung von tatsächlichem Wasserverbrauch eingesetzt wird.

Das graue Wasser ist jene Wassermenge, die man theoretisch benötigen würde, um die Belastungen aus der Bewirtschaftung, also etwa Rückstände von Dünge- oder Pflanzenschutzmitteln, unter die Nachweisgrenze zu verdünnen. Stark vereinfacht kann man sich das etwa so vorstellen, als würde man im eigenen Garten Düngemittel und

Pflanzenschutzmittel anwenden und diese im Boden dann so lange verdünnen, bis sie von Chemikerinnen und Chemikern nicht mehr gemessen werden können. Das Wasser, das man dazu benötigen würde, ist das graue Wasser. »Beim theoretischen Wert des grauen Wassers lassen sich oft Unterschiede zwischen konventioneller Ware und den Produkten von *Zurück zum Ursprung* feststellen, vor allem auf Futterflächen in der Milchwirtschaft«, fuhr mein agrarwissenschaftlicher Kollege fort. Er stelle jedes Mal eine detaillierte Expertise aus, sagte er, aus welcher auch hervorgehe, dass es sich um keinen Unterschied im tatsächlichen Wasserverbrauch handelt. Und er sei – als jemand, der der Wissenschaft verpflichtet ist – nicht ganz zufrieden damit, was die Marketingabteilungen letztendlich aus seinen Berechnungen machen: »Von Unterschieden im Wasserverbrauch zu sprechen, ist wissenschaftlich nicht korrekt«, sagte er. »Wenn wir Unterschiede finden, dann nur im Bereich des grauen Wassers.« Und dieser Wert dient in der Ökologie als Kenngröße für die *Wasserbeeinträchtigung*, nicht für den Wasserverbrauch. Das klingt den Werbefachleuten aber offenbar zu wenig grün. Es gibt gute ökologische Argumente für die Bio-Landwirtschaft. Auf Bio™-Verpackungen werden wir sie aber nicht finden. Eine seriös betriebene Wissenschaft, die bei der Wahrheit bleibt und ihre Erkenntnisse nicht verfälscht oder mystifiziert darstellen lässt, kann in Zukunft noch viel zur Entwicklung des Ökolandbaus beitragen. Als Marketinginstrument sollte sie aber ebenso wenig eingesetzt werden wie zur kommerziellen Pflege eines Konzernimages.

Biodiversität als Marketing-Tool?

Außer über Treibhausgase und Wasser lassen sich den Verpackungen zahlreicher Produkte von *Zurück zum Ursprung* Angaben über Biodiversität entnehmen. Auch diesen Punkt nahm ich unter die Lupe. Um allzu viel Verwirrung vorzubeugen, erläutere ich Ihnen aber zunächst, was Biodiversität eigentlich ist.

Der Begriff der Biodiversität hat sich nicht nur in der wissenschaftlichen Literatur, sondern in den letzten Jahren auch in der Sprache der Massenmedien durchgesetzt. Biodiversität ist die Diversität, also die Komplexität und Vielfalt, biologischer Systeme bzw. der belebten Welt an sich. Sie drückt sich in Strukturen und Funktionen biologischer Lebensgemeinschaften aus, aber auch in deren Beziehungen zur rein physikalischen Umwelt. Biodiversität kann geografisch begrenzt betrachtet werden, etwa als die Anzahl an Arten, die in einer bestimmten Gegend vorkommen. Sie kann aber auch global als die evolutionäre Vielfalt aller Lebensformen der Erde verstanden werden.

In den Massenmedien hingegen hat sich eine sehr vereinfachte Vorstellung von Biodiversität durchgesetzt, eben eine mediengerechte: Sie wird dort als Synonym für die quantitative Artenvielfalt verwendet, also für die Artenzahl, welche nur einen Teilaspekt von Biodiversität darstellt. In dieser Form hat sie inzwischen auch schon Einzug in die Welt des Bio-Marketings genommen. »Du, Bauer«, sagt das *Ja!Natürlich*-Schweinderl in einem TV-Werbespot, während es in einer üppig blühenden Blumenwiese Schmetterlinge fängt. Der Bauer, in einem kleinen Beerengärtchen hockend und per Hand Beeren erntend, blickt auf. »Ein ganz ein seltener! Den erwisch ich noch«, ruft das Schweinchen aus. »Und da: ein Schwalbenschwanz. So viele Falter!« – »Das heißt Vielfalt!«, wirft der Bauer ein, der nun plötzlich Gemüse in Kisten sortiert, die vor ihm im grünen Gras liegen. Der Spot endet mit der wohlklingenden Zusage: »Nur, wenn wir der Natur ihre Vielfalt lassen, bekommen wir Vielfalt zurück.« Wie genau *Ja!Natürlich* die Naturvielfalt fördert, verrät der Spot allerdings nicht. Zahlen werden ebenso wenig genannt.

Auch *Zurück zum Ursprung* ist auf den Biodiversitätszug aufgesprungen. Neben den Angaben zum eingesparten Wasser, das in Wirklichkeit gar nicht eingespart wurde, druckt man nun auch Zahlen zur Biodiversität direkt auf die Verpackungen. Also beispielsweise »fünfundzwanzig Prozent mehr Biodiversität«. Diese Berechnungen stellt ebenfalls der junge Doktor der Bodenkultur am privaten Forschungsinstitut für *Zurück zum Ursprung* an, der auch für Wasser und Treibhausgase zuständig ist. »Es ist sehr schwierig, repräsentative Berechnungen zur Artenvielfalt durchzuführen«, sagte er mir. »Die verschiedenen Betriebsformen und Betriebsgrößen sind zu unterschiedlich.« Es sei auch nicht möglich, die Produktionsstätten zu besuchen. »Wir können daher nur Schätzungen vornehmen«, gab der Agrarwissenschaftler zu bedenken. »An keinem einzigen Betrieb, an dem für *Zurück zum Ursprung* produziert wird, haben wir jemals Arten gezählt.« Um dennoch höhere Zahlen für Biodiversität ausweisen zu können, greift man auf eine Schätzmethode zurück: Zunächst wird eine stichprobenartige Anzahl von Landwirtinnen und Landwirten über ihren Betrieb befragt, wobei Bewirtschaftungsweise, Düngereinsatz, Pflanzenschutzmaßnahmen, Mähtechniken sowie das Vorhandensein von Landschaftsstrukturen, die Tieren und Pflanzen als Lebensräume dienen könnten, erhoben werden. Entsprechend den Angaben der Bäuerinnen und Bauern werden dann Prozentpunkte vergeben. Dabei bezieht man sich auf einen botanischen Indexwert. Dieser wird von einer Referenzliste abgelesen, die anhand von Agrarflächen in der Schweiz erstellt wurde. Je mehr ökologisch relevante Strukturen an einem Hof vorhanden sind, die biologischen Arten potenzielle Refugien bieten, desto näher rückt der theoretische Wert laut Referenzliste der Hundert-Prozent-Marke. Konventionelle Betriebe erreichen in diesem Ranking durchschnittlich dreißig Prozent, jene von *Zurück zum Ursprung* fünfunddreißig Prozent. Da niemand jemals Tier- oder Pflanzenarten abgezählt hat, kam der für die Berechnungen zuständige Wissenschaftler zu dem Schluss:

>»Wir wissen derzeit nicht, ob die auf den Verpackungen ausgewiesenen Unterschiede der Artenvielfalt in der Realität tatsächlich vorzufinden sind.«

Außerdem störe ihn, wie schon beim Wasserverbrauch, die verzerrende Darstellung in der Werbung, in der von »mehr« Biodiversität die Rede ist: »Der Referenzwert, der von mir berechnet wird, ist eigentlich ein geschätztes Maß für das relative *Biodiversitäts-Potenzial*.« Das tatsächliche Biodiversitäts-Niveau lässt sich nur anhand von Feldstudien feststellen, und genau die finden nicht statt. Hinzu kommt ein weiterer kleiner Schönheitsfehler: Die Angaben der Landwirtinnen und Landwirte, auf die man sich übrigens ohne Überprüfung verlässt, beziehen sich auf den gesamten Betrieb, selbst dann, wenn nur auf einem Teil der Flächen für die Hofer'sche Bio-Marke produziert wird. Denkbar wäre aber auch ein Szenario, in dem ein Bio-Bauer auf einer bestimmten Fläche Monokulturen für den Massenmarkt betreibt und auf einer anderen womöglich in Mischkultur Gemüse für den ökologischen Nischenmarkt oder die Direktvermarktung anbaut. Die Produkte aus solchen Mischkulturen würden nie in Supermärkten landen. Dennoch würden sie die Biodiversitätswerte für das Bio-Marketing von Hofer verbessern. Dasselbe gilt für besondere Landschaftselemente wie Trockensteinmauern, Feuchtbiotope, Ökobrücken, Streuobstwiesen, ja sogar Bauerngärten, die allesamt möglicherweise nichts mit der Produktion für *Zurück zum Ursprung* zu tun haben, sondern zu anderen Betriebszweigen oder zum Privatleben der Familie zählen.

Der ökologische Fußabdruck – ein gänzlich anderes Konzept

Durch werbewirksame Angaben zu Wasserverbrauch, Artenvielfalt oder Treibhausgasemission entsteht unter Konsumentinnen und Konsumenten häufig der Eindruck, es handle sich um Berechnungen des inzwischen bekannt gewordenen sogenannten »ökologischen Fußabdrucks«. Dieser Fehlschluss scheint von manchen Bio-Marken durchaus beabsichtigt. So behauptet beispielsweise *Zurück zum Ursprung* auf der unternehmenseigenen Homepage, bei den Angaben zu Wasser, Treibhausgasen und Biodiversität auf den Verpackungen, handle es sich um die Ausweisung des ökologischen Fußabdrucks der Produkte[21]. Man schreibt sich sogar auf die Fahnen, mit dem Ökofußabdruck einen »neuen Meilenstein« gesetzt zu haben, wie man auf der Homepage lesen kann. Doch die auf den vorangegangenen Seiten beschriebenen Berechnungen der Bio-Marke von Hofer sind nicht dazu geeignet, als Angaben zum ökologischen Fußabdruck gewertet zu werden. Dieses Modell ist gänzlich anderer Natur.

Was ist der ökologische Fußabdruck?

Es begab sich im Süden Österreichs, dass die Betreiberin einer ökologisch bewirtschafteten Gartenanlage eines Kulturzentrums auf die Idee kam, ihren eigenen ökologischen Fußabdruck real abzubilden, nachdem sie in der Literatur auf dieses von Mathis Wackernagel und William Rees begründete Konzept gestoßen war. Dazu berechnete sie zunächst ihren Energieverbrauch, den Verbrauch natürlicher Ressourcen, ihren Kohlendioxidausstoß. Sie analysierte ihre Ernährungs- und Lebensgewohnheiten und bezog eine Reihe von Parametern ein, die zwingend zu dem Konzept gehören. Nach Abschluss der Berechnungen wurden rund um den großen Garten farbige Marksteine gesetzt, die durch einen schmalen Fußpfad miteinander verbunden wurden. Die Besucher konnten nun von Markierung zu Markierung wandern. Die Fläche, die sie auf diesem Weg umrundeten, war der persönliche ökologische Fußabdruck der Ökogärtnerin. Er wurde dadurch begehbar, erfahrbar. Der ökologische Fußabdruck ist also eine Flächeneinheit. Seine Kenngröße ist der globale Hektar (gha). Dieser drückt die Fläche aus, die jemand aufgrund seines oder ihres aktuellen Lebensstils auf der Erde beansprucht. Je verschwenderischer wir leben, desto größer fällt unser Fußabdruck aus.

> Der ökologische Fußabdruck ist die Fläche, die ein Mensch, eine Familie oder eine sonstige Gemeinschaft auf der Erde beansprucht, um den aktuellen Lebensstandard zu halten. Der globale Hektar (gha) ist die Maßeinheit dafür.

Die Ausmaße der ökologischen Fußabdrücke von Menschen sind weltweit keinesfalls gleich verteilt. Der durchschnittliche Fußabdruck eines Europäers beträgt knapp fünf globale Hektar. In den USA bringt man es auf durchschnittlich etwa zehn, in Australien beansprucht man etwas mehr als sieben Hektar pro Kopf. Da die Erde nur begrenzt mit Ressourcen aufwarten kann, müssen die einen kürzertreten, wenn die anderen zu viel verprassen. In Bangladesch zum Beispiel müssen sich die Menschen mit 0,5 globalen Hektar zufriedengeben, in Mosambik mit 0,6 und in Nepal und Kongo ebenfalls. Äthiopien bringt es auf 0,7 und Indien auf knappe 0,8 globale Hektar pro Person. Relevant werden diese Zahlen erst, wenn man die Fläche kennt, die ein Mensch rein rechnerisch beanspruchen dürfte, damit die Ressourcen des Planeten unter den Erdenbürgerinnen und Erdenbürgern gleichmäßig verteilt sind: Es sind 1,8 globale Hektar. Die Länder des Südens liegen also deutlich unter dem Wert, der ihnen theoretisch zusteht, während die Industrienationen darüber liegen. In Europa beanspruchen wir immerhin fast dreimal so viel, als wir rechnerisch dürften, in den USA mehr als fünfeinhalbmal so viel und in Australien das Vierfache. Aufgrund der Ungleichverteilung ergibt sich im weltweiten Durchschnitt ein ökologischer Fußabdruck von 2,2 globalen Hektar pro Mensch.

Internationale Beispiele für ökologische Fußabdrücke	
Angaben in globalen Hektar pro Kopf (Stand 2011)	
verfügbar	1,8
Durchschnitt weltweit	2,2
Industrienationen:	
Europa	4,7
Australien	7,1
USA	9,57
Länder des »Südens«	
Bangladesch	0,5
Mosambik	0,6
Nepal	0,6
Kongo	0,6
Äthiopien	0,7
Indien	0,8

Der ökologische Fußabdruck ist ein komplexes Modell von politischer und sozialer Tragweite, das uns zur kritischen ökologischen Selbsteinschätzung dient. Als Werbeinstrument ist er völlig ungeeignet.

Der Regionalitätsschmäh

Waldviertler Kartoffeln, steirische Äpfel, Murauer Milch, Karotten aus dem Marchfeld, Steirerhuhn und Kärntner Geflügel – Regionen sind in allen Supermärkten zu Marketingschlagworten geworden. In Wirklichkeit ist die Region in vielen Fällen nur ein untergeordnetes Kriterium für Qualität. Viel wichtiger sind Sortenwahl, Anbaumethode sowie Wissen und Können der Bäuerinnen und Bauern. Auch für Hühner beispielsweise macht es in ihrer Erfahrungswelt keinen Unterschied, ob sie in Kärnten, Niederösterreich oder in der Steiermark in intensiver Haltung leben müssen. Die Idee der Regionalität hat vor allem ökologische Gründe: »Aus der Region in die Region.« Lebensmittel, die vom Produktionsort zum Vermarktungsort nicht weit reisen müssen, gelten als nachhaltiger, weil sie deutlich kürzere Transportwege hinter sich haben. Ein Ladenbesitzer an der tschechischen Grenze handelt vermutlich ökologischer, wenn er Tomaten aus Tschechien bezieht, als würde er gleichwertige Ware im Südburgenland einkaufen.

Aufgrund seiner ökologischen Bedeutung hatte sich der Regionalitätsbegriff bereits unter den ursprünglichen Vertreterinnen und Vertretern des Ökolandbaus einen guten Namen gemacht. Noch heute existieren im ganzen Land einzelne Bio- und Bauernläden, die zum größten Teil regionale Ware aus umliegender Produktion anbieten. Die Art und Weise, wie Regionalität hingegen im konventionellen Lebensmittelhandel verstanden wird, stellt eine Verkürzung des Begriffes dar. Wenn Sie etwa in den Supermärkten Kärntens oder in Graz »Waldviertler Kartoffeln« kaufen, dann kaufen Sie Ware aus einer bestimmten Region, aber keine regionale Ware. Der Leitsatz »Aus der Region in die Region« ist dann reduziert auf »Aus einer Region«. Supermarktkonzerne, deren Warenumschlagpunkte zentralisiert sind, sind genetisch nicht in der Lage, einem ernst genommenen Regionalitätsbegriff gerecht zu werden. Hinzu kommt, dass Verarbeitung und

Verpackung der »Regionsprodukte« oft wiederum in gänzlich anderen Regionen stattfinden und dazwischen mehrfache Transportwege anfallen. Auch die »Waldviertler Kartoffeln« aller Bio™-Marken werden zunächst von einem Großhändler zwischengelagert und dann in den meisten Fällen an eine Fabrik im Marchfeld geliefert, manchmal auch nach Stockerau, wo die Knollen sortiert, gewaschen und verpackt werden. Von dort werden sie an die Zentrallager der Supermarktketten und später dann an die Filialen ausgeliefert. Offenbar ist der Regionalitätsbegriff für manche Bio-Handelsmarken nichts anderes als ein besser klingendes Synonym für »Herkunft aus Österreich«.

Auf der Homepage von Merkur (Rewe) steht zu lesen, *Ja!Natürlich* stünde für Regionalität[22]. In einem Interview mit der Umweltschutzorganisation Global 2000 sagte die Geschäftsführerin der Bio-Marke, dass dem Konzern Regionalität ein besonderes Anliegen sei[23]. Dennoch hat das Unternehmen kein Problem damit, Waren in großen Mengen aus Südeuropa zu beziehen. In den Regalen von *Ja!Natürlich* fand ich außerdem und beispielsweise Zitronen, die in Südafrika produziert und in den Niederlanden verpackt worden waren. Ich stieß auf Knoblauch: in Spanien angebaut, in Italien abgepackt. *Ja!Natürlich* rühmt sich auf der unternehmenseigenen Homepage für die »regionale Produktion« von Brot und Gebäck[24]. Doch das Brot wird in Backfabriken verschiedener Bundesländer produziert, in einem riesigen Wiener Tiefkühllager zwischengelagert und später wieder hinaus in die Bundesländer transportiert, wo die Rohlinge in den Filialen nur mehr aufgebacken werden.

Die PR-Leiterin von Spar Österreich erklärte einem Reporter von Global 2000, Regionalität spiele auch für *Natur*pur* eine wichtige Rolle[25]. »Wir versuchen immer, den österreichischen Produkten den Vorzug zu geben«, erklärte die Managerin und demonstrierte damit die radikale Verkürzung des Regionalitätsbegriffes auf »Made in Austria«. Knoblauch aus Argentinien, Zitronen aus Südafrika, Zwiebel aus Ägypten, Äpfel aus Südeuropa oder Paprika aus Israel zu beziehen, scheint darüber hinaus für *Natur*pur* mit den eigenen Regionalitätsbemühungen ohne Weiteres vereinbar zu sein.

90

Zurück zum Ursprung hat Regionalität sogar zu einer der acht Grundsäulen des Unternehmens gemacht. Die Bio-Marke des Hofer-Konzerns schreibt auf der eigenen Homepage[26]:

»Regionalität bei *Zurück zum Ursprung* bedeutet, dass *alle* für die Herstellung eines Lebensmittels wertgebenden Bio-Zutaten und Bio-Rohstoffe, wie zum Beispiel auch Futtermittel und Saatgut, nicht nur aus biologischer Landwirtschaft stammen, sondern auch *österreichischer* Herkunft sind.«

Schon ein flüchtiger Blick ins Kühlregal bei Hofer offenbart, dass diese Behauptung nicht stimmen kann: Mango-Trinkmilch, Feigen-Joghurt und Mango-Orangen-Joghurt sind für aufmerksame Konsumentinnen und Konsumenten die ersten Hinweise auf den internationalen Rohstoffbezug bei *Zurück zum Ursprung*. »Aus EU-Landwirtschaft« oder sogar »Aus nicht-EU-Landwirtschaft«, so offenbart das Kleingedruckte auch auf anderen Produktverpackungen. Allein im Milchsortiment von *Zurück zum Ursprung* ist unter den Herkunftsländern der Zutaten beinahe der gesamte Globus vertreten. Der »Bio-Bergbauern-Trinkgenuss« und das »Bio-Bergbauern-Joghurt«, von denen Hofer achtzehn verschiedene Sorten führt, beinhalten unter anderem folgende Zutaten: Erdbeerpüree und Apfelstücke aus Polen; Heidelbeeren aus der Ukraine; Weichseln, Haselnüsse und Feigen aus der Türkei; Brombeeren aus Serbien; Preiselbeeren aus Schweden; Himbeerpüree und Heidelbeerpüree aus Polen; Mangos aus Indien; Limettensaft aus Brasilien; Zitronen aus Spanien; Vanilleextrakt aus Madagaskar; Nelkenpulver aus Tansania, Indien und Indonesien; Zitronensaftkonzentrat aus Argentinien; Traubensaftkonzentrat aus Italien; Orangenpüree und Orangensaftkonzentrat aus Italien sowie rotes Johannisbeersaftkonzentrat, Aroniasaftkonzentrat und Holundersaftkonzentrat aus Polen. Die »Waldbeeren« von *Zurück zum Ursprung* sind polnische Püreemischungen aus Himbeeren, Erdbeeren und Heidelbeeren. Dass verarbeitete Früchte, Fruchtpürees, Konzentrate und Trockenkräuter in den Milchprodukten der Supermärkte aus der halben Welt importiert werden – je nachdem, wo gerade große

Mengen zu günstigen Preisen verfügbar sind –, ist nichts Ungewöhnliches. Die meisten österreichischen Bio™-Marken (und auch die konventionellen) werden dabei von der Agrana Fruit Austria GmbH mit Fruchtimporten versorgt. Dennoch werden die PR-Abteilungen nicht müde, den Regionalitätsbegriff zu bemühen. *Zurück zum Ursprung* ist insofern ein Härtefall, als die Marke auf ihrer Homepage ausdrücklich die österreichische Herkunft aller wertgebenden Zutaten verspricht. Heidelbeeren in Heidelbeerjoghurts sind wertgebend für das Produkt, daran kann kein Zweifel bestehen. Dasselbe gilt für »Waldbeeren« in Waldbeer-Milchgetränken, Äpfel in Apfeljoghurts und so weiter. Anstatt den Konsumentinnen und Konsumenten gegenüber ehrlich zu sein, setzt sich die Fehlinformation im Regionalitätsmarketing von *Zurück zum Ursprung* fort. Auch die Zusicherung, sämtliches Saatgut, das für die Bio-Markenprodukte von Hofer verwendet werde, käme aus Österreich, entpuppte sich als nicht zutreffend. Als ich den größten Produktionsbetrieb von Fruchtgemüse für *Zurück zum Ursprung* besuchte, erfuhr ich, dass dort fast alle Jungpflanzen aus den Niederlanden oder aus Deutschland bezogen werden. Außerdem stammte in den Erzeugerbetrieben, die ich mir ansah, der Großteil des Saatgutes für Feldgemüse wie Kohlrabi, Lauch, Karotten oder Zwiebel, aus den Niederlanden. Auch diese Information gilt für sämtliche Bio-Marken heimischer Lebensmittelkonzerne. Saatgut und Jungpflanzen aus den Niederlanden stehen in großen Mengen und zu günstigen Konditionen zur Verfügung. Die niederländischen Pflanzenzuchtkonzerne gehören weltweit zu den Anbietern der ertragreichsten und leistungsstärksten Hybridsorten. Sie exportieren Saatgut, genauso wie Jungpflanzen, in die ganze Welt. Daran ist nichts auszusetzen. Das irreführende Versprechen von *Zurück zum Ursprung* über den angeblich ausschließlich österreichischen Saatgut- und Rohstoffbezug verwunderte mich allerdings sehr, da Transparenz zu den wichtigsten Marketingschlagworten des Unternehmens zählt.

Natur*pur und die »biologische Ursprungsgarantie«

Es gehört schon seit langer Zeit in die Trickkiste des konventionellen Lebensmittelhandels, mit persönlichen Namen und Unterschriften auf Verpackungen den Eindruck besonderer Vertrauenswürdigkeit erwecken zu wollen. Auf diesen Zug ist auch der Spar-Konzern mit seiner Bio-Marke *Natur*pur* aufgesprungen. Auf der Homepage von Spar Österreich fand ich folgende Angabe[27]:

> »Die biologische Ursprungsgarantie: Auch die Bio-Bauern selbst garantieren für die reine, biologische Qualität der Natur*pur-Produkte. Stellvertretend für seine Region steht der Bio-Bauer auf den SPAR Natur*pur-Packungen mit seiner Unterschrift für die Herkunft der Produkte und die ehrliche, biologische Landwirtschaft.«

Im Herbst 2011 begab es sich, dass ich mich auf die Suche nach einem gewissen Joe[28] machte. Seinen Namen sowie seinen Wohnort hatte ich mir in einer Wiener Filiale von Spar notiert. Beides war auf Verpackungen von Natur*pur-Produkten angegeben[29]. Laut dieser Aufdrucke fungiere Joe für sieben Produkte als Bürge: »Stellvertretend für die Bio-Bauern, die Rohstoffe für dieses Produkt liefern, garantiere ich für die biologische Herkunft dieses Naturproduktes und die Bewirtschaftung der Höfe im Einklang mit der Natur.« Darunter war Joes Unterschrift angebracht.

Auf der Suche nach dem Bauern verschlug es mich in einen entlegenen Winkel Österreichs. Ich hielt vor einem alten Landhaus an. »Entschuldigen Sie bitte«, rief ich über den Holzzaun. »Ich suche Joe. Wissen Sie vielleicht, wo er wohnt?« Der Mann nahm seine Hand wieder von der Motorsäge, die er gerade starten wollte. Er klappte seinen Gesichtsschutz hoch und beschrieb mir den Weg. Es war ein ungewöhnlich warmer Tag für die herbstliche Jahreszeit. Der Himmel war stahlblau und wolkenlos. Schließlich stand ich vor Joes Haus. Ich war kurz davor, den Bauern kennenzulernen, der in einem Bungalow mit städtischem Flair und englischem Rasen wohnte. Ich näherte mich der Eingangstüre und drückte auf den Klingelknopf. Die Tür öffnete sich. Es stellte sich heraus, dass der freundliche Joe zeitlebens ein Angestellter gewesen und einer Vollzeitarbeit nachgegangen war. Inzwischen Pensionist, war er stets nur als Nebenerwerbslandwirt tätig gewesen. »Wie ist Ihre Unterschrift auf die Verpackungen der Natur*pur-Produkte gekommen?«, fragte ich. Das sei so passiert, wurde mir geschildert: Irgendwann sei man mit dem Anliegen an Joe herangetreten, ihm eine eigenhändige Unterschrift abnehmen zu dürfen. Es hieß, diese Unterschrift solle auf die Verpackungen von Produkten gedruckt werden, die unter anderem Soja enthalten. Joe baut nämlich Soja an. Ob er, Joe, sagen könne, ob seine Sojabohnen in dem Produkt verarbeitet seien oder ob er wisse, woher das restliche Soja komme. Beides konnte der Bürge nicht beantworten. Das eigentlich Bemerkenswerte aber ist: Die Produkte, auf denen Joes Unterschrift abgedruckt ist, beinhalten zahlreiche andere wertgebende Rohstoffe als bloß Soja. Es sind Erzeugnisse, die nicht aus Joes Region stammen. Ob er wisse, wo die übrigen Zutaten herkämen, wollte ich wissen. Nein, auch das wusste er nicht.

Bei den Zutaten handelt es sich unter anderem um Zuckererbsen, verschiedene Gemüsearten, Indianerbohnen, Grünkern, Tomatenpulver, Nährhefen und Maltodextrin[30], Kräuter, Zwiebeln sowie Oliven, Chili, Curry und Ananas. Diese Rohstoffe stammen aus unterschiedlichen Ländern der Erde.

Folgende Fragen sollten nicht Joe, sondern gleich direkt den Verantwortlichen von *Natur*pur* gestellt werden:

- Wie kann ein Nebenerwerbsbauer aus Österreich »stellvertretend für seine Region« die Herkunft von Zutaten garantieren, die aus unterschiedlichen Ländern der Erde stammen und über deren Ursprünge er nichts wissen kann?
- Wie kann dieser Landwirt unter den genannten Bedingungen für den biologischen Anbau dieser Zutaten »im Einklang mit der Natur« bürgen, ohne die betreffenden Bauern zu kennen?

- Und überhaupt: Was soll der Begriff »Einklang mit der Natur« eigentlich genau bedeuten – noch dazu auf Industrieverpackungen?

EU-Biozeichen

Achten Sie beim EU-Biozeichen stets auf die Zusatzangaben zur Herkunft der Zutaten:
- »AT-Landwirtschaft« oder »österreichische Landwirtschaft«: maximal zwei Prozent der Zutaten stammen aus dem Ausland
- »EU-Landwirtschaft«: enthält Zutaten aus dem EU-Ausland
- »Nicht-EU-Landwirtschaft«: enthält Zutaten von außerhalb der EU

CYBORGS IN DER BIO-BRANCHE
Von Obst- und Gemüsegiganten

>> *»Die Monokultur in der Landwirtschaft*
ist die eigentliche Erbsünde der Menschheit.«[31]
(Univ.-Prof Dr. Karl Burian [†], Pflanzenphysiologe und
Vegetationsökologe, Universität Wien)

»Heute fliegen die Erntehelfer aber tief!«

Die Erntemaschine war noch nicht einmal losgefahren und schon machte sie so viel Lärm, dass ich kaum hören konnte, was mir erklärt wurde. Ich stellte mich so nahe wie möglich neben den Produktionsleiter, um zu verstehen, wovon er sprach. Er redete vom großen Ernten, und zwar vom richtig großen: »Unsere Erntehelfer werden am Acker neben der Maschine her gehen und die Salatköpfe während der Fahrt in Stahlkörbe legen«, erläuterte er. Diese Gitterkörbe liefen auf automatischen Förderbändern über Träger, die die Erntemaschine wie Flügel ausbreitete. Wie ein notgelandetes Flugzeug würde sich der schwerfällige Truck bald über die Ackerflächen schleppen. Die Erntehelferinnen und Erntehelfer bereiteten sich auf die bevorstehende Aufgabe vor, während der Fahrt ununterbrochen Salat zu ernten und in die vorbeifahrenden Körbe zu legen. »Das Fließband transportiert die Salatkörbe automatisch nach oben und durch eine Waschanlage«, wurde mir erklärt. Ein Teil der Erntehelfer kletterte auf ein Podest auf dem Truck. »Dort werden dann die gewaschenen Salatköpfe von Hand in Kisten geschlichtet. Alles während der

96

Der Csardahof, Eigentum von Christoph Dichand (»Kronen Zeitung«), ist exklusiver Hauptproduzenten für Frucht- und Blattgemüse von *Zurück zum Ursprung* (Hofer). Der Geschäftsführer des Betriebes, Werner Lampert, ist Gründer von *Zurück zum Ursprung* und *Ja!Natürlich.*

Fahrt.« Einer der Helfer werde die Kisten auf Paletten schlichten, erfuhr ich. »Volle Paletten werden von der Maschine automatisch verladen und leere Paletten gleich nachgereiht.« Das Ungetüm, das da vor mir stand, war eine fahrende Fabrik. Jeder einzelne Arbeitsschritt geht direkt auf dem Acker und während der Fahrt vonstatten. Die Arbeiterinnen und Arbeiter sind als austauschbare Bauelemente der Maschine mit eingeplant. Sie fusionieren mit der fahrenden Fabrik. Sie sind Cyborgs[32] am Gemüseacker. Der Betrieb, in dem ich mich befand, heißt Csardahof, liegt im Burgenland an der Grenze zur Slowakei und stellt den Hauptlieferanten für Frucht- und Blattgemüse von *Zurück zum Ursprung* dar. Auf zweihundertzwanzig Hektar Eigengrund (das sind mehr als zwei Quadratkilometer) wird in dem Industriebetrieb Bio-Gemüse für die Filialen von Hofer in ganz Österreich hergestellt. Aus dem äußersten östlichen Winkel des Landes wird die

Massenware dann, plastikverpackt, über die Bundesländer verteilt. Der Geschäftsführer des Csardahofes ist niemand Geringerer als Werner Lampert, der Hofer'sche Bio™-Pionier höchstpersönlich. Die Geschäftsführerschaft wurde ihm durch die Eigentümerfamilie Dichand (»Kronen Zeitung«) übertragen. Früher, als Werner Lampert noch der Kopf von *Ja!Natürlich* war, produzierte man am Csardahof exklusiv für *Ja!Natürlich*. Seit er für Hofer die Marke *Zurück zum Ursprung* entwickelt hat, liefert man – ebenfalls exklusiv – an *Zurück zum Ursprung*. So blieb alles in einer Hand.

»Das Schlimmste ist die Menge«
Interview mit einem Bio™-Erntehelfer am Csardahof

Es war nicht einfach, einen der Erntehelfer aus der Bio-Industrie unter vier Augen zu sprechen. Während der Arbeitszeiten stehen sie alle unter Druck, am Abend sind sie müde und wollen ihre Ruhe. Eines Nachmittags rollte ich mit meinem Geländewagen querfeldein und, ohne lange nachzudenken, auf die Gewächshausanlage des Csardahofes zu. In der Ferne hoben sich die Silhouetten einzelner Bäume wie Schatten vom stahlblauen Himmelszelt ab. Der Rest der Landschaft lag wie ein gleißendes, ausgedehntes Meer in der Sonne, erstreckte sich in agrarindustrieller Monotonie in alle Richtungen bis zum Horizont. Als ich anhielt und aus meinem Wagen stieg, war ich von fast hundert Gewächshäusern aus Plastik[33] umgeben. Wahllos trat ich in die feuchte Hitze einer der Bauten ein. Am anderen Ende, etwa fünfzig Meter von mir entfernt, stand László[34] mitten im Tomatendschungel und wischte sich gerade den Schweiß von der Stirn. Der junge Mann nahm kaum Notiz von mir, meine Anwesenheit schien ihn nicht zu interessieren. Er griff zu seinen Arbeitsutensilien und begab sich festen Schrittes zum Ausgang in meine Richtung. Dort sprach ich ihn mit meinem gebrochenen Ungarisch an. Nur mühsam konnte ich László in der fremdartigen Sprache, die noch neu für mich war, klar machen, was ich von ihm wollte: Ich war an seiner Arbeitssituation interessiert und bat ihn um ein Interview. Zu meiner Überraschung sagte László sofort zu. »Ich vertraue Ihnen, dass Sie meine Identität nicht veröffentlichen«, fügte er hinzu. Das versprach ich ihm mit meinem Handschlag, weshalb ich seinen richtigen Vornamen in diesem Buch nicht verrate. Im Gegenzug versicherte mir László, meine Fragen ehrlich und wahrheitsgetreu zu beantworten. In Windeseile kritzelte er seinen Namen und seine E-Mail-Adresse auf einen Zettel. Dann sprang er, ehe ich noch »Danke« sagen konnte, gemeinsam mit drei weiteren Helfern auf die Ladefläche eines Pick-ups, der ihn abtransportierte und in einen anderen Bereich der Gewächshausanlage überstellte. Einige Zeit später fand das Interview unter Mithilfe einer Dolmetscherin statt.

Clemens G. Arvay: László, wie lautet die offizielle Bezeichnung Ihrer Tätigkeit am Csardahof?

László: Was ich hier verrichte, nennt sich »landwirtschaftliche Hilfsarbeit«.

Clemens G. Arvay: Wie lange dauert Ihre Arbeitssaison als landwirtschaftlicher Hilfsarbeiter?

László: Ich arbeite hier von April bis November. Die Hauptsaison, in der wir am meisten zu tun haben, dauert von Mai bis September.

Clemens G. Arvay: Wie viele Tage und Stunden arbeiten Sie pro Woche?

László: Wir haben eine Sechstagewoche von Montag bis Samstag. Manchmal arbeiten wir auch an Sonn- und Feiertagen. In der Hauptsaison komme ich oft auf mehr als vierzig Stunden pro Woche. Ich bekomme aber jeden Monat vierzig Stunden bezahlt und wir versuchen, unsere Überstunden bis zum Ende der Saison wieder auszugleichen.

Clemens G. Arvay: Und wie hoch ist Ihr Stundenlohn?

László: Mein Stundenlohn liegt bei EUR 6,42.[35]

Clemens G. Arvay: Wie ist der Umgangston an Ihrem Arbeitsplatz?

Ich meine damit: Wie werden Sie vom menschlichen Standpunkt aus behandelt?

László: Die Umstände sind nicht gerade rosig. Es herrscht ein harter Umgangston. Geschrei und persönliche Beschimpfungen stehen an der Tagesordnung und ich fühle mich oft erniedrigt. Wenn du deine Arbeit gut machst, bekommst du kein Lob. Es heißt immer nur: »Wieso arbeitest du nicht schneller? Wieso schaffst du nicht mehr pro Stunde?«

Clemens G. Arvay: Ist Ihre Arbeit anstrengend?

László: Die Anstrengung ist nicht das größte Problem. Das Schlimmste ist die Menge. Wir müssen immer *noch* mehr schaffen, *noch* schneller sein und trotzdem gute Arbeit leisten. Wir arbeiten bei jedem Wetter, auch bei Regen, Wind und Kälte. In den Gewächshäusern ist es extrem heiß, es dampft richtig dort drinnen. Wir müssen unsere Arbeitskleidung selbst besorgen. Vom Betrieb wird uns nur ein Messer zur Verfügung gestellt. Unsere Umkleidekabinen und Duschen müssen wir selber putzen. Es gibt dort übrigens Mäuse, weil das Gebäude ein adaptierter Stall ist. Ich versuche nach Möglichkeit, diese Räume zu meiden.

Clemens G. Arvay: László, Ihre Arbeitsbedingungen und der harsche Umgangston, dem Sie ausgesetzt sind, erscheinen mir nicht gerade angenehm. Warum kommen Sie jedes Jahr wieder?

László: Sie werden hier nur Arbeiter aus Osteuropa treffen. Wir haben keine andere Wahl. Der Arbeitsmarkt in Ungarn, wo ich herkomme, ist kaputt. Deswegen verbringe ich jetzt schon mein viertes Jahr als Erntehelfer am Csardahof.[36] Gemessen an ungarischen Verhältnissen ist der Lohn noch immer höher. Nur leider muss ich von dem Geld, das ich während einer Saison verdiene, auch über den Winter kommen. Das ist dann nicht mehr so toll.

Clemens G. Arvay: Lieber László, ich wünsche Ihnen alles Gute und danke Ihnen für das Interview.

In der Tat sind der harte Umgangston sowie die Arbeitssituation der osteuropäischen Saisonkräfte für viele Produktionsbetriebe, so wie von László beschrieben, als völlig »normal« anzusehen. Beinahe die gesamte Agrarindustrie, ganz egal ob konventionell oder biologisch, baut ihre vertraglich geregelte Massenproduktion auf den Einsatz von Billigarbeitskräften aus dem Ausland auf. Der Wiener Landschaftsplaner und Agrarsoziologe Diplomingenieur Dieter A. Behr stellte bei den Arbeitsbedingungen landwirtschaftlicher Hilfsarbeiterinnen und Hilfsarbeiter in Europa – auch in Österreich – äußerst prekäre Arbeitsumstände fest[37]. In seiner wissenschaftlichen Publikation mit dem Titel »Was hat Gemüse mit Migration zu tun?« identifiziert Dieter A. Behr die Nutzung ausländischer Billigkräfte als Konsequenz der Preispolitik des Handels. »Eine strukturelle Ursache für schlechte Bezahlung der Saisonniers sowie Erntehelferinnen und Erntehelfer ist die mächtige Position der Großverteiler und der Supermärkte«, schreibt Behr[38]. Und weiter: »Wenn die Preise für Obst und Gemüse in einem globalisierten Markt festgelegt werden und die Supermarktketten auswählen können, wo man gerade am billigsten einkaufen kann, bleiben soziale Standards auf der Strecke.« Regelrechte Ballungszentren der prekären Arbeitsbedingungen in der Landwirtschaft sind das nördliche Burgenland und der Osten Niederösterreichs, also die Regionen an der Grenze zur Slowakei und zu Ungarn. Dort befinden sich neben dem Csardahof zahlreiche andere Produktionsstätten des industriellen Bio-Gemüsebaus. Die in der Werbung für *Ja!Natürlich* hochstilisierte »Region Nationalpark Neusiedlersee« verkauft sich zwar gut, doch dass sich die dortigen Bio™-Betriebe ganz genauso wie in anderen Gebieten durch ausgedehnte Gewächshausflotten, industrielle Methoden und den Einsatz osteuropäischer Billigarbeitskräfte auszeichnen, wird uns in der Werbung verschwiegen. Bekanntlich ist die Situation für Arbeitsmigrantinnen und Arbeitsmigranten vor allem in Spanien und Italien, aber auch in Frankreich sowie in manchen Ländern außerhalb Europas noch dramatischer als in Österreich. Das hält *Ja!Natürlich*, *Natur*pur* und viele andere österreichische Bio-Marken jedoch nicht davon ab, aus solchen Ländern billige Bio-Treibhausware in rauen Mengen zu beziehen[39]. Wer beim Einkaufen auf soziale Aspekte Wert legt, sollte daher insbesondere mit Gemüse und Obst aus dem Ausland zurückhaltend sein und sich über die jeweilige Herkunftsregion im Vorfeld erkundigen.

Gigantismus auch bei Bio™-Obst und Bio™-Gemüse

Als die österreichische Spargelernte begonnen hatte, fuhr ich hinaus zu Produzentinnen und Produzenten mehrerer Bio-Marken. Eines Tages stand ich auf einem ausgedehnten Spargelacker inmitten einer endlos erscheinenden Agrarwüste.

»Wir bewirtschaften hundertvierzig Hektar«, erklärte mir der Landwirt. Das entspricht knapp eineinhalb Millionen Quadratmetern. »Wir produzieren für die großen Handelskonzerne. Da läuft der Verdienst nur mehr über die Menge.« Gäbe es nicht die Möglichkeit, spottbillige Erntehelferinnen und Erntehelfer aus dem Ausland zu bekommen, erfuhr ich, so hätte man schon längst zusperren müssen. In diesem Moment rollte über den Feldweg ein Pick-up heran. Eine Gruppe ungarischer, rumänischer und bulgarischer Arbeiterinnen sprang von der Ladefläche und marschierte in der frühsommerlichen Nachmittagssonne in die Richtung des Spargelmeeres. Als die Frauen an mir vorbeikamen, konnte ich dank meiner Anfängerkenntnisse des Ungarischen ein paar Worte mit ihnen wechseln: »Sziasztok! – Grüß euch!« – »Szia«, war die freundliche Antwort. »Hogy vagytok? – Wie geht es euch?«, fragte ich. Sie lachten und tuschelten miteinander. »Hát, köszönjük!«, rief eine von ihnen aus. Das bedeutet: »Geht so, danke!« Dann verteilten sie sich über das Ackerland. Ich rief noch nach: »Szép napot kívánok! – Ich wünsche euch einen schönen Tag.«

Ich erfuhr, dass in diesem Betrieb jedes Jahr etwa sechzig osteuropäische Helfer arbeiten, denen Nummern zugeordnet werden. Über die Arbeitsleistung jeder einzelnen Nummer ist der Betriebsleiter stets im Bilde. Eine Maschine in der Verpackungshalle zählt auf die Spargelspitze genau, wer wie viel Spargel pro Tag erntet. In derselben Region stieß ich auch auf riesige Kartoffel-, Karotten- und Zwiebeläcker, auf denen für verschiedene Bio-Marken im großen Stil produziert wird. Bei agrarindustriellen Betrieben dieser Größe ist keinerlei

Hofindividualität mehr feststellbar, die in den ursprünglichen Konzepten des Ökolandbaus eine so wichtige Rolle gespielt hat. Der Löwenanteil der Bio™-Ware aus dem Ackerbau wird landesweit von einer zentralen Großhandelsfirma in Niederösterreich gebündelt. Karotten, Kartoffeln, Zwiebeln, Knoblauch, Pastinaken, Topinambur und andere Produkte des in- und ausländischen Bio-Feldgemüsebaus für Supermärkte und Discounter gehen in den meisten Fällen zuerst durch die Hände dieses Handelskonzerns. Das Unternehmen ist auf große Mengen spezialisiert und treibt regen Ex- und Import. Aus dem Großhandel gelangt das Gemüse dann in zentrale Sortier- und Packstellen. Der überwiegende Teil des Feldgemüses heimischer Supermärkte wird in einer Fabrik im Marchfeld verkaufsfertig gemacht, nämlich in der Erzeugerorganisation Marchfeldgemüse (EOM), die manchmal auch als Marchfeldgemüse GmbH auftritt.

Rhythmische Quietschgeräusche und schwerfälliges Maschinengeknatter erfüllten die Fabrikhalle, als ich den Betrieb besuchte. Wir hielten vor einem metallenen Tunnel an. »Hier werden die Karotten poliert«, erläuterte mir einer der Produktionsverantwortlichen. »Die Maschine schleift die Kutikula ab. Das ist eine hauchdünne, wachshaltige Außenschicht, durch die die Karotte geschützt und vor raschem Austrocknen bewahrt wird.« Das Abschleifen der Kutikula diene ausschließlich der Optik und sei Vorgabe der großen Handelsketten, wurde mir erklärt. »Uns sind die Hände gebunden. Im Handel meint man, ohne Wachsschicht seien die Karotten in den Regalen der Supermärkte schöner anzusehen.« Der kompetente und außerordentlich engagierte Fachmann hielt kurz inne und schob dann nach: »Aber aus Sicht des Pflanzenbaus ist dieses Polieren eigentlich nicht sinnvoll. Ich schleife mir ja meine Haut auch nicht ab, denn schließlich erfüllt sie wichtige Funktionen.« Mir kam der Inhaber eines Bio-Ladens in Klagenfurt in den Sinn, der den Kunden beim Verkauf seiner ungeschliffenen Karotten jedes Mal ausführlich erklärt, weshalb man die aromatischen Wurzeln zu Hause vor dem Einlagern besser nicht bürsten solle: Um die Kutikula zu erhalten, weil die Karotten sonst schneller austrocknen. Ich setzte meinen Rundgang durch die Gemüsefabrik fort und zwischendurch wurde das Geschehen durch den Mitarbeiter kommentiert: »Hier werden die Karotten nach den

Vorgaben des Handels automatisch aussortiert. Die taugliche Ware wird dann nach Länge und Dicke gereiht und über dieses Förderband zu den Verpackungsmaschinen transportiert.«

In der Packhalle herrschte reges Treiben. Es wurden gerade Kartoffeln und Karotten verpackt. Neben den Maschinen stapelte sich Verpackungsmaterial, das mit verschiedensten Markenlogos bedruckt war. »Ein Fünftel unserer Karotten ist Bio-Ware«, rechnete mein Begleiter nach. »Alles in allem überwiegt bei uns die konventionelle Schiene.«

Später gingen wir in die Lagerhallen im Keller. Es wurden gerade Tonnen von Bio-Kartoffeln aus Ägypten ausgepackt, um in anderes Verpackungsmaterial wieder eingepackt zu werden. »Wir bekommen die Ware manchmal verpackt geliefert, können aber mit diesem Material nichts anfangen, weil unsere Kunden natürlich ihre eigenen Markenlogos drauf haben möchten.« Die schwerfälligen Fließbänder setzten sich in Bewegung. »Per Knopfdruck kann ich die gewünschten Bunker im Lager ansteuern, sodass die Ware über Steig- und Verteilerbänder automatisch bis an die Packmaschinen transportiert wird«, was ich sogleich demonstriert bekam. Am Rand der riesigen Halle stiegen Berge von Kartoffeln auf einem breiten Förderband in die oberen Stockwerke auf, in denen sich die Abpackmaschinen befanden. Aus einem Lager führte die Anlage dann das jeweilige Verpackungsmaterial zu, wie beispielsweise das von *Ja!Natürlich*, *Zurück zum Ursprung*, *Natur*pur*, *Echt Bio*, *Bio Bio* oder auch von konventionellen Handelsmarken wie etwa der Billigmarke *Clever* von Rewe.

Auch der Bio™-Obstbau ist industrialisiert und zentralisiert. Tafelobst wird nicht in den romantischen Bauerngärten der Werbung und auch nicht auf Streuobstwiesen mit hochstämmigen Bäumen produziert. Es wächst auf Niederstämmen, sogenannten Spindelbäumen, und kommt von ausgedehnten Plantagen, die ebenso als Monokulturen anzusehen sind wie die Getreide- und Gemüseäcker oder wie die Geflügelherden der Bio-Industrie. Eine durchschnittliche Bio™-Obstplantage mit einer einzigen Obstsorte misst etwa sechs bis sieben Hektar. Wie alle anderen Produkte, wird die Ware vom Großhandel gebündelt und in zentralen Sortier- und Verpackungsfabriken ver-

Maschinelle Sortierung und Verpackung von
Bio-Äpfeln

kaufsfertig gemacht, von wo sie an die Zentrallager der Supermarktkonzerne ausgeliefert wird. Ein wichtiger Umschlagplatz für das Obst
verschiedener Supermärkte befindet sich in der Steiermark und hat
eine Lagerkapazität von fast vierzigtausend Tonnen pro Jahr, von denen etwa fünftausend Bio-Ware sind. Von dort werden Äpfel nach
Slowenien verfrachtet, zu Apfelchips für *Ja!Natürlich* verarbeitet und
als solche wieder zurück nach Österreich gebracht. Auf der Homepage von *Ja!Natürlich* werden sie dann als »Apfelchips aus der Steiermark« angepriesen.

VOM SCHWEIGEN DER LÄMMER

... und Schweine und Rinder

Bio^{TM}-Bolzenschüsse

Industrialisierung und Zentralisierung der Bio-Branche haben schon vor Hühnern und Puten nicht haltgemacht. Aber außer Vögeln wurden auch andere Bio-Tiere den übergeordneten Interessen des Massenmarktes unterworfen. In der ersten Septemberwoche 2011 trat ich die für mich schwierigste Reise im Rahmen meiner Recherchen an. Früh morgens brach ich zu einem Schlachthof im Nordwesten Kärntens auf, an den Rand der Region Hohe Tauern. Hier finden jährlich etwa neuntausend Kälber, sechstausend Jungrinder und viertausend Lämmer den industriellen Tod – an zwei Schlachttagen pro Woche. Laut Angaben des Betriebsleiters stammen etwa drei Viertel der Tiere aus biologischer Landwirtschaft: »Als konventioneller Schlachthof hatten wir es wegen des hohen Konkurrenzdrucks schwerer. In unserer Branche ist Bio derzeit noch das bessere Geschäft.« Das Fleisch dieser Tiere ist beinahe ausschließlich für Rewe reserviert: »Im Bio-Bereich sind wir ein exklusiver *Ja!Natürlich*-Lieferant«, berichtete der freundliche Betreiber, während wir bei einer Tasse Kaffee saßen. Immer dann, wenn die Türe zwischen dem Bürotrakt und den Schlachthallen geöffnet wurde, drang das Brüllen der Rinder bis zu uns an den Schreibtisch und sorgte dafür, dass keine Kaffeekränzchen-Stimmung aufkam.

Der Schlachthof am Rande der Hohen Tauern ist ein Hot-Spot für Kalbs-, Rind- und Lammfleisch von *Ja!Natürlich*. »Wir sammeln unsere Schlachttiere aus allen Bundesländern außer Niederösterreich zusammen, wobei der Schwerpunkt in Tirol, Salzburg und Kärnten liegt«, wurde mir erklärt. Der Schlachtbetrieb sei deswegen so zentral für die Bio-Marke von Rewe, hieß es, weil der Geflügelkonzern Wech Kärntner Bauerngeflügel im selben Bundesland liegt und die Auslieferung des Fleisches übernimmt. Zwischen die Bauern und den Schlachthof sind, wie am Massenmarkt üblich, Bündelungsstellen geschaltet. Die Tierlogistik, also den Lebendtiertransport aus den verschiedenen Bundesländern, organisieren diese zentralen Schaltstellen: »Die Tiertransporter klappern in einer großen Tour mehrere Mastbetriebe ab.«

Ob Bio-Tiertransporte anders abliefen als herkömmliche, wollte ich wissen. Nein, da gäbe es keine Unterschiede: »Bio-Tiere werden oft sogar gemeinsam mit konventionellen verladen.«

Der Schlachthofleiter stellte seine leere Schale mit Kaffee auf die Porzellantasse und lehnte sich zurück. Er sah mich an und fragte: »Sollen wir uns den Schlachtbetrieb noch ansehen?« Ich schluckte. Mein Blick war durch das Fenster hinaus auf die imposante Bergkulisse geglitten. Das idyllische Ambiente täuschte. Der Ort, an dem ich mich befand, war kein Ort des Lebens. Wollte ich das kommerzielle Töten von Säugetieren wirklich aus der Nähe mit ansehen? Ich riss meinen Blick von dem Berggipfel los, der in der Sonne glänzte. »Ja, bitte. Ich wäre an Ihrer täglichen Arbeit sehr interessiert«, antwortete ich. Und das war auch die Wahrheit. Ich bin der Meinung, jeder Agrarbiologe und jede Agrarbiologin sollte einmal der Schlachtung von großen Säugetieren beiwohnen, um das theoretische Wissen durch authentische Eindrücke zu veredeln. Ich wusste, dass ich hierfür stärkere Nerven brauchen würde, als ich sie bereits in den Hühnerschlachthöfen unter Beweis gestellt hatte, wo ich nur wenige Zentimeter von den Automatikmessern entfernt stand und dem tödlichen Treiben zusah. Während wir uns durch den Bürotrakt in Richtung des Schlachtbetriebes bewegten und dem Brüllen der Rinder, dem Blöken der Schafe immer näher kamen, fing ich an, mich innerlich auf die Darbietungen des

107

Schlachthofalltages vorzubereiten, die mich erwarteten. Es kostete mich ein wenig Überwindung, den weißen Mantel anzuziehen und in die Überschuhe zu schlüpfen, die den Zweck hatten, meine eigenen Schuhe vor dem Blut der Tiere zu schützen. Ich setzte die Kopfbedeckung auf, wusch meine Hände und stellte mich aufrecht vor die Ausgangstüre, um meine Bereitschaft zu signalisieren. Es ging los.

Wir kamen an Kühlräumen vorbei, in denen mächtige Bio-Rinderhälften hingen und darauf warteten, für *Ja!Natürlich* zerlegt und verpackt zu werden. Dann gingen wir an den Fließbändern der Packhalle vorbei in Richtung der eigentlichen Schlachthalle. Ich visierte die Türe an, die mich von nebenan trennte, und bewegte mich darauf zu. Mein Schritttempo verlangsamte sich wie von selbst. Ein Teil von mir sträubte sich dagegen, diese Türe zu öffnen. Als ich dann endlich davor stand, legte ich meine Hand auf die Klinke und drückte sie hinunter. Ich schob die Türe auf und mein Blick fiel auf ein junges braunes Schaf, das kopfüber an einem Haken hing. Noch lebte es, war aber nicht mehr bei Bewusstsein. Einer der Schlächter setzte ein großes, glänzendes Messer an die Kehle des Tieres und stach zu. Augenblicklich strömte ein Schwall des Blutes aus dem eröffneten Tierkörper und das Lamm begann, heftig mit einem Hinterbein zu zucken. Mit dem anderen hing es im Haken der Schlachtlinie. Es vollzog ausholende Drehbewegungen, als wolle es davonlaufen. Sein gesamter Körper schien sich schließlich aufbäumen zu wollen. Diese Nervenreflexe sind typisch in der Rinder-, Schaf-, Ziegen- und Schweineschlachtung. In dem Moment, als der Halsstich vollzogen worden war, wurde auch schon das nächste Schaf auf der Schlachtlinie herunter zum Messerstich transportiert. So ging das ruck, zuck dahin und ein Tier nach dem anderen verlor vor meinen Augen sein Leben. Es waren noch hundertfünfzig Lämmer[40] in der Wartehalle zusammengepfercht, die an diesem Tag geschlachtet, gehäutet, ausgenommen und gekühlt werden mussten. Als ich am Rande dieser Ansammlung von Jungschafen stand, konnte ich nicht anders, als mehreren von ihnen in die Augen zu sehen. Ich erinnerte mich an die Küken, die zu einem anonymen Warenstrom verschmolzen waren. Mit diesen Schafen kam es mir so ähnlich vor: Sie waren Ladegut aus der Industrie, eine sogenannte Charge. Dicht gedrängt, versuchten sie, übereinander hinweg zu flüchten. Doch es gab keinen Ausweg und auch keinen Platz, sich fortzubewegen. Die Lämmer sickerten, eines nach dem anderen, in den sogenannten Antrieb, einen schmalen Gang, der eine Einbahnstraße darstellte. Von dort wurden sie den Arbeitern zugeführt, die am laufenden Band die Betäubung vornahmen. Einer von ihnen zerrte das Schaf, das an der Reihe war, aus dem Antrieb. Ein anderer Mann hielt es fest, um die heftigen Fluchtversuche zu unterbinden. Dann wurde der Bolzenschussapparat am Kopf des Tieres angesetzt. Dieses als »Betäubung« bezeichnete Verfahren kommt eher einem stumpfen Schlag auf die Schädeldecke gleich, durch den eine Art Schädel-Hirn-Trauma ausgelöst wird. Bevor der Schlacht-schussapparat in den 1930er-Jahren in Bayern erfunden wurde, hatte man diesen Arbeitsschritt häufig mit dem stumpfen Ende einer Axt oder gar nicht vollzogen. Durch den Bolzenschuss verliert das Tier sein Bewusstsein, bleibt aber am Leben. Nach einer gewissen Zeit lässt die betäubende Wirkung des Schlages nach. Wenn das jeweilige Tier bis dahin nicht abgestochen und ausgeblutet worden ist, erlebt es seinen eigenen Tod bei Bewusstsein mit – kopfüber am Förder-band hängend. Dass dies im hektischen Alltag der Industrieschlacht-höfe vorkommen kann, ist bekannt. Die Fehlerquote wird toleriert. Ich stand nur einen halben Meter neben dem jungen Lamm, als der Bolzen krachend gegen dessen Schädel geschmettert wurde. Das Tier sackte zusammen. Seine Beine wurden in alle vier Richtungen ausei-nandergerissen, als es hart auf den Betonboden fiel. Dann wurde das Jungschaf mit den Hinterbeinen in die Schlachtlinie gehängt. Augen-blicke später brach das nächste Schaf neben mir nieder und so wei-ter. Von draußen wurden weiter neue Lämmer aus einem Lastwagen in die Wartehalle gebracht. Keines der jungen Tiere ging diesen Weg freiwillig. Immer wieder zerrten die Arbeiter sie an den Ohren und an den Hinterbeinen herein. Mehrmals konnte ich beobachten, dass den Lämmern Eisenketten um die Beine gelegt wurden, die sich fest schnürten und an denen man die Tiere dann über den rauen Beton schliff. Geduld hat hier niemand. Man steht unter Zeitdruck, leistet Akkordarbeit. »Unser Geschäft läuft nur mehr über die maximale Auslastung. Massenproduktion ist die Vorgabe der Handelskonzerne, anders geht heute gar nichts mehr«, erklärte mir der Betriebsleiter.

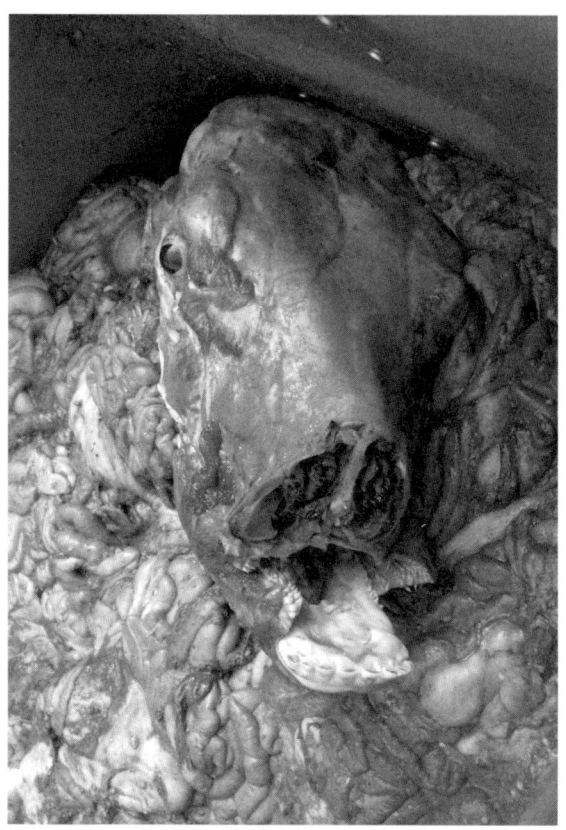

Bio™-Risikomaterial vor einem Akkordschlachthof in Kärnten. Wenn alles nach Plan läuft, landen potenzielle Krankheitserreger in diesen Mülltonnen und nicht in den Mägen der Verbraucherinnen und Verbraucher.

»Die Metzger-Branche in Österreich ist kaputt«, fuhr er fort. »Kleine Metzgereien oder Betriebe in Bauernhand, die selbst Einzeltiere schlachten, zerlegen und direkt vermarkten, gibt es kaum mehr. Sie haben keine Chance. Das Geschäft läuft nur mehr über die zentrale Bündelung.« Um den Mengenforderungen und der Preispolitik des Handels gerecht zu werden, wurden die Lämmer auch nach dem Ausbluten in schneller Abfolge weiterverarbeitet. In einem separaten Bereich der Schlachtanlage hingen sie tot, und noch warm, in Reih und Glied an den Haken. Arbeiter, die den ganzen Tag lang den Tieren die Haut abzogen, hatten ihre Pflicht an diesen Körpern schon getan. Nun wurde den Schafen nacheinander der Bauchraum eröffnet. Gedärme quollen aus dem Inneren, während die Schlachtkörper schon weitergeschoben wurden. Ein anderer Mitarbeiter trennte die verwertbaren inneren Teile von den Darmpaketen, die er entsorgte. Draußen häuften sich Därme, Rückenmark, Köpfe, Gebisse, Augen, Fett- und Bindegewebe in großen Mülltonnen: Sammlung des Risikomaterials.

Das Ja!Natürlich-*Schweinderl, die Kuh Yvonne und ihre vergessenen Artgenossen*

Ich verabschiedete mich von den Schlachthofmitarbeitern, noch bevor die Schlachtung der Kälber und Jungrinder für *Ja!Natürlich* – ebenfalls zentral und gebündelt – in Gang gekommen war. Die Schlachtung von Schweinen sah ich mir ebenfalls nicht mehr an. Apropos Schwein: Deutsche Wissenschaftlerinnen und Wissenschaftler haben herausgefunden, dass sich diese völlig unterschätzten rosaroten Tiere ihre eigenen Namen merken können und sogar darauf reagieren. In einem verhaltensbiologischen Experiment wurde eine Computeranlage eingerichtet, die regelmäßig Schweine bei ihren Namen zur Futterbox rief. Anhand von elektronischen Chips in Halsbändern wurde aufgezeichnet, wie häufig das richtige Schwein dann tatsächlich kam. Nach einer Lernphase lag die Trefferquote bei über neunzig Prozent. Eine der beteiligten Forscherinnen kam zu dem Schluss: Schweine sind sehr intelligent und lernfähig, haben individuelle Charaktere und sind äußerst kommunikativ. Diese Eigenschaften bewahren die gewieften Tiere allerdings nicht davor, dem zentralisierten Massenmarkt der Bio-Marken zu unterliegen. Lediglich vierzehn elitäre Schweine bleiben in Österreich verschont und führen ein gehätscheltes, vermenschlichtes Dasein: Lisa, Lilli, Engelbert, Susi, Conchita, Oki Doki, Alles Roger, Sissi, Floh, Chupachup, Yupidu, Schnappi, Pippifein und Hallo Du. Sie sind Fernsehstars. Als *Ja!-Natürlich*-Schweinchen haben sie sich in der Werbung profiliert und können jetzt sogar in Höfen in ganz Österreich besucht und gestreichelt werden, in denen sie von *Ja!Natürlich* untergebracht worden sind. Gleichzeitig lässt derselbe Bio-Konzern Tausende ihrer Artgenossen jedes Jahr in Akkordarbeit schlachten und macht sie zu säuberlich verpackten Kommerzprodukten.

Es wäre ganz nahe an der Realität, einen TV-Spot zu drehen, in welchem dem *Ja!Natürlich*-Schweinchen, in einem industriellen Förderband hängend, durch einen Hals-Brust-Stich das Leben genommen wird.

Allerdings können wir lange darauf warten, solche Wirklichkeiten in der Werbung zu erleben. Dort werden wir stattdessen mit den romantischen Bauernhoffantasien der Werbemanagerinnen und Werbemanager eingelullt. Möglicherweise ginge ein Raunen durch die Bevölkerung, wenn man die Tötung des *Ja!Natürlich*-Schweinchens öffentlich ankündigen würde. Vielleicht würde ein Teil der Menschen, so wie damals für das Eisbärenbaby »Knut«, wieder mit Demonstrationen auf Österreichs Straßen antworten: »Verschont das *Ja!Natürlich*-Schweinderl! Lasst Schnappi leben!«

Als im Sommer 2011 die Kuh Yvonne durch Flucht ihrer eigenen Schlachtung entrinnen konnte und sich monatelang in freier Wildbahn versteckt hielt, fieberte halb Österreich mit ihr. Die Zeitungen waren voll mit Yvonne und ihrem »Sohn«, der schon auf einem Gnadenhof auf sie wartete. Nachdem man Yvonne endlich eingefangen hatte, brachte man sie auf denselben Gutshof wie ihren Sprössling. Die Wiedervereinigung der beiden, so berichtete man in den Massenmedien, soll außergewöhnlich berührend gewesen sein. Reporter wollten gesehen haben, wie sich Mutter und Kind schon von Weitem erkannt hätten und aufeinander zu gelaufen seien. Zu dieser Zeit war der mediale Rummel rund um Yvonne schon so groß, dass es einem Skandal gleichgekommen wäre, die Kuh wieder ihrer ursprünglichen Bestimmung, also der Schlachtung, zuzuführen. Yvonne verkörperte den individuellen Sieg einer lebendigen Persönlichkeit über die Maschinerien der Lebensmittelindustrie. Sogar namhafte Vertreter der hinduistischen Religionsgemeinschaften wiesen öffentlich darauf hin: »Die Kuh hat ein Recht, zu leben.« Die Aufmerksamkeit österreichischer Medien richtete sich immer mehr auf dieses eine Tier, doch abseits der öffentlichen Wahrnehmung, hinter verschlossenen Türen, lief die Maschinerie, der die Kuh entkommen war, ungehemmt weiter. Seit Yvonnes Flucht sind durch die Lebensmittelindustrie jedes Jahr Hunderttausende konventioneller und Zigtausende Bio-Rinder in österreichischen Schlachthöfen ums Leben gekommen, von denen jedes einzelne Tier über dieselben kognitiven Fähigkeiten wie Yvonne und über einen ebenso stark ausgeprägten individuellen Charakter verfügte. Doch es ist still geworden in den Medien. Niemand interessiert sich mehr für Yvonne oder für die Schicksale ihrer Artgenossen. Die prominente Kuh war ein Medien-Hype. Für einen Augenblick wurden wir an die Schattenseiten der Mensch-Tier-Beziehung erinnert. Yvonne war nichts weiter als eine Projektionsfläche des kollektiven Unwohlseins über die Situation der Nutztiere in unserer Gesellschaft. Der industrialisierte Tod geht indessen weiter – auch für Bio-Tiere. Das *Ja!Natürlich*-Schweinderl wird auch in Zukunft niemals in einem Werbespot geschlachtet werden, sondern sich weiterhin liebreizend mit dem Retrobauern unterhalten. Doch in der Realität wird das industrialisierte Schweineschlachten für *Ja!Natürlich* ebenso fortgesetzt werden wie für andere Marken.

Von Kräuterweiden, auf denen Milch und Honig fließen

Es überrascht Sie jetzt sicher nicht mehr: Auch die wonnigen Bilder von glücklichen Bio-Kühen auf saftigen Almen und dieser sensationelle Eindruck der grenzenlosen Rinderfreiheit, die uns in der Konzern-Werbung präsentiert werden, sind mit Vorsicht zu genießen. Für die Kameras von *Natur*pur* begibt sich Mirjam Weichselbraun auf die Alm, beugt sich zärtlich über Kühe und streichelt diese. Der Bio™-Pionier aus dem Hause Hofer rupft für einen TV-Spot eigenhändig Gras aus dem Almboden und hält es den Wiederkäuern vor die Nase. Das *Ja!Natürlich*-Schweinchen blickt aus einem Heißluftballon auf einsame Rinderherden in wilden Naturreservaten herab. Dann wird das rosarote Ferkel für die Werbekameras querfeldein zwischen gemütlich vor sich hin kauenden Rindern über die Wiesen gejagt, um den verspielten Eindruck der Freiheit zu erzeugen. Schließlich bleibt es neben dem Retrobauern stehen, der gerade vor malerischer Bergkulisse ein paar einzelne Milchkanister auf die Ladefläche seines Geländeautos hievt. In der Märchenwelt der Werbung ist einfach alles anders als in der Realität. Aber auch in sogenannten »Informationsbeiträgen« bekommen wir nur ausgewählte Ausschnitte aus dem Bio-Rinderleben zu Gesicht, das an medientauglichen Schauplätzen inszeniert worden ist. In Interviews wird man nicht müde, immer wieder dieselben Begriffe zu benutzen, die in unseren Köpfen angenehme Assoziationen mit Natürlichkeit und Landromantik auslösen sollen. Und das ist besonders bei Milchprodukten so, für die die Werbebranche mit Vorliebe in die Trickkiste greift. Man spricht vom sogenannten »mental design«. Im Dienste dieses mentalen Designs werden unsere Gehirne mit wirkungsstarken Wörtern wie »Kräuterweide« und »Almkräuter«, »Bergbauer« oder »Heumilch« regelrecht überhäuft. In den Medienwissenschaften wird der latente Inhalt eines Begriffes – also die vermittelten Gefühls- und Stimmungswerte – als Konnotat bezeichnet. Das Wort »Kräuterweide« löst beispielsweise eine Vielzahl angenehmer Vorstellungen aus, die mit Natur, Alm und Freiheit zu tun haben. Man riecht förmlich die aromatischen Düfte der Bergkräuter, wenn man diesen Begriff hört. Mit ihren wildromantischen Gebirgsaufnahmen in TV, Zeitungen und auf Werbeplakaten verstärken die Marketingfachleute diese Effekte ins Unermessliche.

Die Bio-Konzerne *könnten* uns, als mündige Konsumentinnen und Konsumenten, auch wissen lassen, wie biologische Rinderhaltung in Österreich in der Realität aussieht und in welchen Bereichen noch Verbesserungen nötig sind. Doch sie tun es nicht. Verschleierung, Übertreibung und Mystifizierung verkaufen sich besser.

Ungeachtet der fiktiven Werbewirklichkeit stellt sich der Alltag österreichischer Bio-Rinder weit weniger blumig dar, als man uns glauben lassen will. Laut einer Studie der Universität für Bodenkultur in Wien, wurde im Jahr 2004 von achtzig Prozent der biologisch bewirtschafteten Milchbetriebe Anbindehaltung praktiziert[41]. Dieser Anteil dürfte bis dato etwa gleichgeblieben sein. In mehr als drei Viertel der Bio-Ställe des Landes sind die Rinder während des Großteils ihres Lebens in Ketten gelegt[42]. Möglich wird dies durch eine Sonderregelung, die in Österreich herrscht: Betriebe mit weniger als fünfunddreißig Großvieheinheiten (GVE) dürfen mit der Anbindehaltung froh und munter weitermachen, obwohl diese für Bio-Betriebe laut EU-Bioverordnung eigentlich verboten ist. Eine Großvieheinheit entspricht fünfhundert Kilogramm »lebender Tiermasse«, also etwa einer erwachsenen Milchkuh. Rechnerisch dürfen also fünfunddreißig ausgewachsene Kühe – zumindest in Österreich – auch in der biologischen Haltung nach wie vor im Stall angekettet werden. Sind, wie in den meisten Fällen, Kälber vorhanden, dann steigt diese Zahl an Tieren noch an, weil Kälber weniger Körpergewicht auf die Waage bringen. Wenn in einem Betrieb beispielsweise zwanzig erwachsene Kühe mit ihrem Nachwuchs leben, darf also noch immer angekettet werden. »Das sind aber keine Kleinbetriebe mehr«, klagte der Veterinärmediziner und Universitätsprofessor Dr. Josef Troxler[43]. Und ihm käme es wie ein schlechter Witz vor, sagte er mir, dass man in Österreich der Anbindehaltung in Bio-Betrieben dieser Größe keinen Riegel vorgeschoben habe. Die Ankettung beginnt ab einem Alter von sechs Monaten – das ist die Altersgrenze, ab der man nicht mehr von Kälbern spricht. Zwar schreibt das Gesetz zumindest am Papier hundertachtzig Tage Auslauf vor, jedoch wird nicht festgelegt, wie lange die Tiere an diesen Tagen aus dem Stall gelassen werden müssen. Ob die Vorgaben konsequent eingehalten werden, lässt sich ebenfalls nicht mit Sicherheit überprüfen, da man bei den jährlichen Bio-Kontrollen nur die Aufzeichnungen der Tierhalter durchliest. In vielen Betrieben, die ich besuchte, werden den Rindern nur ein oder höchstens zwei Stunden Auslauf vor dem Stall gegönnt. Längere Aufenthalte sind problematisch, da man dann ausreichendes Futtermanagement im Freibereich braucht. Somit verbringen die Tiere oft sogar an »Auslauftagen« bis zu dreiundzwanzig Stunden angekettet im Stall und in der kalten Jahreszeit sind sie von früh bis spät in Ketten gelegt. Angebundenen Rindern bleibt die Auslebung vieler angeborener Verhaltensweisen verwehrt: Das gegenseitige Lecken ist stark eingeschränkt, die Tiere haben aufgrund der reduzierten Bewegungsfreiheit Probleme beim Aufstehen und Niederlegen. Seitenlage oder Abstützen des Kopfes in der Ruheposition sind oft nicht möglich und bei vielen Bewegungen kommt es zur Kollision mit der stählernen Stalleinrichtung.

Der saisonale Aufenthalt auf der Alm mit Auf- und Abtrieb ist nicht die Regel, wenn auch in der Werbung ausschließlich Almidylle vom Feinsten gezeigt wird. Diese verkauft sich einfach besser als angekettete Tiere.

Ein weiteres Problem in der Bio-Rinderhaltung ist der sogenannte Kuhtrainer, manchmal auch als »Kuherzieher« bezeichnet. Er kommt nur in Kombination mit der Anbindung zum Einsatz. Bei einem Kuherzieher handelt es sich um einen Metallbügel, der wenige Zentimeter über der höchsten Stelle des Rinderrückens angebracht wird. Der Bügel steht unter Strom. Wenn die Kuh beim Stuhlgang, dem sogenannten Koten, ihre Wirbelsäule wölbt, wird ihr ein elektrischer Schlag versetzt, der sie dazu zwingen soll, einen Schritt zurückzutreten. Dadurch wird erreicht, dass das Tier den Kot nur über dem dafür vorgesehenen Graben abgibt. Ein Verbot des Kuherziehers im Ökolandbau wird seit Jahren diskutiert, ist jedoch in absehbarer Zeit nicht zu erwarten. Abgesehen von der grundsätzlichen Fragwürdigkeit einer solchen Einrichtung, gilt es als bekannt und problematisch, dass der Kuherzieher oft zu »streng« eingestellt, also zu nahe am Rücken des Tieres angebracht wird. Es kann dann auch bei normalen Bewegungen zu Stromschlägen kommen. Kritische Veterinärmediziner gehen davon aus, dass achtzig Prozent der Stromschläge bei anderen Bewegungen, die gar nichts mit dem Koten zu tun haben, an die Rinder abgegeben werden.

Die Häufigkeit der Betriebe mit elektrischen Kuherziehern ist von Bundesland zu Bundesland unterschiedlich. Tirol, wo sich die Region Kitzbühel besonderer Beliebtheit in der Bio-Milchwerbung erfreut, gilt zum Beispiel als verhältnismäßig dicht besetzt mit Kuherziehern. In anderen Bundesländern findet man das Gerät kaum. Manche Bio-

Verbände haben zwar die Unzulässigkeit des Kuhtrainers in ihre Statuten aufgenommen, jedoch wird diese Vorgabe in der Praxis nicht konsequent umgesetzt. Kuherzieher gehören in Österreichs Bio-Ställen noch nicht der Vergangenheit an. Die Zeit, in der der Elektroschocker eingeschaltet sein darf, ist im Tierschutzgesetz mit einem Tag pro Woche festgelegt. Für Kontrolleurinnen und Kontrolleure besteht jedoch keine Möglichkeit, die Einhaltung dieser Vorgabe zu überprüfen.

Es ist kaum mehr zu rechtfertigen, wie sehr die Milchwerbung der Lebensmittelkonzerne auf unsere Sehnsüchte nach Berg- und Almidylle abzielt und dabei das Bild der Konsumenten von der Milchproduktion drastisch verzerrt. Dies gilt sowohl für die Werbung von Bio-Marken als auch für jene der herkömmlichen Milchmarken. Die »weiße« Palette zählt in Supermärkten und bei Discountern zu den kommerziell ertragreichsten Produktgruppen. Und es wird alles daran gesetzt, diese Geldquelle am Sprudeln zu erhalten. »Frische Milch aus dem Nationalpark Hohe Tauern« verkauft sich eben besser als industriell abgepackte Bio-Milch aus Anbindehaltung.

Würde man im Marketing weniger auf Verschleierung und Schönfärberei setzen, bestünden bessere Chancen, die Missstände in der Bio-Rinderhaltung durch öffentliche Thematisierung zu beseitigen. Somit entpuppt sich auch in diesem Fall die auf Irreführung aufbauende Werbung, die Konsumentinnen und Konsumenten in Unwissenheit lässt, als der eigentliche Fehltritt der Bio-Konzerne.

Gegen die Begriffsverwirrung

- *Auslauf:* Unter »Auslauf« versteht man die Möglichkeit der Rinder, sich unter freiem Himmel außerhalb des Stalls zu bewegen. Laut EU-Bio-Verordnung müssen Rinder an hundertachtzig Tagen pro Jahr in den Auslauf gelassen werden – es wird aber nicht vorgeschrieben, wie lange. Ein Auslauf muss nicht begrünt sein, ein eingezäunter Bereich vor dem Stall reicht aus.

Manche Bio-Laufställe (das sind Ställe ohne Anbindung der Rinder) verfügen in der Mitte über eine Aussparung im Dach. Durch diese Lücke regnet es herein und die Sonne scheint hindurch. Solche Installationen gelten auch in der biologischen Rinderhaltung bereits als Auslauf, wenn sie breit genug sind. Die Tiere brauchen dann nicht mehr aus dem Stallbereich gelassen werden.

- *Weide:* Eine Weide ist eine pflanzenbewachsene Freilandfläche. Laut Gesetz besteht keine Verpflichtung, Bio-Rindern diesen Grünauslauf zu ermöglichen. Manche Bio-Verbände und Vermarkter schreiben jedoch ein Mindestkontingent an Weidetagen vor, wobei auch dann kein zwingendes Minimum für die Aufenthaltsdauer festgelegt wird. Der Weidegang ist außerdem *nicht* gleichbedeutend mit dem saisonalen Almauftrieb.
- *Almwirtschaft:* Erst in der Almwirtschaft kommt es während der Sommermonate zu einem saisonalen Aufenthalt der Tiere im Freien. Doch selbst in diesen Fällen verbringen viele Rinder die kalte Jahreszeit angekettet im Stall. Ausgewählte Betriebe mit Almwirtschaft werden in Bio-Werbebeiträgen bevorzugt gezeigt, obwohl sie nicht die Regel darstellen.
- *Bergbauer:* Bergbauernheumilch, Bergbauernkäse, Bergbauernjoghurt, Bergbauernbutter oder Bergbauernjoghurtbutter, Bergbauernschlagobers, Bergbauernmilchshakes, Bergbauernmolke, Bergbauernsauerrahm, Bergbauerntopfen, Bergbauernfrischkäse … kurzum: *Bergbauernidylle!* Diese vermarktet sich offenbar vorzüglich, sonst würde man nicht in den Filialen so vieler Supermarkt- und Discounthandelsketten in Hülle und Fülle auf den Bergbauernbegriff stoßen; und zwar sowohl auf biologischen als auch auf konventionellen Produktverpackungen. Gibt es überhaupt so viele Bergbauern in Österreich, um diese Produktmasse aus ihrer Milch herzustellen? Ja, es gibt sie, lautet die Antwort. Und das geht so: Während wir, wenn wir das Wort »Bergbauer« hören, sofort an romantische Almen und Kühe im Gebirge denken, und während die Werbung alles tut, um diese Vorstellungen in unseren Köpfen am Lodern zu halten, ist die formale Definition des Bergbauerntums weit

weniger idyllisch. Juristisch betrachtet, also laut der österreichischen Bergbauernverordnung, ist ein »Bergbauer« jemand, der unter »erschwerten Bedingungen« Landwirtschaft betreibt. Laut Angaben des Bundesministeriums für Land- und Forstwirtschaft fallen etwa 80 Prozent der Gesamtfläche Österreichs in diese Kategorie[44]. Die Bergbauernverordnung betrifft also nicht nur »Bergbauern« im umgangssprachlichen Sinne, sondern entsprechend den Angaben des Ministeriums auch »sonstige benachteiligte Regionen (Zwischengebiete)« und »Gebiete mit spezifischen Nachteilen (kleine Gebiete)«. Als wichtigste Nachteile nennt die Verordnung steile Flächen, erhöhte Lage und klimatische Benachteiligungen. In die Beurteilung einer Hoflage als Bergbauernlage werden aber sogar Kriterien wie etwa die Entfernung zur nächsten Bushaltestelle, zum Bahnhof oder zum Bezirkshauptort mit einbezogen[45]. Und so kommt es, dass es sogar im Burgenland per definitionem »Bergbauernhöfe« gibt. Als Bergbauer zählt also jemand, der durch die betreffende Verordnung dazu ernannt wurde, egal ob der Hof in den »Bergen« liegt oder nicht. Das wäre weiter nicht dramatisch, würden die Lebensmittelkonzerne diese formale Ernennung zum Bergbauern in ihrer Werbung nicht bis aufs Letzte ausschlachten. Der Bergbauernbegriff steckt voller werbewirksamer Konnotationen der Almidylle und der Rinderfreiheit. Dass dieser Effekt beabsichtigt ist, beweisen die romantischen Gebirgsdarstellungen auf Plakaten und in TV-Spots, in denen vogelfreie Kühe im Gebirge gezeigt werden. Doch kehren wir auf den nüchternen Boden der Realität zurück: »Bergbäuerin« oder »Bergbauer« ist, wer laut Verordnung dazu ernannt wurde, weil er oder sie in irgendeiner Form in einer benachteiligten Region wirtschaftete. Mit Almromantik hat das in den meisten Fällen nichts zu tun. Abgesehen davon bleibt diese Art des »Bergbauerntums« ohne Einfluss auf die Qualität der Milchprodukte. Und selbst Milchkühe, die im »echten« Bergland leben, sind deswegen nicht glücklicher als anderswo. Denn insbesondere in beengter Hoflage, die ja in Gebirgsregionen besonders häufig ist, trifft man auf die bereits beschriebenen Ställe mit Anbindehaltung. Der Bergbauernbegriff ist im Marketing der Lebensmittelkonzerne vor allem ein Instrument des mentalen Designs, das liebliche Vorstellungen in uns wecken soll.

Die Milchstraßen des Bio™-Universums

Die Produktion von Käse, Butter, Joghurt, Schlagobers, Sauerrahm, Cottage Cheese, Frischkäse und anderen Milchprodukten des Bio-Massenmarktes sowie die Behandlung und Abfüllung der Milch selbst sind zentral ablaufende Industrieprozesse, so wie die Verarbeitung aller anderen bereits beschriebenen Produkte. Auf traditionelles Handwerk stieß ich im Rahmen meiner Recherchen unter der Kategorie »Milch« ebenso wenig wie in den Brotbackfabriken des Bio-Massenmarktes. Die Almkäsereien oder die in Stille reifenden Käselaibe in traditionellen Kellern, die wir aus der Werbung kennen, gehören nicht zur Realität des Bio™-Universums.

Konventionelle sowie biologische Käse- und Milchprodukte werden im Auftrag der Supermärkte von Großkonzernen wie beispielsweise der Molkerei Berglandmilch hergestellt. Berglandmilch hatte schon im Jahr 2001 mit fast einer Milliarde Kilo verarbeiteter Milch mehr als ein Drittel der österreichischen Molkereiproduktion inne[46]. Die industrielle Molkerei stellt das Zuhause zahlreicher konventioneller Markenprodukte dar, beispielsweise von Schärdinger, Desserta, Jogurella, Fidus, Sirius, Berghof, Landfrisch, Latella und anderen. Berglandmilch betreibt in Tirol einen weiteren Produktionsstandort: Unter dem Namen Tirol Milch stellt der Konzern unter anderem das Fruchtmolkegetränk Latella her und liefert verschiedene Bio-Milchprodukte an die großen Handelsketten. Die Firma steckt außerdem hinter dem Namen Landfrisch Molkerei. Allein die acht größten Molkereien Österreichs verarbeiten achtzig Prozent der abgelieferten Milch[47]. Der Großteil der biologischen Milch- und Käseprodukte der Supermärkte und Discounter stammt aus den Händen dieser Wachstumszentralisten. Wie bei allen anderen Produktgruppen des Bio-Massenmarktes gilt also auch für Milch und Milchprodukte: Goliaths der

Lebensmittelindustrie, die an sich konventionelle Produkte herstellen, maximieren ihre Gewinnspannen durch den Einstieg ins große Bio-Geschäft.

In der Mitte der 1990er-Jahre war die Anzahl an milchverarbeitenden Betrieben in Österreich innerhalb von zehn Jahren, also seit Mitte der Achtziger, beinahe auf die Hälfte gesunken. Verglichen mit den Sechzigern ist das nur mehr ein Viertel. Seit den Neunzigern stagnieren die Betriebszahlen. Doch trotz des Gleichbleibens der Anzahl an Konzernen unterlag die Gesamtzahl der Beschäftigten in der milchverarbeitenden Branche zwischen 1995 und 2000 nahezu einer Halbierung[48].

Die fortschreitende Zentralisierung der Milchindustrie hat also zu einem Abbau an Arbeitsplätzen geführt, während die Tätigkeiten immer monotoner und immer stärker unter dem Druck der Akkordarbeit ablaufen. Industrialisierung ist kein Projekt zur Arbeitserleichterung der Menschen, sondern zur Gewinnmaximierung einzelner Konzerne.

Da auch die milchverarbeitende Industrie den Bio-Markt als Instrument des Wachstums sieht, finden wir dieselben Produkte, die wir auch von konventionellen Marken kennen, jetzt als Bio-Versionen in den Kühlregalen: beispielsweise aufgeschnittenen und plastikverschweißten Käse, industrielle Milchkartons oder auch Fruchtjoghurts und Milchshakes mit importierten Fruchtsaftkonzentraten und mit Beerenpürees aus ganz Europa, Südamerika und Asien. Auch die »länger frische« ESL-Milch (ESL steht für »extended shelf life«, also »verlängerte Haltbarkeit im Regal«), die nur mehr schwer mit der Idee ökologischer, naturbelassener Lebensmittel zu vereinbaren ist, gehört inzwischen in die Bio-Produktlinien der Supermärkte. Für die Herstellung von ESL-Milch werden verschiedene Verfahren der Erhitzung und Abfüllung miteinander kombiniert. Die Behandlung liegt zwischen dem Pasteurisieren und der Ultrahocherhitzung. Man spricht daher auch von »hocherhitzter« Milch.

Die Erzeugung von ESL-Milch erfolgt unter streng sterilen Bedingungen: Zuerst wird die Milch mittels direkter Injektion von heißem Dampf auf 127° C erhitzt. Danach erfolgt die Homogenisierung bei 60–75° C, während der die Milch unter hohem Druck durch Verengungen gepresst wird, um die Fettkügelchen zu zerkleinern und die Bestandteile – Wasser und Fett – gleichmäßig miteinander zu vermischen. Im Anschluss werden eine Entspannungskühlung sowie eine Abkühlung mithilfe von Eiswasser auf 3–5° C durchgeführt. Der letzte Arbeitsschritt besteht in einer Mikrofilterung der Milch, bei der die meisten Mikroorganismen entfernt werden. ESL Milch ist gekühlt drei Wochen lang haltbar. Bei 5° C kann sie sogar bis zu fünf Wochen gelagert werden. Die Erhitzung der ESL-Milch (127° C) liegt beinahe so hoch wie jene von H-Milch (135° C), die bei Zimmertemperatur monatelang haltbar bleibt. Durch die Einwirkung der hohen Temperatur verliert ESL-Milch zehn bis zwanzig Prozent der Vitamine gegenüber Rohmilch sowie die Hälfte der Molkenproteine (vor allem Beta-Lactoglobulin). Außerdem kommt es während der Lagerung zur weiteren Denaturierung von Vitaminen und anderen Inhaltsstoffen. Bio-ESL-Milch ist ein Phänomen des Bio-Massenmarktes, nicht aber des ökologischen Nischenmarktes. Zudem nehmen Konsumentenschützer die Marketingbezeichnung »länger frisch«, unter der auch Bio-ESL-Milch üblicherweise angeboten wird, kritisch auf. Denn erstens ist Milch mit mehreren Wochen Haltbarkeit nicht »frisch«, sondern lediglich konserviert, und zweitens geht aus der Bezeichnung die hohe Erhitzung, der die »länger frische« Milch ausgesetzt wird, nicht hervor.

DIE GESCHICHTE DES ÖKOLANDBAUS
Eine Idee breitet sich aus

An der stählernen Eisenbahn

»Die Menschen haben sich zu Werkzeugen ihrer Werkzeuge gemacht. Sie haben sich ihre eigenen silbernen oder goldenen Fesseln geschmiedet.« Im neunzehnten Jahrhundert hatte es ein amerikanischer Lehrer und Philosoph satt. Er packte seine Sachen und baute sich eine Hütte im Wald an einem See – am Waldensee in Massachusetts. Er bezog sein neues Zuhause und legte einen Hausgarten auf einer Waldlichtung an, wo er Bohnen, Beeren und Gemüsepflanzen kultivierte, um sich von deren Früchten selbst zu versorgen: »Meine Bohnen, deren Reihen zusammengerechnet eine Strecke von sieben Meilen ergeben hätten, warteten ungeduldig darauf, umgestochen zu werden, denn die ersten waren schon beträchtlich in die Höhe geschossen, noch ehe die letzten in der Erde lagen.« Über seine Erlebnisse schrieb er ein Buch, das noch heute gelesen wird. Es ging in die Weltliteratur ein und trägt den Titel: »Walden – Ein Leben mit der Natur«. Henry David Thoreau (1817–1862) zählt zu den bedeutendsten Philosophen und Schriftstellern der Geschichte.

Sein Wirken und Denken stand im krassen Gegensatz zu der, im neunzehnten Jahrhundert vorherrschenden, Vorstellung einer dem Menschen untergeordneten Natur. Thoreaus Weltsicht war durch seine Kontakte zu nordamerikanischen Ureinwohnern mitgeprägt worden. Er war von tiefem Respekt vor der Natur und ihren lebendigen Bewohnern – den Tieren und Pflanzen – erfüllt und stand der Industrialisierung im neunzehnten Jahrhundert entschieden entgegen. Thoreau wird von vielen Kulturwissenschaftlern als Begründer der ökologischen Philosophie in Amerika gesehen. Als Lehrer wandte er sich gegen die damals als notwendig geltende Prügelstrafe und weigerte sich, sie seinen Schülerinnen und Schülern gegenüber anzuwenden. Es kam zu einem vorprogrammierten Konflikt mit der Schulleitung. Thoreau hing seinen Lehrerberuf desillusioniert an den Nagel und schloss sich der Sklavenbefreiungsbewegung an. Von nun an verweigerte er dem Staat die verpflichtenden steuerlichen Abgaben, da er mit seinem Steuergeld nicht länger die Praktiken der Regierung, allen voran Sklaverei und Krieg, mitfinanzieren wollte. Später sollte ihm diese Entscheidung noch einen Monat im Gefängnis einbringen. Er schrieb: »Das meiste von dem, was meine Mitmenschen für gut halten, halte ich im Grunde meines Herzens für schlecht.«

Henry David Thoreaus philosophisches Wirken fällt in eine Zeit des gesellschaftlichen Umbruchs. Er lebte während der zweiten Phase der Industrialisierung Amerikas, deren Phase eins bereits am Ende des achtzehnten Jahrhunderts begonnen hatte. Auf Basis von Wasserkraft und Dampfmaschinen waren zahlreiche Arbeitsschritte erleichtert worden. Die Mechanisierung hatte zunächst in der Baumwoll- und Eisenindustrie stattgefunden. In weiterer Folge waren Flüsse ausgebaut, Kanäle errichten und Wagenstraßen für den Gütertransport angelegt worden. Die Kohledampfmaschine hatte an Bedeutung gewonnen. Henry David Thoreau erlebte das rasante Wachstum der Stahlindustrie. Der industrielle Schiffsverkehr wurde zunehmend internationaler und im ganzen Land wurden Eisenbahnstrecken gebaut. Letztere, die Eisenbahn, taucht in Thoreaus industriekritischen Schriften immer wieder auf. Er sah in den Zwängen des industriellen Wachstums eine Ablenkung von den eigentlich wichtigen Dingen im Leben. Er warnte vor dem Verlust von Naturschätzen, wies auf die empfindlichen Gleichgewichte natürlicher Lebensräume hin und war überzeugt davon, die Sinnlosigkeit industrieller Expansion erkannt zu haben, die – wie er meinte – nur den Drang nach Reichtum einzelner Geschäftsmänner stillte. Schon im neunzehnten Jahrhundert waren Großindustrielle politisch sehr einflussreich und konnten ihre Interessen auch auf dem Rücken der Bürger oder ganzer Völker – man denke an die nordamerikanischen Ureinwohner – durchsetzen. Der

Historiker Dr. Jürgen Mirow schreibt in seinem weltgeschichtlichen Lehrbuch über das neunzehnte Jahrhundert Folgendes[49]:

»Die schwarzen Rauchwolken über den Schornsteinen wurden zum Markenzeichen der neuen Industriegebiete. Über den Ballungsgebieten bildeten sich mehrere hundert Meter hohe Dunstglocken, was die Nebelbildung förderte, und die Wälder der Umgebung erlitten deutliche Rauchschäden. In den durch Abwässer verfärbten und stinkenden Flüssen machten sich die Fische rar. Die Bahndämme durchschnitten die Landschaft. Doch selten wurden Produktionen verboten. Fischerei und Forstwirtschaft waren politisch einflusslos.«

Die Kulturgeografin Sally A. Marston von der University of Arizona und der Humangeograf Paul L. Knox an der Virginia Tech State University schreiben über Henry David Thoreau: »Es gibt gute Gründe dafür, Thoreaus Sicht der Natur als eine Reaktion auf die Einflüsse einer frühen Form von Globalisierung zu betrachten.«[50]

Die lange Tradition des Ökolandbaus

Henry David Thoreau zeigte sich aber auch angesichts der beginnenden Industrialisierung der Landwirtschaft besorgt: »Und sind wir sicher«, so fragte er, »dass des einen Nutzen nicht des anderen Schaden bedeutet und des Stallburschen Bedürfnisse ebenso wie die seines Herren befriedigt werden?« An einer anderen Stelle gibt der Philosoph des neunzehnten Jahrhunderts zu bedenken: »Es ist mehr als gerecht, auch einmal auf die Klasse von Menschen zu sehen, durch deren Arbeit die [industriellen] Werke entstehen, welche unsere Epoche so hervorheben.« Als ich diese Worte von Henry David Thoreau las, musste ich unweigerlich an die Erntehelferinnen und Erntehelfer und die Arbeiter an den Todeskarussellen der Bio-Industrie denken – an die Akkordarbeit, die sie zu leisten haben. Und ich dachte an das finanzielle Vermögen, das sie erzeugen und von dem sie doch nur eine so winzige Scheibe in Form ihres niedrigen Stundenlohns abbe-

125

kommen. Manche Aussagen von Philosophen des neunzehnten Jahrhunderts können noch heute unverändert ausgesprochen werden, ohne an Aktualität verloren zu haben.

Der Beginn der Ökolandbaubewegung wird meistens in den 1920er-Jahren angesetzt. Wie schon für Henry David Thoreau, so war auch für die Vertreter der biologischen Landwirtschaft im frühen zwanzigsten Jahrhundert ihr Widerstand gegen die fortschreitende Industrialisierung ein wichtiger Antrieb.

Die schweizerische Agrarwissenschaftlerin Maria Müller-Bigler begründete Anfang der 1930er-Jahre gemeinsam mit ihrem Mann, dem Biologen Dr. Hans Müller, den sogenannten organisch-biologischen Landbau. Die beiden sahen den Bauernstand bedroht und entwarfen ihr eigenes Konzept des Ökolandbaus als Rettungsanker der bäuerlichen Zukunft jenseits industrieller Zwänge. Wenige Jahre zuvor hatte Rudolf Steiner seine biologisch-dynamische Landwirtschaft begründet, aus der bereits am Ende der 1920er-Jahre der Demeter-Verband hervorgegangen war. Doch selbst Anhänger Rudolf Steiners und dessen anthroposophischer Lehre räumen ein, dass die Wurzeln des Ökolandbaus noch weiter zurückgehen. »Wenn sich der Mensch selbst verstehen will, dann kann er das nicht hinreichend, solange er sich nicht als ein geschichtliches Wesen in einer ganz bestimmten geschichtlichen Zeit begreift«, schreibt der Anthroposoph Wolfgang Schaumann.[51]

Der Geist des Ökolandbaus wurde weder von Rudolf Steiner, noch vom Ehepaar Müller in die Welt gesetzt. Er begleitet die Menschheit schon, seitdem die Industrialisierung in Gange ist und reicht daher bis ins neunzehnte Jahrhundert zurück.

Der Philosoph, Nonkonformist, Sklavenbefreier und Naturschützer aus Amerika, Henry David Thoreau, ist gemeinsam mit anderen als frühes Glied in einer internationalen Ideenkette der Ökologie zu verstehen, die bis heute nicht abgerissen ist und deren Entwicklung auch in Zukunft voranschreiten wird. Im Laufe der Geschichte gelangte dieser »ökologische Geist« in die Hände von Angehörigen verschiedenster Strömungen. Am Übergang vom neunzehnten ins zwanzigste Jahrhundert formierte sich, insbesondere von Deutschland und der Schweiz ausgehend, die sogenannte Lebensreformbewegung, die durch Kritik an der Industrialisierung und der Kommerzialisierung der Lebensmittelproduktion geprägt war und in der sich verschiedenste, teilweise auch miteinander verfeindete, politische Strömungen fanden. Manche Vertreter der Lebensreform verfochten gar religiöse Ansprüche. Andere kamen aus dem anarchistischen Lager. Es gab politisch linke ebenso wie Strömungen von Rechts. In den 1930er-Jahren instrumentalisierten sogar die Nationalsozialisten den Trend und lenkten die Tendenzen des naturnahen Lebens in ihre Richtung. Von nun an verstanden die Nazis unter der Natur, zu der man sich zurückbesinnen sollte, in erster Linie die »heimische Natur«. Naturschutz und der sogenannte »Heimatschutz« verflossen miteinander. Die Natürlichkeit des Körpers und die Nacktkörperkultur wurden mit dem Stolz über den »arischen Körper« verbunden. Traditionelle Naturheilmethoden nannten die Nationalsozialisten schließlich »Neue Deutsche Heilkunde«. Dem Widerstand vieler Ärztinnen und Ärzte ist es zu verdanken, dass sich dieses Konzept in der Medizin der damaligen Zeit nicht etablieren konnte.

Auch die Idee einer ökologischen Landwirtschaft wurde im Laufe der Geschichte immer wieder von bestimmten politischen oder auch pseudoreligiösen Strömungen aufgegriffen und für ihre Zwecke instrumentalisiert. Noch heute wird dieser unglückliche Umstand von Gegnern der biologischen Landwirtschaft ausgenutzt. In ihrem Buch »Biokost und Ökokult« schreiben beispielsweise die beiden Journalisten Dirk Maxeiner und Michael Miersch Folgendes:[52] »Rudolf Steiners Landwirtschaftslehre ist pure Esoterik.[53] Steiner und den anderen Gründern des Biolandbaus ging es nicht um Umweltschutz oder Tierschutz. Führende Nationalsozialisten, wie Himmler, waren Anhänger von Steiners Agrarlehre und standen der Anthroposophie nahe.« Damit reduzieren die beiden Autoren eine Idee, die sich in ständigem Wandel befindet und an welcher heute Wissenschaftler aller Disziplinen arbeiten, auf einen bestimmten, selektiven Ausschnitt der Geschichte an einem ebenso selektiven Ort des Planeten. In diesem

Stile setzen sie ihre Argumentation fort, etwa im Interview mit dem Schweizer Immunologen und erklärten Bio-Gegner Univ.-Prof. Dr. Beda M. Stadler, der zu dem Schluss kommt: »Bio war von Anfang an eine Sekte.«[54] Solche Behauptungen sind zu hinterfragen, da die immer wieder unterstellte – die angeblich eine und einzige – historische Linie des Ökolandbaus in Wirklichkeit überhaupt nicht existiert. Ökologische Landwirtschaft wurde in vielen Ländern der Erde mehrmals »erfunden« oder aufgegriffen und begann nicht mit Rudolf Steiner und seiner Anthroposophie und schon gar nicht mit den Nationalsozialisten. Bio-Bäuerinnen und Bio-Bauern sind – selbstverständlich – nicht mit Nazis in Verbindung zu bringen. Und die meisten von ihnen haben auch mit Rudolf Steiners Lehren nichts zu tun. Dr. Steiner war zwar ohne Zweifel ein Ideenstifter und Pionier. Aber er war dies ausschließlich für seine eigene Tradition der biologisch-dynamischen Landwirtschaft und nicht für den Ökolandbau an sich. Es wirkt unüberlegt, zu behaupten, eine so starke und gesellschaftlich breit vertretene Idee wie die biologische Landwirtschaft ließe sich so einfach auf eine einzelne Person zurückführen – noch dazu ursächlich. Eine solche Mutmaßung käme der Unterstellung gleich, die Idee der biologischen Landwirtschaft würde heute nicht existieren, wenn etwa Rudolf Steiner nie gelebt hätte. Ökologische Landwirtschaft ist nicht auf politische, religiöse oder sogar esoterische Strömungen eingrenzbar. Die Idee des Ökolandbaus existiert in Form einer kulturellen Informationseinheit als regelrechte Gegenspielerin der Industrialisierung der Lebensmittelherstellung. Sie gewann an Stärke und Bedeutung im selben Maße wie die Industrialisierung selbst. Heute, im Zeitalter des Agrargigantismus, hat die Forderung nach ökologischen und natürlichen Lebensmitteln freilich ihren bisherigen Höhepunkt erreicht.

Die Siebziger und Achtziger: Ökolandbau goes public

Neuerlichen Aufschwung erlebte die Bio-Bewegung im deutschsprachigen Raum insbesondere in den 1970er- bis 1980er-Jahren, in denen Produkte aus ökologischer Landwirtschaft erfolgreich Marktnischen besetzten und den Weg ins öffentliche Bewusstsein schafften.

Am Ende der Siebziger strahlte der Österreichische Rundfunk (ORF) in den Sendungen »Bodenkultur« und »Planquadrat Ländlicher Raum« umfassende Beiträge zum Thema Ökolandbau aus. Die verantwortlichen ORF-Redakteure Helmut Voitl und Ernst Petz sowie die Redakteurin Elisabeth Guggenberger gaben 1979 ein Begleitheft zu ihren TV-Beiträgen heraus, in dem die Grundzüge der ökologischen Landwirtschaft ausführlich erläutert wurden.

In diese Zeit fallen auch die Anfänge des ältesten noch existierenden Bio-Ladens Österreichs, der 1978 von Rupert und Ushij Matzer in Graz gegründet wurde. Der ORF erhielt mehr als fünfzehntausend Zuschriften von interessierten Zuseherinnen und Zusehern, die zum Teil sogar anboten, den Ökolandbau und seine Verbreitung tatkräftig zu unterstützen. Vor allem Konsumenten aus Großstädten fragten, den Aufzeichnungen des ORF zufolge, an, wo sie Produkte aus biologischer Landwirtschaft erhalten könnten. Unter den Initiatoren der Ökobeiträge des Österreichischen Rundfunks fand sich unter anderem der spätere Universitätsprofessor und Generaldirektor des Naturhistorischen Museums in Wien, Dr. Bernd Lötsch, der damals noch Dozent am biologischen Institut der Universität Wien war und 1976 im »Villacher Manifest« unter dem Titel »Der ländliche Raum – Lebensgrundlage der Industriegesellschaft« ein Plädoyer für die biologische Landwirtschaft gehalten hatte. Nach der Ausstrahlung der ORF-Beiträge wurde die »Bildungsbewegung Ökologischer Landbau« gegründet, deren Ziel es war, die Idee der biologischen Landwirtschaft zu verbreiten und für eine Aufklärung der Konsumenten zu sorgen. Dies war insofern von besonderer Wichtigkeit, als es noch keinerlei gesetzliche Regelungen für die biologische Lebensmittelherstellung gab. »Wir hatten zum Beispiel damals, am Ende der 1970er, nur einen einzigen Käse im Programm. Das war ein Schafskäse. Zu dieser Zeit war es noch nicht so einfach, an Bio-Ware zu kommen«, erzählte mir Rupert Matzer. »Aber die ökologische Landwirtschaft setzte sich immer mehr durch und wir fanden schnell neue Bauern«, fügte er hinzu. »Nachdem der ORF ein paar Sendungen über den Ökolandbau ausgestrahlt hatte, standen die Leute am Morgen schon vor unserem kleinen Geschäft Schlange und warteten darauf, dass wir aufsperrten.«

Greening Goliaths: Der Einstieg der »Großen«

»Bis zum Beginn der Neunzigerjahre«, meinte etwa der Bio- und Voll-kornbäcker Clemens Waldherr im Burgenland, »befand sich die Bio-Bewegung in einem natürlichen Wachstum. Das war kein rasantes, explodierendes Wachstum, sondern ein gesundes – eben ein natürliches.« Das habe sich, so betrachtete der Bäckermeister die Entwick-lung im Rückblick, dramatisch geändert, als man in den 1990er-Jahren die multinationalen Konzerne des konventionellen Lebensmittelhan-dels mit ihren Supermarktketten an Bord holte. »Durch den Einstieg konventioneller Handelsriesen ließ man es zu, dass sich auch deren Interessen in die Bio-Branche einkauften.« Sicher, beispielsweise habe Billa mit *Ja!Natürlich* zu einer immensen Verbreiterung des Bio-Marktes beigetragen und später seien andere Handelskonzerne nach-gefolgt. »Aber sie betrieben Bio mit einem ganz anderen Geist und unter völlig anderen Voraussetzungen als im Nischenmarkt«, so der Bio-Bäckermeister. Zu dieser Zeit begann es in den Regalen der Super-märkte auch regelrecht zu wimmeln vor Gütezeichen und Qualitäts-logos. Da kam das eindrucksvolle Bio-Zeichen gerade recht, das seit 1993 nur nach gesetzlich vorgegebenen Mindeststandards vergeben werden durfte. Die »strengen Bio-Kontrollen«, die in der Werbung mancher Bio-Marken gar zu den »strengsten Kontrollen« wurden, eigneten sich hervorragend als plakatives Verkaufsargument in den Werbeprospekten. Und das ist heute noch so. »Doch schon in den Neunzigerjahren ließ das Gesetz ausreichend Spielraum und ermög-lichte ein Nebeneinander von qualitativ gänzlich unterschiedlichen Formen der ökologischen Landwirtschaft«, sagte Clemens Waldherr. »Die Konzerne des konventionellen Handels hatten ganz andere Mo-tive als die Idealistinnen und Idealisten der Bio-Bewegung«, erinnerte er sich. Es bildeten sich zwei verschiedene Bio-Segmente heraus: der Bio-Massenmarkt, in dem das Vermögen und die kommerziellen In-teressen der Konzerne wirkten, und der ökologische Nischenmarkt, der sich schon seit den Siebzigern in einem natürlichen Wachstum befand und sich auch weiterhin mehr als Bewegung denn als Branche verstand. Die konventionellen Goliaths hingegen banden ihre Bio-Produkte in ihre bestehenden konventionellen Handelsstrukturen ein. Ihre gesamte Wirtschaftspolitik, die sie seit jeher gewohnt waren, übertrugen sie auf die Bio-Produktion. Es war ein ganz anderes Denken, das sie auf die neuen Bio-Linien anwendeten.

Und dann ging der »Bio-Boom« so richtig los. Die Bio-Produktionskette wurde aus ihrem ganzheitlichen Zusammenhang gelöst und nur mehr als Produktion unter Verzicht auf bestimmte Hilfsstoffe verstanden.

Über die Fließbänder der Industrie jagten nun zu manchen Tageszeiten auch Bio-Semmeln und Bio-Küken. Riesige Tiefkühlfabriken lagerten Bio-Teigrohlinge neben Iglo-Fischstäbchen ein. Bio™ – das »Markenzeichen Bio« – war geboren worden. Die konventionellen Obst- und Gemüseimporteure der Supermärkte begannen, sich nach Ware umzusehen, die in großen Mengen und zu günstigen Preisen zur Verfügung stand, aber dennoch das Bio-Zeichen tragen durfte. Industriell arbeitende Getreide-, Obst- und Gemüseproduzenten schwenkten auf Bio um und stellten von nun an biologische Erzeugnisse in gewohnter Masse bereit. Geflügelkonzerne machten sich daran, Bio-Ställe zu errichten, in denen so viele Tiere untergebracht wurden, wie gesetzlich nur irgendwie erlaubt. Man sah sich nach Hochleistungsrassen um, die aber doch auch nach Bio aussahen, weil sie ein braunes Federnkleid trugen und kein weißes (wie die meisten konventionellen Fleischrassen). Die Eier, die Bio-Legehühner jetzt auch für Supermärkte legten, mussten möglichst einheitlich sein, damit sie mit den konventionellen Fließbändern und Roboterarmen kompatibel waren. Und dafür mussten sie genauso beschaffen sein wie herkömmliche Eier. »In den 1990er-Jahren wurde es immer schwieriger, Eier von alten Legerassen zu bekommen«, erinnerte sich ein Bio-Kaufmann aus Wien. Auch Rupert Matzer, der Bio-Händler mit langer Tradition, blickte zurück: »Auf einmal war Bio-Milch nur mehr in Getränkekartons erhältlich, wie sie in den industriellen Molkereien üblich waren. Diese bestehen aus dem Plastikkunststoff Polyethylen und sind mit Aluminium beschichtet. Bis heute haben wir in unserem Geschäft einen Engpass an Milch. Die Kartonverpackungen kommen mir nicht in die Regale. Das Mehrwegflaschensystem für Milch ist neben der Verpackungsindustrie kaputt gegangen. Bio-Milch können wir daher nur in begrenztem Umfang verkaufen. Viele unserer Kunden bestellen die Milch deshalb im Vorhinein.« Doch der eingesessene Bio-Händler mit dem langen weißen Haar blieb seinen Grundsätzen treu: »Getränkekartons kommen mir trotz allem nicht ins Geschäft, auch nicht bei anderen Produktgruppen.« Und immerhin sei es, so erfuhr ich, bei Fruchtsäften, Sojamilch, Reismilch und anderen pflanzlichen Getränken kein Problem, die Produkte in Mehrwegflaschen zu erhalten.

Agrarökonomen der Technischen Universität München in Weihenstephan[55] typisierten die Akteure des aktuellen ökologischen Bio-Marktes (Landwirtschaft, Weiterverarbeitung, Vermarktung) und stellten fest, dass seit den 1990er-Jahren die Kategorie der »Marktstrategen« immer mehr an Bedeutung gewinnt. Kennzeichnend für diese Gruppe ist eine stark ausgeprägte Marktorientierung, hinter welcher die Motivation steht, den mittlerweile ausdifferenzierten Öko-Markt bewusst zur Expansion und zur Erhöhung des Konzernprofits zu nutzen. Das bereits vorhandene positive Image der biologischen Landwirtschaft werde gezielt dafür genutzt, schreiben die Wissenschaftler, um die Gesamtrentabilität des jeweiligen Unternehmens zu erhöhen. Die Vertreter der Kategorie »Marktstrategen« hätten, so heißt es, weniger die Stärkung der Ökolandbaubewegung als die Interessen ihrer eigenen Konzerne im Sinne.

Die Autoren der agrarökonomischen Studie schreiben, unter den Marktstrategen des Bio-Massenmarktes ließen sich »ein lockerer Umgang mit den ursprünglichen Idealen des Öko-Landbaus sowie ein pragmatischer Umgang mit dem Einzug von konventionellen Strukturen« feststellen.

ÖKOLANDBAU IN DEN FALSCHEN HÄNDEN?

Wie konventionelle Konzerne die Bio-Idee verändern

Von Wölfen in Schafspelzen

So gut wie jede Bio-Marke des Massenmarktes hat ihren eigenen Internetauftritt. Als Besucher wird man geradezu mit Verkaufsargumenten überhäuft, wenn man den Klick auf diese Homepages wagt. Die Bio-Produkte werden dabei auch durch Abgrenzung von konventionellen Produkten beworben. So stößt man beim Schmökern auf zahlreiche Argumente gegen die herkömmliche, nicht-biologische Landwirtschaft, ihren Umgang mit den Böden unseres Planeten und ihren viel zu hohen Einsatz von Düngemitteln und Pestiziden. Es wird angeprangert, für konventionelle Hersteller zählten nur Ertrag und Leistung als Richtlinien für das eigene Wirtschaften und der Gedanke der Nachhaltigkeit werde vernachlässigt. Die vorgebrachten Argumente sind richtig. Doch eine Frage drängt sich auf, ja bettelt geradezu darum, gestellt zu werden: Leiden die großen Handelskonzerne – unsere Supermarktketten – womöglich unter einer Art unternehmerischer Persönlichkeitsspaltung? Immerhin wird der Großteil der herkömmlichen, eben der konventionellen Lebensmittel in Österreich von niemandem anderen vermarktet als von ihnen selbst! Indem sie in der Werbung für Bio kräftig und mit guten Argumenten gegen die konventionelle Lebensmittelindustrie ins Horn blasen, erklären sie sich selbst den Krieg und hoffen dabei, dass es niemand merkt. Vergessen wir nicht: *Natur*pur* ist Teil des konventionellen Handelskonzerns Spar, *Zurück zum Ursprung* und *Natur Aktiv* sind die Bio-Marken des konventionellen Discounters Hofer. Auch die übrigen – wie etwa

Echt B!o, *natürlich für uns*, *Bio Bio* oder *Bio Trend* – gehören alle zum konventionellen Lebensmittelhandel.

Wer dem Team von *Ja!Natürlich* einen Besuch abstatten möchte, muss sich zuerst in die Zentrale des konventionellen Rewe-Konzerns begeben. Die Geschäftsführerin von *Ja!Natürlich* hatte früher eine Spitzenposition bei Masterfoods inne, einer Tochterfirma des US-amerikanischen Lebensmittekonzerns Mars. Heute ist sie nicht nur für *Ja!Natürlich* verantwortlich, sondern gleichzeitig auch für die Billigmarke *Clever* und für *Quality First*. Beide sind konventionelle Eigenmarken des Rewe-Konzerns. Es bleibt ungeklärt, wie weit es bei Inhabern solcher Doppelfunktionen mit der ökologischen Überzeugung gediehen sein kann.

Die heutige Bio-Marke von Hofer, *Zurück zum Ursprung*, war in früheren Jahren gar keine Bio-Marke, sondern eine Handelsmarke für konventionelle Milcherzeugnisse. Werner Lampert, schon damals das dazugehörige Aushängeschild, gründete *Zurück zum Ursprung* im Jahr 2006 nach seinem Abgang aus dem Hause *Ja!Natürlich*. Von nun an lobte er die Vorteile seiner neuen, konventionellen Produktlinie. Und das klang so: »Wenn ich mir die Tierhaltung in der Milchwirtschaft ansehe, denke ich, dass die konventionelle teilweise höhere Standards hat. Eine so hohe Qualität der Tierhaltung habe ich bei Bio selten gesehen.«[56] Somit war der einstige »Bio-Papst« von *Ja!Natürlich* zu einem konventionellen Handelsmann geworden und kehrte erst später wieder zu seinem »Bio-Pioniertum« zurück. Diese plötzliche Rückbesinnung auf Biologisch erfolgte, nachdem Konsumentenschutzvereine öffentlich bemängelt hatten, *Zurück zum Ursprung* werde als Bio-Marke wahrgenommen, ohne es zu sein. Seit sie sich das Bio-Mäntelchen rechtmäßig umgehängt hat, prangert die Bio-Marke etwa auf der konzerneigenen Homepage wieder die umweltschädigenden Auswirkungen der konventionellen Landwirtschaft an. Wären unsere Handelskonzerne Menschen, müsste man sie möglicherweise wegen multipler Persönlichkeitsstörung in psychotherapeutische Behandlung schicken.

In der ökologischen Wirtschaftsforschung geht man davon aus, dass die Glaubwürdigkeit des Bio-Marketings einer Handelsfirma nur unter Berücksichtigung der ökologischen Gesamtkompetenz des Unternehmens beurteilt werden kann. Je mehr sich das Konzept eines Unternehmens insgesamt an konventionellen Maßstäben orientiert, desto stärker erscheint sein Engagement für ökologische Produktionsweisen als ausgedünnt. Man spricht von einer Erosion der ökologischen Glaubwürdigkeit.

Tagebucheintrag

Nürnberg, 18. Februar 2011
Clemens G. Arvay

Der Tag neigt sich seinem Ende zu. Ich bin verausgabt, übermüdet. Der Trubel hier ist enorm, die Präsenz von Firmen aus aller Welt ebenfalls. Die Ausstellerinnen und Aussteller haben sich in Schale geworfen. Sie tragen meist schwarze (manchmal auch graue) Anzüge, sind in schicke Business-Röcke gezwängt, so richtig teuer herausgeputzt. An ihren Kleidern haften bekannte und weniger bekannte Konzern- und Markenlogos. Die Damen sehen ein wenig aus wie Stewardessen, die Herren wie Bankangestellte. Ich bin in einer Business-Welt par excellence gelandet. Der Ort des Geschehens: Nürnberg. Der Anlass: die alljährliche internationale Bio-Messe »Bio-Fach«.

Jetzt sitze ich hier, bei einer Flasche Kirschlimonade – »mit leckeren Früchten vom Bodensee« und »klimaneutral hergestellt«, wie der Aufkleber verrät, ohne näher zu erläutern, wie die angebliche Klimaneutralität berechnet worden ist. Auch geht aus dem Etikett nicht hervor, ob alle Früchte vom Bodensee stammen oder nur ein Teil oder wie weit der Herstellerkonzern diese Region überhaupt gefasst hat. Ein Blick auf die Inhaltsstoffangabe offenbart aber, wie bedeutungslos es ist, woher die Früchtchen wirklich stammen: Bescheidene fünf Prozent Bio-Kirschsaft, aus Fruchtsaftkonzentrat, sind in dem Getränk verarbeitet. Den Geschmack erhält der Sprudel durch »natürliche

Aromen« und Zugabe von Zucker. Die künstlich beigesetzte Kohlensäure stößt mir unangenehm auf. Aber das Getränk verkauft sich wie am Schnürchen. Gut für den Hersteller, denn 0,33 Liter des industriellen Gebräus kosten hier mehr als drei Euro.

Ich lasse den Tag Revue passieren: Ankunft im riesigen Messekomplex. Nobler Empfang mit Klaviermusik in der sterilen Eingangshalle (Tageseintritt: EUR 30,-). Wahllos betrete ich eine der Hallen und stehe sofort vor einem Stand mit Industriepackfolie. Ich werde hellhörig. Ist das etwa biologisch abbaubares oder gar kompostierbares Material? Nein, zu früh gehofft: Es ist herkömmliches Polyethylen (PE). Es handelt sich um eine Frischhaltefolie für Großproduzenten und Großhändler von Obst und Gemüse. »Äh, und was hat das jetzt mit Bio oder Öko zu tun?« Diese Frage stelle ich dem Vertreter. Nun ja, erwidert dieser, die Folie eigne sich eben auch zur Verpackung von biologischen Produkten: »Grundsätzlich kann man jedes Gemüse oder Obst darin einpacken.« Dass Bio-Ware in dieser Plastikfolie ebenso wie konventionelle Ware gelagert, verschifft oder in Flugzeugen transportiert werden kann, reicht offenbar für den großen Auftritt auf der internationalen Bio-Fachmesse. Außerdem sei Polyethylen-Folie ausgesprochen »maschinengängig« und führe auch in großen und schnellen Industrieanlagen kaum zu Problemen, bekomme ich noch erläutert.

Ein paar Meter weiter gelange ich in den Bereich für »Innovationen und Neuheiten«. Als ich durch die Sicherheitsschleuse trete, habe ich das Gefühl, an einem sakralen Ort gelandet zu sein. Der Aufmarsch an Sicherheitskräften rund um den Innovationsbereich ist bemerkenswert. Doch Achtung: Fotografen sind hier nicht erwünscht. Dies bekomme ich augenblicklich zu spüren, als ich meine Kamera auspacken will. Zwei Security-Mitarbeiter stürmen in meine Richtung und schieben sich – noch ehe ich realisiere, was vor sich geht – zwischen mich und das Ausstellungsregal. Einer hebt seine Hände abwehrend über meine Kamera: »Fotografieren ist hier strengstens verboten«, erklärt er mir in bestimmendem Tonfall. »Bitte, weshalb das denn?«, frage ich höflich. Man wolle Produktpiraterie verhindern, ist die Antwort. »Aber die Produkte sind ja ohnehin öffentlich ausgestellt und ab sofort am Markt erhältlich«, werfe ich ein. Doch die Ordnungswächter bleiben hart. Immerhin könne ich ein Produktpirat sein, wiederholen sie ihr Argument. Hand aufs Herz, das bin ich nicht. Trotzdem packe ich meine Kamera wieder ein und im nächsten Moment stürmen die Sicherheitskräfte auch schon wieder davon: Eine Dame in Gang drei hat soeben die Kameralinse ihres Mobiltelefons geöffnet. Möglicherweise ist sie eine Piratenbraut.

Während ich durch den schier endlosen Innovationsbereich schlendere, wundere ich mich über die Angst vor Konkurrenz und das Geheimhaltungstheater, das hier veranstaltet wird. Noch mehr aber wundere ich mich über die Innovationen selbst, die uns die Bio-Industrie als bahnbrechende Erfindungen verhökern will. Hier die Highlights der Bio-Sensationsneuheiten aus 2011: Es gibt jetzt endlich fix und fertig abgeschmeckten Instant-Couscous im Industriebecher. Zubereitung: Einfach Wasser beifügen und fünf Minuten warten. Fertig! Ausgesprochen erwähnenswert auch die Innovation »Super Sprouts«: Bio-Gemüse und Bio-Obst aus Australien in Pulverform, unter Einsatz modernster Industrietechnologien extrafein pulverisiert. Jetzt können Sie Ihr australisches Obst und Gemüse ganz praktisch in jedem beliebigen Getränk auflösen und in Flüssigform zu sich nehmen. Auf der Unternehmenshomepage gibt es außerdem besondere Tipps für die Verwendung: Endlich Bio-Heidelbeerkuchen ohne Heidelbeeren, Bio-Apfelschnitte ohne Äpfel – »Super Sprouts« macht's möglich! Vor Bio-Konservendosen wimmelt es regelrecht. Bio-Chips in verschiedenen Geschmacksrichtungen sind ebenfalls brandneu und mit Bio-Palmöl zubereitet, für dessen Produktion in Südostasien und Südamerika große Regenwaldflächen gerodet und ansässige Menschengruppen genauso wie gefährdete Populationen von Menschenaffen vertrieben werden. Bio-Dosengetränke sind 2011 überhaupt der große Renner. Sie stehen als »Innovationen« an allen Ecken und Enden. Es fragt sich nur, worin bei Aluminiumdosen die große »Innovation« steckt. Bio-Diätfuttermittel für Hunde darf unter den Neuheiten natürlich auch nicht fehlen, ebenso wenig wie plastikverschweißter Schnittkäse, der jetzt noch länger haltbar ist. Die Bio-Suppen können wir ab sofort fixfertig in Gläsern und Plastiktassen kaufen. Sie halten jetzt extra lang und brauchen nur noch aufgewärmt zu werden. Bereits abgeschmeckte Fertigsalate, Fertigeintöpfe und Fertiggazpachos in Plastikbechern reihen sich ebenso in den Reigen der Produktneuheiten ein und kommen noch dazu in Demeter-Qualität daher. Reis- und Sojadrinks gibt es jetzt endlich auch in herkömmlichen Plastikflaschen und Bio-Gummibärchen werden von nun an noch häufiger und in noch mehr Geschmacksrichtungen zu finden sein – die meisten mit Gelatine. Der Instant-Schweinsbraten geht den Bio-Konsumenten schon lange ab. Jetzt ist auch diese Lücke endlich geschlossen.

Ich verlasse den Bereich der Innovationen, als mir der Trubel dort zu viel wird. Ich spaziere durch die Hallen und bekomme alle paar Meter stapelweise Werbeprospekte vor die Nase gehalten. Eine Herstellerfirma herkömmlicher Fastfood-Verpackungen präsentiert ihre Plastikprodukte für den biologischen Take-Away-Markt, denn immerhin kann man ja auch einen Bio-Veggieburger hineinlegen. Ein EDV-Konzern bietet der Bio-Industrie seine Dienste an: Mit seiner Software können jetzt noch größere Fabriken noch zentraler gesteuert werden und die Daten von noch mehr Außenstandorten lassen sich jetzt noch schneller in die Konzernzentralen übertragen. Ich denke an die österreichischen Geflügelkonzerne und ihre Zentralcomputer: Ob sie wohl Interesse an diesem EDV-System haben werden? Die Technologien der Sojasaucenproduktion, so lerne ich, haben sich inzwischen gemausert und es lässt sich jetzt in viel kürzerer Zeit viel mehr von der delikaten dunklen Würzsauce abfüllen als früher. Dasselbe gilt für Bio-Ahornsirup. Die Industriemolkerei Pinzgau Milch, eine der Hauptherstellerinnen für Bio-Milchprodukte von *Ja!Natürlich*, bietet der internationalen Bio-Branche ebenfalls ihre Dienste an. Im Hintergrund sind Milchpackungen verschiedenster Bio-Marken ausgestellt, für die der größtenteils konventionelle Konzern produziert. An einem anderen Stand präsentiert sich die Firma Kärntnermilch der Bio-Businesswelt, die ihre Fließbandanlagen unter anderem im Auftrag von *Natur*pur* betreibt.

Ein Teehersteller bemüht sich redlich, das Gesundheitsargument für seinen Vorteil zu nutzen und preist seine Kräuterteemischung als die Innovation des Jahrhunderts an: Der Tee zeige an, ob man übersäuert ist oder nicht, verkünden die Vertreter. Schmeckt er bitter, dann sei alles im grünen Bereich. Nimmt man den Tee als süß wahr, so habe man zu viel Säure in sich und solle den Körperhaushalt zugunsten der Basen ausgleichen. Und das tue man am besten, indem man noch mehr von dem Tee trinkt, weil dieser nicht nur diagnostisch einsetzbar sei, sondern nach längerer Anwendungszeit den Säure-Basen-Haushalt nachhaltig ausgleiche. Man könne natürlich auch für eine basenreiche Ernährung sorgen, jedoch werde man auf keine Maßnahme stoßen, die so effektiv wie die Einnahme des Tees sei.

In Gang 21 hält mich der in dezentes Schwarz gekleidete Junior-Manager eines niederländischen Obst- und Gemüsegroßhändlers auf, der auch an Bio-Marken österreichischer Supermärkte liefert und zu den Größten in Europa gehört. Auf seinem tragbaren Notebook mit Touchscreen, einem sogenannten Tablet-Computer, zeigt er mir Pressefotos von seinen »Bäuerinnen und Bauern«, die er überall auf dem Globus unter Vertrag hat. Diese Fotos könne man im Internet abrufen: »Dann weiß der Kunde«, wurde mir eröffnet, »dass dieser Bauer unser Gemüse mit seinen eigenen Händen angebaut hat.« Dieses Märchen vom biologischen Retrobauerntum kommt mir bekannt vor. Ich weise den Manager auf den Bildhintergrund hin: eine riesige industrielle Treibhausanlage. Zwischen den Tomatenreihen lassen sich Metallschienen ausmachen, die für Erntewagen gedacht sind, auf denen die Helferinnen und Helfer durch die Gemüseproduktionsfabrik rollen. Der Mann auf dem Foto ist kein Bauer, sondern ein Bio-Industrieller. Nicht ein einziges seiner Produkte wandert je durch seine Hände. Dann deute ich auf die Tomaten- und Paprikaberge, die über den gesamten Messestand verteilt sind. Sie wirken wie aus Plastik. Es handelt sich um Hochleistungshybride, echte Designersorten. Obwohl wir beide stets freundlich und respektvoll zueinander bleiben, fühlt sich der Gemüsegoliath in die Enge getrieben: »Ich sage nicht, dass wir nicht industrialisiert sind«, ändert er seinen Kurs. Warum er dann den Eindruck von Handarbeit und Bauerntum vermitteln wolle, frage ich. Er weicht erneut aus, erklärt mir, wie groß der Druck der Supermarktketten sei, an die er seine Massenware liefert: »Wir müssen zu immer niedrigeren Preisen immer größere Mengen an Bio-Produkten bereitstellen, die wenig logistischen Aufwand erfordern sollen.« Dann erklärt er mir, die Supermärkte hätten den Bio-Markt längst assimiliert und ihren Gewohnheiten unterworfen. Ich habe das Gefühl, er stiehlt sich aus der Verantwortung, schiebt sie vom Großhandel gänzlich an den Einzelhandel ab.

Privat kaufe er ohnedies lieber auf Bauernmärkten ein, lässt mich der Man in Black wissen. Er trenne da klipp und klar zwischen seinem Job und seiner persönlichen Einstellung. Vielleicht ist genau das das Problem auf dem Bio-Massenmarkt, denn eigentlich war es so gedacht, dass der Ökolandbau mit Überzeugungen zu tun haben solle.

Bio™ als Wachstumsstrategie

»Der Markt für Lebensmittel ist hierzulande vollkommen gesättigt,
weshalb sich die Branche immer neue Trends einfallen lässt,
die sie den Kunden schmackhaft machen möchte.«
(Wirtschaftsmagazin »Makro«, 3-SAT[57])

»Für den konventionellen Lebensmittelhandel ist Bio ein Marketinginstrument. Es geht um unser Image und um die Sicherung von Marktanteilen gegenüber der Konkurrenz.« Dies sind die Worte des Geschäftsführers einer Import- und Großhandelsfirma für Obst und Südfrüchte, die einen österreichischen Supermarktkonzern mit konventioneller ebenso wie mit Bio-Ware beliefert. »Im konventionellen Lebensmittelhandel wird auch bei Bio rein auf Programm produziert, nicht auf Bedarf«, fügte der Insider hinzu. Es gehe in erster Linie um die maximale Auslastung eines Marktsektors. Denn die Devise sei, so wurde mir erklärt, jede Nische auszureizen, um die Unternehmensexpansion aufrechtzuerhalten. Damit wären wir auch schon beim wichtigsten Stichwort für dieses Kapitel: Wachstum! Der Markt, ganz egal von welcher Branche wir sprechen, verträgt keine Stagnation. Investoren und Aktionären gefällt es ebenso wenig wie den Konzernmanagern selbst, wenn das Geschäft stagniert. Unser gesamtes Wirtschaftssystem baut auf Expansion und der Sicherung von Marktanteilen gegenüber der Konkurrenz auf. »Der Bio-Massenmarkt ist ein künstlich geschaffener Markt«, bekam ich in Gesprächen mit Marketingmanagern immer wieder zu hören. Man stelle sich die zwickmühlenartige Situation der Konzernangestellten vor: Nun ist der Lebensmittelmarkt bereits mehr als gesättigt und dennoch sollen sie für jährliches Wachstum ihres Dienstgeberkonzerns sorgen. Es gibt nichts mehr, das wir brauchen und das in Supermärkten nicht schon in verschiedensten Farben und Formen erhältlich wäre. Viel eher trifft der umgekehrte Fall zu. Wenn wir uns nämlich den Überfluss ansehen, der in die Handelsregale gestopft wird, so könnte man sich die Frage stellen: Braucht die Menschheit diese Flut an Produkten, die beworben, angepriesen und vermarktet werden, wirklich? Angesichts dieser Dichte an Produktarten erscheint der Auftrag an die Lebensmittelkonzerne, für weiteres Wachstum zu sorgen, geradezu absurd. Dennoch tut man alles, um die Expansion weiterhin voranzutreiben. Wir brauchen vermutlich bei Weitem nicht so viele Marken für Tiefkühlpizza, wie uns in den Kühlregalen angeboten werden. Und nach dem hundertsten Label für Fischstäbchen ist irgendwann die Grenze der Sinnhaftigkeit überschritten.

Da aber trotz der Übersättigung des Lebensmittelmarktes eine Stagnation um jeden Preis verhindert werden muss, kommt den Konzernen die Bio-Nische gerade recht. Sie brauchen Bio-Konsumenten auf ähnliche Weise, wie Bram Stokers Graf Dracula schöne junge Frauen braucht: Der Fürst der Finsternis, der übrigens auf die historische Figur Vlad Tepes den Dritten zurückgeht, gibt nur vor, seinen Opfern wohlgesonnen zu sein, und lockt sie mit seinem Charme in die blassen Mondnächte hinaus, wo er über sie herfällt. Denn in Wirklichkeit hat er es auf ihr Blut abgesehen, von dem er immer mehr und mehr bekommen muss, um weiter existieren zu können. So wie Dracula das frische Blut, brauchen die Lebensmittelkonzerne immer mehr des Geldes ihrer Kundinnen und Kunden, um den Wachstumskurs aufrechtzuerhalten. Und ganz ähnlich, wie er, der Graf, seine Opfer heimtückisch zu sich ruft, lockt uns auch der Lebensmittelhandel mithilfe der Werbung und liebreizender Versprechen in die Filialen seiner Supermärkte. Man gibt vor – ebenfalls nach Art des blutrünstigen Dunkelfürsten –, uns wohlgesonnen zu sein. Dass Kinder inzwischen schon in nahezu jeder Supermarktfiliale Sammelalben geschenkt bekommen, die sich erst durch regen Einkauf mit Aufklebern füllen lassen, ist nur eine von vielen »draculösen« Strategien im Dienste des Geldrausches der Wachstumsmärkte. Bio-Produkte ganz nach unseren Bedürfnissen herzustellen, das ist ein weiteres reizvolles, aber beinhart kalkuliertes Versprechen. Die Konzerne inszenieren sich hierfür sogar als ökologische Revolutionäre. In Bram Stokers »Dracula« ist es nur eine kleine, eingeweihte Gruppe rund um den Arzt und Kenner der Vampire, Doktor van Helsing, die um die wahre Natur des Grafen weiß und versucht, den ununterbrochenen Blutstrom versiegen zu lassen. Doch welcher Heldentrupp wird sich formieren, um dem Wachstumsrausch der Lebensmittelkonzerne wacker entgegenzutreten? Die Bio-Nische wurde seitens der Wachstumsstrategen nicht nur besetzt, sondern darüber hinaus medial zum Boom aufgeblasen, der sich nun anzapfen lässt.

Der so entstandene Bio^{TM}-Markt ist jedoch keine unversiegbare Quelle des Geldstroms. Langsam nähert er sich seinen Grenzen: »Wir stellen fest, dass der Bio-Markt nahezu ausgeschöpft ist. Wir rechnen nicht damit, dass wir unsere jährlichen Umsätze im Bio-Bereich noch maßgeblich steigern können«, schätzte der Prokurist eines großen Geflügelkonzerns in Österreich das Entwicklungspotenzial ein. »Deswegen setzen wir auch weiterhin zum allergrößten Teil auf konventionelle Hühnerprodukte.« Und diese werden auch in Zukunft das Angebot dominieren, denn der konventionelle Lebensmittelhandel ist an der Bio-Idee nur so lange interessiert, solange sie die Umsätze ordentlich ankurbelt. Unsere Supermarktkonzerne sind die Akteure, die regelrechten Verursacher der konventionellen Lebensmittelindustrie, nicht aber Verfechter des Ökolandbaus.

Die Journalistin Kathrin Hartmann bezeichnet die Öko-Welle des Massenmarktes in ihrem Buch »Ende der Märchenstunde« als »lediglich eine Auffrischung des Konsumgedankens«. Konzerne, die aufgrund ihrer genetischen Struktur und Funktionsweise konventionell ausgerichtet sind und nur mithilfe ihrer – eben konventionellen – Wirtschaftsweise existieren, können in Zukunft, im Ganzen betrachtet, nichts anderes als konventionell bleiben. Rewe – um nur ein Beispiel zu nennen – gab bekannt, die hauseigene Billigmarke *Clever* sei derzeit die mit Abstand öffentlichkeitsstärkste Eigenmarke des gesamten Lebensmittelhandels in Österreich.[58] Und das wird der Konzern wohl nicht so schnell ändern wollen. Die Unternehmenslinie ist konventionell. Daran werden auch ein paar Bio™-Wachstums-produkte im Regal langfristig nichts verändern. Oder, um es in den Worten von Kathrin Hartmann zu sagen: »Also macht jede einzelne herkömmliche Supermarktfiliale die Welt einfach schlechter, ob mit oder ohne Sonnenkollektoren auf dem Dach oder Bio-Produkten im Regal. Wer nur das Gute betont, verschweigt das Schlechte. Das ist im Zweifel verheerender, als das bisschen Gute zu verschweigen.«[59]

Bio Light am Massenmarkt: Das Gesetz macht's möglich

Agrarwissenschaftler warnen schon seit vielen Jahren vor der schleichenden, aber fortschreitenden Annäherung des Ökolandbaus an die konventionelle Landwirtschaft. »Das amtliche Bio-Zeichen verlangt nur einen Mindeststandard, ermöglicht aber dadurch die inflationäre Verbreitung des Zeichens«,[60] schreibt Thilo Bode in seinem Buch »Die Essensfälscher«. Und damit bringt er das Problem auf den Punkt: Die gesetzlichen Vorgaben für »kontrolliert biologische Landwirtschaft« lassen dem Handel sowie den Produzenten relativ großzügige Spielräume. Es wäre ein fataler Irrtum, zu glauben, die Realität von Bio-Produkten sei immer dieselbe, bloß weil sie alle dasselbe EU-Biozeichen tragen. »Es gibt Bauern, die noch viel ökologischer wirtschaften als wir. Aber deren Produkte können Sie nicht im Supermarkt kaufen«, teilte mir der Großproduzent für eine österreichische Bio-Marke offen und ehrlich mit. Thilo Bode in »Die Essensfälscher«: »Mit dem, an sich erfreulichen, Bedeutungs- und Umsatzzuwachs des Marktes für Bio-Lebensmittel wächst leider auch die Tendenz, den ursprünglichen Qualitätsanspruch von Bio zu verwässern und zu verraten.«[61] Der konventionelle Lebensmittelhandel mit seinen Bio-Marken wird von ökologischen Wirtschaftswissenschaftlern in die Kategorie der »Greening Goliaths« eingeordnet. Diesen wird der ökologische Nischenmarkt gegenübergestellt: Bauern in der biologischen Direktvermarktung, Reformhäuser und Bio-Läden sowie Bauernmärkte und Bauernläden. Die Unternehmen der ökologischen Nische werden, in Anlehnung an die biblische Geschichte von David und Goliath, manchmal auch als »Organic Davids« bezeichnet.

konventioneller Massenmarkt	Bio™-Massenmarkt	ökologischer Nischenmarkt
zentralisierte Organisation und Produktion	zentralisierte Organisation und Produktion	Dezentralität
Industrialisierung	Industrialisierung	Hofindividualität
Agrargigantismus	Agrargigantismus unter Ausschöpfung der gesetzlichen Spielräume	kleinstrukturierte Landwirtschaft
Monokulturen und Flurbereinigung	Monokulturen und relative Flurbereinigung	Orientierung an »Agrarökosystemen«
Einsatz schwerer Maschinen	Einsatz schwerer Maschinen	angepasste Technologien
Konkurrenz und Wettbewerb	Konkurrenz und Wettbewerb	Kooperation
kommerzielle Beherrschung der Natur	Natur wird als Produktionsraum verstanden	Harmonie mit der Natur als Leitsatz
Spezialisierung und Einheitsproduktion	Spezialisierung und Einheitsproduktion	Produktvielfalt, alte Sorten und Rassen
Expansion und Wachstum	Expansion und Wachstum	ökonomische und ökologische Stabilität
keine ideologischen Motive	Bio als Marketinginstrument	ideologisch motiviert
nur konventionelle Produkte	Integration von Bio-Produkten ins konventionelle Sortiment	ausschließlich oder überwiegend Bio-Produkte im Sortiment
marktstrategische Standortwahl	marktstrategische Standortwahl	vorwiegend angestammte Regionalstandorte
Vertragslandwirtschaft	Vertragslandwirtschaft	bevorzugt direkter Warenbezug von Landwirt/innen
Druck des Wachsens oder Weichens	Druck des Wachsens oder Weichens	Klein- und Mittelbetriebe werden gefördert
Verpackung und Umverpackung von Ware	Verpackung und Umverpackung von Ware	möglichst Verzicht auf Verpackung und Umverpackung
künstlicher Markt	künstlicher Markt	Bedarfsproduktion
Lobbyismus	Lobbyismus	politisches Engagement, kritische Opposition des Massenmarktes

Tendenzen des konventionellen Lebensmittelmarktes, des Bio-Massenmarktes und des ökologischen Nischenmarktes im Vergleich

Die obenstehende Tabelle eignet sich zur Veranschaulichung einer Entwicklungstendenz, die in den Agrarwissenschaften als die »Konventionalisierung der Bio-Branche« diskutiert wird, also die Annäherung des Bio-Massenmarktes an die konventionelle Lebensmittelproduktion. Das Wecken hoher Erwartungen, die nicht erfüllt werden, erscheint der Konsumentin und dem Konsumenten gegenüber weniger vertretbar, als es eine realistische Selbstdarstellung der Unternehmen mit dem Eingeständnis von Fehlern und Entwicklungspotenzial wäre. In Werbung und Marketing zeigen sich die gravierendsten Abweichungen zwischen Öko-Nische und Bio-Massenmarkt.

Bio™-Massenmarkt	ökologischer Nischenmarkt
Emotionsmarketing und Animationsnutzen	sachliche, eindeutige Informationsbereitstellung
Imageaufbau und Dramatisierung der eigenen Leistungen	selbstkritische Grundhaltung, Eingeständnis von Verbesserungspotenzial
Zielgruppenorientierung	Ideenorientierung
hohes Werbebudget	kein oder geringes Werbebudget
inszenierte Kommunikation über Massenmedien	persönliche Kommunikation
werbestrategische Verschleierungstendenzen	kaum werbestrategisch orientiert

Marketing und Werbung des Bio-Massenmarkts im Vergleich mit dem ökologischen Nischenmarkt

Erste Worte aus der Öko-Nische
Interview mit Rupert Matzer

Es wird Zeit, einen ersten Blick in eine ganz andere Szene zu werfen, eine Welt abseits der zentralisierten Bio-Industrie und weit weg von millionenschweren TV-Werbespots. Nun war schon mehrmals vom sogenannten »ökologischen Nischenmarkt« die Rede – eine höchst vielfältige Landschaft an Bio- und Bauernläden, Wochenmärkten, Reformhäusern und Hofläden, die keineswegs als einheitlich dargestellt werden dürfen. Um einen ersten Eindruck davon zu erhalten, wie sich Marketing und Werbung in der Öko-Nische vom expandierenden Bio-Massenmarkt unterscheiden, besuchte ich einen »alten Hasen« aus der Ökolandbaubewegung.

Wir trafen einander in seinem Bio-Laden bei einer Tasse Tee und einem Stück Kuchen, frisch gebacken und nicht weit gereist: Die Vollwertmehlspeise war am frühen Morgen von einem ortsansässigen Bäcker- und Konditormeister geliefert worden. Mein Gesprächspartner, Rupert Matzer, nahm mir gegenüber Platz. Sein langes, inzwischen schon weiß gewordenes Haar, trug er zu einem Zopf geflochten. Bereits in den 1970er-Jahren gründete er, gemeinsam mit seiner damaligen Lebensgefährtin und heutigen Ehefrau Ushij, in Graz einen kleinen Bio-Laden. Etwa zeitgleich engagierte sich das junge Paar gegen das in Österreich geplante Kernkraftwerk in Zwentendorf. Am 5. November 1978 blieb ihr kleiner Laden geschlossen: Volksabstimmung zum Atomkraftwerkbau. Die beiden Umweltschützer stimmten dagegen; so wie mehr als die Hälfte der übrigen teilnehmenden Österreicherinnen und Österreicher. Heute ist der Bio-Laden von Familie Matzer unter allen österreichischen Bio-Läden, die sich bis dato erhalten haben, der älteste. Rupert und Ushij hätten allen Grund dazu, sich als »Bioladen-Pioniere« zu bezeichnen. Sie tun es aber nicht. Im Nischenmarkt geht es weniger um persönliche Profilierung und Selbstdarstellung als um die Idee des Ökolandbaus an sich und dessen Weiterentwicklung.

Clemens G. Arvay: Heute Vormittag habe ich mich in einer Grazer Supermarktfiliale umgesehen und stieß auf mehrere Werbeplakate für die hauseigene Bio-Produktlinie des Konzerns. Ich sah Aufnahmen kleiner Bauerngärtchen, Bilder von Hühnern, die gestreichelt werden, und von wilden Naturparks. Die Fotos beeindruckten mich. Rupert, warum sehe ich in Ihrem Laden keine solchen Bilder?

Rupert Matzer (lacht): Ich denke nicht, dass eine solche Kampagne zu meiner Philosophie passen würde. Meine Tomaten wachsen nicht an den Wasserfällen heimischer Naturreservate und es liegt mir fern, dieses Gefühl vermitteln zu wollen. Für kommerzielle Werbung werden sogar Himbeeren mit Draht in die Sträucher gehängt. Ich denke, da lasse ich lieber meine Finger davon.

Clemens G. Arvay: Es wurden aber ganze Bände über zielgruppenorientiertes Marketing im Bio-Lebensmittelhandel verfasst. Ist es nicht zeitgemäß, die Konsumentinnen und Konsumenten so direkt wie möglich anzusprechen?

Rupert Matzer: Ja genau, direkt ansprechen! Das tue ich ohnedies jeden Tag. Hier in meinem Geschäft komme ich laufend ins Gespräch mit meinen Kundinnen und Kunden. Das verstehe ich unter direkter Ansprache.

Clemens G. Arvay: Mit den Erwartungen der »DINKS[62]«, der »LO-HAS[63]« oder anderer definierter Zielgruppen haben Sie sich also noch nicht auseinandergesetzt?

Rupert Matzer: Das Wort »DINKS« habe ich in meinem ganzen Leben noch nicht gehört und ich kann mir überhaupt nichts darunter vorstellen. Über die »LOHAS« habe ich eher zufällig einmal gelesen, aber ich könnte jetzt nicht sagen, wodurch sie sich speziell auszeichnen.

Clemens G. Arvay: Auf welche Art betreiben Sie dann Werbung?

Rupert Matzer: Werbung im eigentlichen Sinne betreibe ich gar keine. Meine Kundinnen und Kunden sind mündige Menschen. Wenn sie in meinen Bio-Laden kommen, dann haben sie bestimmt ihre Gründe dafür. Wenn sie mit meinem Angebot zufrieden sind, werden sie wiederkommen und vielleicht sogar Freunde und Bekannte mitbringen. Wenn sie nicht zufrieden sind, sehe ich auch keine Notwendigkeit, sie wieder hierher zu locken. Es ist ganz einfach: Mein »Marketing« besteht im persönlichen Kundenkontakt. Wenn mich jemand etwas fragt, gebe ich Auskunft.

Clemens G. Arvay: Und wenn Ihnen kritische Fragen gestellt werden?

Rupert Matzer: Na umso besser! Die gesamte Ökolandbaubewegung basiert ja auf einer kritischen Grundhaltung. Auch Selbstkritik ist etwas Notwendiges, um sich weiterzuentwickeln. Es gibt vieles, das wir noch verbessern müssen. Das trifft auf mich als Bio-Kaufmann zu ebenso wie auf die biologische Landwirtschaft an sich.

Clemens G. Arvay: Wenn wir schon von offener Kommunikation sprechen: Was würden Sie im Ökolandbau besonders kritisch sehen?

Rupert Matzer: Es gibt einiges, worin ich mich noch für Verbesserungen einsetzen möchte. Ein trauriges Beispiel ist der Umgang mit Küken in der Eierproduktion, auch im Nischenmarkt. Das Töten der männlichen Küken ist absolut unwürdig. Das ist Krieg! Die Wirtschaft muss Abstriche machen. Wir brauchen nicht lauter Superlegehühner. Ich setze mich dafür ein, dass wieder vermehrt alte Rassen gehalten werden, die sowohl als Masthühner als auch als Legehennen geeignet sind. Diese Zweinutzungsrassen sind kaum mehr zu bekommen. Viele Bio-Bauern sind darauf angewiesen, ihre Tiere aus herkömmlichen Brütereien zu beziehen. Zweinutzungshühner sind zwar weniger ertragreich als moderne Rassen, aber wir müssen dorthin zurück, weil die derzeitige Situation der Küken moralisch einfach nicht vertretbar ist. Das thematisieren wir hier im Geschäft ganz offen. In solchen Fällen ist Verheimlichung wirklich der falsche Weg.

Clemens G. Arvay: Und sonst?

Rupert Matzer: Ansonsten behalte ich die Betriebsgrößen meiner Lieferanten im Auge. Wenn sich ein Hühnerbauer der Tausend-Stück-Marke nähert, dann wird mir das eindeutig zu viel, obwohl das noch immer weit unter den Betriebsgrößen am Bio-Massenmarkt liegt. Auch den Einsatz von zu schweren Maschinen halte ich für nicht angebracht im Ökolandbau. Es ist viel wichtiger, offen zu diesen Grundwerten zu stehen, als in der Öffentlichkeit so zu tun, als wäre Bio automatisch etwas Heiliges, bloß weil ein EU-Biozeichen draufklebt.

Clemens G. Arvay: Glauben Sie, dass die Bio-Idee in die falschen Hände geraten ist?

Rupert Matzer: Das kommt auf den Einzelfall an. Der Bio-Markt gehört jedenfalls in die Hände von Menschen, die voll hinter der Idee stehen und nicht nur aus marktstrategischen Gründen dabei sind. Biologische Landwirtschaft muss ihnen ein ehrliches Anliegen sein und eine selbstkritische Haltung gehört da einfach dazu. Bio muss vom Herzen kommen, nicht vom Geldbeutel. Ich würde einfach sagen: Wenn der Ökolandbau in Hände gerät, die diese Voraussetzungen nicht erfüllen, dann ist er in falschen Händen.

VON ECHTEN BIO-PIONIEREN
Wofür der ökologische Landbau eigentlich stehen sollte

Der Ökolandbau als das gänzlich Andere

»Die Situation der Landwirtschaft erfordert eine *grundsätzliche* Neuorientierung. Die Intensität der landwirtschaftlichen Produktion muss reduziert werden.« So äußerten sich die Autoren Dr. Thomas Frieder und Rudolf Vögel 1989 in ihrem Buch »Ökologische Landwirtschaft«.[64] Der Agrarwissenschaftler Hans Staub schrieb 1980 in seinem Buch über alternative Landwirtschaft Folgendes: »Nein sagen zum Üblichen, das vorherrscht und das zum Üblen führt, ist auch eine Alternative.«[65] Durchstöbert man die Literatur über biologische Landwirtschaft aus den Siebzigern, Achtzigern und frühen Neunzigern, so stößt man immer wieder auf die Idee des Ökolandbaus als das gänzlich Andere – als eine Idee, die aus der Opposition gegenüber dem gängigen Markt entstanden ist. Der Wiener Bio-Bäcker Franz Kaschik analysierte die Lage der Bio-Bewegung am Beginn des 21. Jahrhunderts folgendermaßen: »Früher ging es um den Erhalt der Individualität von Bauernhöfen und um die Förderung der kleineren Handwerksbetriebe. Aber heute kämpfen Klein- und Mittelbetriebe, auch im Ökolandbau, wie Don Quijote gegen die Windmühlen der großen Fische.« In Dutzenden von älteren Publikationen über Ökolandbau suchte ich nach den gemeinsamen Grundpositionen, die dort verteidigt werden. Ich kam zu dem Schluss, dass es im Kern der Bio-Idee um den Erhalt der biokulturellen Vielfalt in der Landwirtschaft geht.

Biokulturelle Diversität

Im Reich der Biowissenschaften gibt es ihn noch, unbefleckt durch seine Verwendung in der Massenwerbung: den Begriff der Biodiversität. Abseits kommerzieller Werbeagenturen arbeiten Wissenschaftlerinnen und Wissenschaftler noch in Reinform mit ihm. Und sie haben ihn mit einem anderen Konzept zusammengesetzt, das aus den Kultur- und Sozialwissenschaften stammt: nämlich mit jenem der kulturellen Diversität. Biokulturelle Diversität finden wir überall dort vor, wo biologische und kulturelle Vielfalt einander überschneiden. Die Landwirtschaft ist ein Hot-Spot dafür.

> »Jahrtausende vor unserer Zeitrechnung: Eine Gruppe von Frauen kehrt nach einem arbeitsreichen Tag zurück in ihr prähistorisches Dorf. Die Sammlerinnen sind müde, doch auf ihren Schultern lasten schwere Körbe, bis zum Überlaufen gefüllt mit Samenkörnern wild wachsender Gräser, die sie als Nahrung für ihre Gemeinschaft mühsam geerntet haben. Auf dem Weg ins Vorratslager folgen einige Körner der Schwerkraft und rieseln auf den Boden herab. Im Dorf und seiner unmittelbaren Umgebung finden sie an etlichen Stellen ideale Bedingungen zur Keimung vor. Nacktes und zertrampeltes Erdreich, Pfade für Mensch und Tier, verlassene Feuerstellen oder etwa sogar die Reste eines verfallenen Lehmhauses bieten Nährböden, damit sich einige der herabgefallenen Körner in der Folge zu Gräsern entwickeln können.«[66]

Die Geschichte der Landwirtschaft nahm vor zehntausend Jahren ihre Anfänge und stellt die Schnittstelle zwischen Natur- und Kulturgeschichte dar. Im Laufe der Zeit entwickelten sich unter Menschenhand Tausende verschiedener Kulturpflanzenarten und landwirtschaftlicher Tierarten, von denen die meisten wiederum in mehrere, manchmal sogar Hunderte unterschiedlichster Sorten eingeteilt werden können. Diese inzwischen durch Massenmarkt und logistische Zwänge stark gefährdete Vielfalt stellt ein anschauliches Beispiel für biokulturelle Diversität dar. *Biologisch* ist sie deswegen, weil ihre Ausgangsstoffe rein natürlich sind: Wild wachsende Arten, die genetische

Naturvielfalt und schließlich die Mechanismen der biologischen Evolution sind die Urstoffe für das Entstehen so vieler Kulturpflanzensorten und Haustierrassen. Und *kulturell*, weil es unzählige Menschengenerationen waren, in denen Bauern und Züchterinnen aus den Gegebenheiten der Natur erst das Entstehen so vieler Arten, Sorten und Rassen in der Landwirtschaft ermöglichten. Sie richteten sich dabei nach den Bedürfnissen ihrer Völkergemeinschaften. Die biokulturelle Vielfalt von landwirtschaftlichen Pflanzen und Tieren entstand also an der Schnittstelle zwischen Natur und Kultur.

Es gehören aber noch viele andere Errungenschaften aus der Menschheitsgeschichte in das Konzept der biokulturellen Diversität: das Wissen um den richtigen Umgang mit der Natur zum Beispiel. Und traditionelle, von Generation zu Generation weitergegebene Techniken der Landbewirtschaftung. Man denke in diesem Zusammenhang etwa an die Terrassengärten südamerikanischer Bauern oder an die Waldgärtnerei, in der man versucht, ein landwirtschaftlich nutzbares Ökosystem zu errichten, das sich an den Naturprinzipien des Waldes anlehnt. Auch traditionelles Wissen oder handwerkliches Können gehören zum Schatz der biokulturellen Vielfalt, wobei diese Traditionen nicht als geografisch gebunden zu verstehen sind. Vielmehr herrscht ein reger und fruchtbarer Austausch zwischen den Kulturen. Wir lernen voneinander und profitieren vom biokulturellen Wissen anderer Völker. Auch das Wissen um wilde Pflanzen und Tiere, die Kenntnis von Heilkräutern, oder etwa deren Anwendung, sind Beispiele der biokulturellen Diversität. Hofindividualität, spezifisch regionale Vermarktung, Vielfalt an Betriebsformen und Betriebsgrößen, kleinstrukturierte und über Jahrhunderte gewachsene Kulturlandschaftsräume lassen sich ebenfalls unter »biokulturelle Diversität« einordnen.

Die Anti-EHEC-Strategie: Von der Monokultur zum Agrarökosystem

»Die Monokultur kommt das ganze Jahr über einer Wüste gleich: Im Sommer die Monotonie einer einzigen Pflanzenart wohin das Auge reicht. Über den Winter die endlose nackte Erde.«
(Ing. Helmut Pelzmann, Regierungsrat des Landes Steiermark, Buchautor und führender Gemüsebauexperte in Österreich)

Streuobstwiesen zählen zu den ökologischen Ballungszentren der Natur-Kultur-Vielfalt im landwirtschaftlichen Sinne. Eine Streuobstwiese heißt deswegen so, weil dort einzelne hochstämmige Obstbäume auf der Wiese verstreut stehen. Beim Apfel beispielsweise sind die Bäume meistens im Abstand von zehn mal zehn Meter angeordnet. Das bietet einen gänzlich anderen Anblick als die in Reih und Glied gepflanzten und durch regelmäßiges Zurückschneiden niedrig gehaltenen Spindelbäume der Obstplantagen. Obwohl Letztere, die Monokulturen, die übliche Produktionsweise für Tafelobst sind, ganz egal, ob für den konventionellen oder den Bio-Massenmarkt, werden in der Bio-Werbung anstelle der Obstmonokulturen mit besonderer Vorliebe Streuobstwiesen dargestellt, auf denen alte Bäume mit ausladenden Kronen wachsen. Das Schlagwort des »Bauernobstgartens« taucht ebenfalls immer wieder auf. Es vermarktet sich wahrscheinlich besser als der industrielle Obstbau. Der Begriff steckt voller Konnotationen des mentalen Designs und weckt Vorstellungen von traditionellem Bio-Bauerntum. Doch wer legt eigentlich die Bedeutung des Wortes »bäuerlich« fest?

Eine Obstmonokultur beliebiger Größe kann als »bäuerlich« bezeichnet werden, solange sie von einem Bauern bewirtschaftet wird, und sei es auch unter Vertrag für einen Obstkonzern. Und auch der Begriff »Garten« ist dehnbar genug, um sogar ausgedehnte Plantagen noch als »Gärten« zu bezeichnen.

»Wir müssen im Ökolandbau wieder von diesen industriellen Monokulturen wegkommen«, forderte Rupert Matzer, der steirische Bioladen-Älteste, der von der rosaroten Brille der Werbung nicht viel

	Monokultur	Mischkultur
Definition	Auf einer zusammenhängenden Fläche wird zur selben Zeit nur eine einzige Art bzw. Sorte angebaut. (Auch in der Tierhaltung spricht man von Monokulturen, wenn nur eine einzige Tierart in hoher Stückzahl gehalten wird.)	Es werden auf einer Fläche mehrere Arten bzw. Sorten gleichzeitig kultiviert. Die Kombination von Pflanzen geschieht nach agrarökologischen Gesichtspunkten.
Ökologie	kaum ökologische Wechselwirkungen der Pflanzen untereinander; einseitiger Nährstoffentzug; exponierte Böden; anfällig für Bodenerosion; Einsatz schwerer Maschinen; Zerstörung des Bodengefüges und der Bodenstruktur; Störung des Bodenlebens	gegenseitige positive Beeinflussung der Arten untereinander; günstige Auswirkungen auf Wasser- und Nährstoffhaushalt des Bodens; bessere Bodendeckung und Bodenbefestigung, daher Schutz vor Erosion; Einsatz angepasster Maschinen
Biodiversität	Monotonie; anfällig für Beikräuter, Schädlinge und Krankheitserreger	Vielfalt; Aufgrund der hohen Zahl unterschiedlicher Arten können sich Schädlinge und Krankheitserreger nicht so leicht ausbreiten wie in der Monokultur
Versorgung	keine gestaffelten Erntezeiten; Totalumbruch nach Ernte; völlig freiliegende Böden zwischen den Kulturzeiten	Erntezeitpunkte der verschiedenen Kulturpflanzen greifen ineinander über oder wechseln einander ab

Monokultur vs. Mischkultur

hält: »In einen alten Hochstammbaum kann man ein richtiges Baumhaus hineinbauen, groß genug, um darin zu wohnen.« Er lächelte verschmitzt und schickte im nächsten Moment in originalem Steirisch nach: »In die Spindelbäume der Monokulturen kann ich nicht einmal ein ordentliches Vogelhäusl bauen!« Ich griff nach meiner Teetasse und schmunzelte. Dann fiel Herrn Matzer noch ein Argument gegen die Bio-Obstmonokultur ein: »Ein einziger hochstämmiger Apfelbaum kann dreihundert Kilogramm Äpfel pro Jahr hervorbringen. Und auf einer Streuobstwiese gibt es ein gesundes ökologisches Potenzial. Sie ist voller Lebensräume für Tiere und Pflanzen. Aber derzeit ist es fast unmöglich, etwa an Bio-Äpfel von Hochstammbäumen zu kommen – leider.« Er hatte recht. Lediglich in Bauernläden, auf Wochenmärkten oder im Ab-Hof-Verkauf kommt man noch an Tafelobst von Streuobstwiesen. Diese Früchte sind übrigens qualitativ keineswegs nur fürs Pressen, also als sogenanntes »Wirtschaftsobst«, geeignet. »Die Sorte ›Schöner aus Boskoop‹ gibt einen wunderbaren Speiseapfel ab«, fand Dr. Andreas Spornberger, Professor am Institut für Obstbau der Universität für Bodenkultur in Wien. »Auch die Sorten ›Berlepsch‹ und ›Kronprinz Rudolf‹ eignen sich hervorragend als Tafelobst«, fügte der Obstbauexperte hinzu. Solche Sorten sind in den Obstregalen der Bio™-Branche nicht zu finden, da sie sich nicht für den Intensivanbau eignen. Ihre ökologische Bedeutung hingegen ist nicht zu unterschätzen. So sind diese und ähnliche alte Apfelsorten wesentlich resistenter gegenüber Schorf und anderen Krankheitserregern, denen man im Bio-Hochleistungsobstbau durch das Spritzen von Kupfer entgegentreten muss.

Auch in Bezug auf andere Bereiche der Landwirtschaft ist in der älteren Ökolandbauliteratur immer wieder von kleinräumigen Strukturen die Rede, durch die die Landschaftsvielfalt gefördert werden soll: Trockensteinmauern – kleine Feuchtbiotobe – Hecken, die als Tier- und Pflanzenrefugien sowie als Ökobrücken dienen – Baumstreifen und »Wildbienenhotels« aus Stroh, Holz und Lehm – solche Elemente werden von Bio-Bäuerinnen und Bio-Bauern der Ökobewegung als integrative Bestandteile der Agrarlandschaft gefordert. Eine wertvolle Besonderheit aus alten Zeiten: die ökologische Nutzhecke. Sie dient nicht nur als Rückzugsraum für Vögel, Insekten und andere Wildtiere, sondern liefert den Landwirten auch Beeren zur Verarbeitung oder für die Direktvermarktung.

Massen- und Einheitsproduktionen können diese ökologische Vielfalt in der Regel nicht bieten. Auf Bio™-Produktionsflächen muss ausreichend Platz für schwerfällige Erntemaschinen und fahrende Fabriken zur Verfügung stehen. Selbst dann, wenn bei einem Betriebsleiter der gute Wille grundsätzlich gegeben wäre, ist die ökologische Strukturierung nur in sehr eingeschränktem Ausmaß möglich, solange man unter den Bedingungen der Supermarktkonzerne produzieren soll.

In einem »Informationsbeitrag« einer Bio-Marke wurde im TV ein Anbaubetrieb gezeigt, dessen angeblich herausragendes Engagement für die ökologische Gestaltung der Landschaftsstruktur werbewirksam gehörig unterstrichen wurde. Ich fuhr wenige Tage danach hin und fand mich auf einem mehr als zwei Millionen Quadratmeter großen Industriebetrieb wieder. Die ökologische Vorzeigelandwirtschaft beeindruckte mich in natura weit weniger als in den Werbedarstellungen, in denen die Kameras wohl nur auf ausgewählte Ecken und Winkel der Anlage gerichtet waren. In dem Betrieb hatte man die Monokulturen in Parzellen von zwölf Hektar (120.000 Quadratmeter) eingeteilt und diese mit Feldwegen umgeben. Ein Teil der Feldwege war von schmalen Gehölzstreifen begleitet, die wiederum mit Draht eingezäunt waren. Sie sollten als Windschutz und Korridore dienen, an denen entlang sich Wildtiere bewegen können.

Die Produktionsflächen dazwischen waren den industriellen »Ackerschiffen« vorbehalten. Jede einzelne dieser monokulturellen Parzellen war schon größer als so mancher Bio-Hof des ökologischen Nischenmarktes in seiner Gesamtheit. Die Gegensätzlichkeit dieser beiden Welten – des Bio-Massenmarktes und der Öko-Nische – hatte sich ein weiteres Mal als bemerkenswert erwiesen.

Während meiner Streifzüge durch den Nischenmarkt war ich in kleinstrukturierten und vielfältigen Agrarlandschaften zu Gast, die die Bezeichnung »Agrarökosystem« eher verdient hätten als die Bio-Großbetriebe. Der Höhepunkt der agrarischen Biodiversität, die ich zu Gesicht bekam, war der Waldgarten des britischen Bio-Bauern Paul in Wales. Nachdem ich diesen betreten hatte, kam ich aus dem Staunen über die vielfältigen Strukturen gar nicht mehr heraus. »Wir füllen alle Nischen unseres Hofes mit Leben aus«, erklärte mir der Mann unter dem grauen Filzhut. »Das hier ist ein Ökosystem, eine essbare Landschaft. Durch die Ernte verdienen meine Frau und ich den Lebensunterhalt für die gesamte Familie. Unsere Kunden wissen unsere Ware zu schätzen. Dass wir sie nicht das ganze Jahr über mit immer denselben Produkten versorgen können, macht ihnen nichts aus. Schließlich leben wir in einem Land mit vier Jahreszeiten.« Der Bauer beliefert, außer den Privatkunden, auch einen mittelgroßen Bio-Laden an der Küste mit Kräutern, Obst, Gemüse, Beeren, Marmeladen, Säften und selbst gemischtem Kräutersalz. »Wir müssen davon wegkommen, dass wir Feld und Acker immer nur als horizontale Fläche betrachten. Wir leben in einer 3D-Welt! Wenn wir die vertikale Dimension auch ausnutzen, haben wir um ein Vielfaches mehr Möglichkeiten und der Ertrag pro Quadratmeter lässt sich steigern«, erklärte mir Farmer Paul. Natürlich könne man dann nicht mehr mit industriellen Maschinen drüberjagen, fügte der Landwirt hinzu. Ich sah mich um und verstand, was er mit der Ausnutzung des vertikalen Raumes meinte: Überall wimmelte es vor Nutzpflanzen in mehreren Etagen übereinander. »An manchen Stellen lassen sich auf meiner Produktionsfläche sieben Schichten abzählen«, erklärte der walisische Bauer in routiniertem Ton, denn er hatte diese Sätze schon viele Male in seinem Leben gesagt, wann immer er Gruppen von interessierten Besuchern, manchmal auch Studenten einer britischen Agraruniversität, durch seinen Betrieb geführt hatte. Dann nannte er die sieben Ebenen: »Die höchste Schicht bilden die Kronendächer einzelner Hochstammbäume (1), dann kommen die Halb- und Niederstämme (2), die dazwischen stehen. In meinem Waldgarten gibt es eine Strauchschicht (3), aus der ich vor allem Beeren ernte. Manche Beerensträucher ranken sich auch auf die Bäume hinauf. Sie bilden die vertikale Schicht (4). Weiter unten habe ich meine Gemüsepflanzen und Kräuter (5), manche Pflanzen sind bodendeckend (6), von anderen ernte ich die Wurzeln (7). Meine Produktionslandschaft hat also auch eine nutzbare Wurzelschicht.« Natürlich darf man sich dieses innovative Agrarsystem nicht so vorstellen, dass an jedem Ort der zwei Hektar großen Fläche alle sieben Schichten ausgeprägt sind. Vielmehr erschien mir das Ganze wie ein Wald, in dem es verschiedene ökologische Nischen gibt, die nebeneinander oder auch übereinander liegen und von Nutzpflanzen besetzt werden können. »Natürlich steckt da sehr viel Planung dahinter«, gab der walisische Naturbeobachter zu bedenken. »Ich muss mir gut überlegen, welche Pflanze ich neben welche Nachbarpflanze setze, und dabei lasse ich mich von der Natur inspirieren. Es passen nicht alle Gewächse zusammen, aber am Ende soll ein stabiles Agrarökosystem entstehen. Wir Bauern müssen uns wieder zu Naturkundigen entwickeln, anstatt uns von der Wirtschaft unter Vertrag stellen zu lassen.« – »Das ist ein langwieriges Projekt«, rief ich aus und meinte damit beides, sowohl die Etablierung eines Waldgartens als auch die Befreiung der Bäuerinnen und Bauern aus der Abhängigkeit von Konzernen.

Waldgärtnerei bleibt aufgrund ihrer langfristigen Auslegung eine Nische, eine spezialisierte Domäne für einzelne Bäuerinnen und Bauern. Der Großteil der Bio-Produktionsflächen wird wesentlich pragmatischer gestaltet werden müssen, um schon kurzfristig ausreichende Erträge zu liefern.

Neben der ökologischen Königsdisziplin, der Waldgärtnerei, stieß ich auch in Österreich auf Alternativen zur Bio-Monokultur, die mit wenig Aufwand jederzeit umgesetzt werden können. Für die Industrie mögen sie wenig verlockend sein, doch dafür umso mehr für Klein- und Mittelbetriebe, die schon immer als Akteure des Ökolandbaus gedacht waren.

Es existieren viele Formen der Mischkultur als Alternativen zur Monokultur. Die häufigste, die sogenannte Streifen-Mischkultur, kann mit Traktoren bearbeitet werden: Die unterschiedlichen, ökologisch zusammenpassenden Kulturpflanzenarten werden streifenweise nebeneinander angebaut. Dieselbe Abfolge wiederholt sich dabei immer wieder. Die Streifenbreiten werden entsprechend der Arbeitsbreite der Geräte bemessen: »Ich fahre mit meinem Allradtraktor wie im Slalom durch die Kultur und visiere dabei diejenigen Streifen an, die gerade zu bearbeiten sind«, erläuterte mir ein Bio-Bauer die hohe Rentabilität seiner Pflanzengesellschaften. In Oberösterreich hat sich eine Bio-Bauernfamilie zur regelrechten Prominenz der Mischkulturlandwirtschaft hinaufgearbeitet. Margarethe Langerhorst gilt als erfahrene Expertin und hat schon mehrere Bücher zu dieser Landbaumethode verfasst. Ein steirischer Bio-Bauer setzt Jahr für Jahr eine traditionelle mexikanische Anbaumethode um: Als die sogenannten »drei Schwestern« baut er Mais, Stangenbohnen und Kürbis zusammen an. »Der Mais dient der Bohne als Kletterstange und die Bohne reichert den Boden auf natürlichem Wege mit Stickstoff an«, erklärte er mir. Das liegt daran, dass Hülsengewächse, wie die Gartenbohne, mit ihren Wurzeln Symbiosen mit sogenannten Knöllchenbakterien eingehen. Diese Mikroorganismen sind in der Lage, im Boden eine Zunahme des Stickstoffgehaltes zu bewirken. Im Gegenzug, wie es sich für eine anständige Symbiose gehört, werden sie von der Pflanze mit Nährstoffen versorgt, allen voran mit Kohlenhydraten aus der Fotosynthese. Mais, Bohne und Kürbis gelten als passendes Trio für die Mischkultur.

Auf ein Paradebeispiel der ökologischen Mischkulturwirtschaft stieß ich am Rande des Horner Waldes im niederösterreichischen Waldviertel. Dort lebt der Bio-Bauer Helmut Butolen mit seiner Familie in Einzellage auf einem liebevoll renovierten Hof. Insgesamt bewirtschaftet der Vollerwerbsbauer zwei Hektar – also 20.000 Quadratmeter. Ein so kleiner Betrieb gilt für die meisten Landwirte, die den Gigantismus der Lebensmittelkonzerne zu spüren bekommen haben, als wirtschaftlich chancenlos. Helmut Butolen beweist das Gegenteil. Sein kleiner Obst- und Gemüsebauernhof ist ein Eldorado der biokulturellen Vielfalt. Die Gemüsebaufläche nimmt etwa die Hälfte der Nutzfläche ein und wird Jahr für Jahr in Form einer Mischkultur neu geplant und angelegt. Verschiedene Kulturpflanzen wechseln einander reihenweise ab. Die Fläche wird daher in reiner Handarbeit bearbeitet. »Jedes Jahr, von Frühjahr bis Herbst, wachsen hier insgesamt dreißig verschiedene Gemüsesorten«, zählte der Waldviertler Bauer nach, als wir uns zwischen Kürbisranken, die riesige dunkelgrüne Blätter trugen, miteinander unterhielten. Der Flächenertrag sei hoch. Helmut Butolen war überzeugt: »Über Jahre betrachtet ist der Ertrag ganz sicher höher als in jeder Monokultur, weil der Boden aufgrund der Vielfalt nicht einseitig belastet wird.« Der Ökolandwirt hatte auch schon ausführlich nachgerechnet. Er verschwand für ein paar Minuten im Haus und kehrte mit einem Stapel Papier zurück. Es waren seine Aufzeichnungen der letzten Jahre: »Im Durschnitt bringe ich es bei Bio-Gemüse auf etwa fünf Kilogramm Ernteertrag pro Quadratmeter«, sagte er. Das sei wirklich nur als Durchschnittswert zu verstehen. Es handle sich um einen Jahreswert, in dem auch Vor- und Nachfrüchte einbezogen seien, und Herr Butolen habe sowohl die Leichtgewichte als auch die schwereren Fruchtarten einbezogen: Kohl- und Blattgemüse, Fruchtgemüse wie Kürbis, Zucchini, Tomate und Paprika, Auberginen, Hülsenfrüchte, Wurzelgemüse und Zuckermais.

EHEC? Nein danke! Der Bio-Vielfaltbauer aus dem Waldviertel wirtschaftet völlig ohne tierischen Dünger, also ohne Gülle, und kann daher garantieren, dass seine Ware frei von EHEC-Erregern[67] ist.

»Wie es im Bio-Landbau von vielen gefordert war, setze ich nur Ernterückstände und Pflanzenschnitt zur Düngung ein. In einer Mischkultur, deren Böden nie so einseitig belastet werden wie in Monokulturen, reicht das aus«, betonte Helmut Butolen. Der Bauer rammte die Schaufel in den Boden, die er zuvor noch in Händen gehalten hatte. »Auf meinem Hof fällt zur Genüge pflanzliches Düngermaterial an. So macht es die Natur auch, wenn beispielsweise im Herbst das Laub als Dünger auf den Waldboden fällt.« Er blickte in die Krone eines alten Nussbaumes: »Diese Methode ist also bestens erprobt ... über Millionen von Jahren hinweg«, fügte er verschmitzt hinzu.

Je direkter, desto besser!

Als ich mich im Waldviertel mit Helmut Butolen unterhielt, interessierte mich eines ganz besonders, also fragte ich geradewegs heraus: »Und können Sie durch Ihren relativ kleinen Mischkulturbetrieb ein ausreichendes Einkommen für sich und Ihre Familie erwirtschaften?« Helmut Butolen schmunzelte: »Selbstverständlich! Ich bin Vollerwerbslandwirt«, sagte er. Und: »Der Weg zum Erfolg heißt Direktvermarktung. So, wie es in der biologischen Landwirtschaft immer schon gedacht war.« Er erzählte mir, dass er hundertdreißig Privatkunden im Raum Wien habe. Jede Familie werde im Rhythmus von zwei Wochen mit einer Bio-Gemüsekiste aus dem Horner Wald direkt vor die Haustüre beliefert. »Ich fahre bis zu dreimal pro Woche mit meinem Lieferwagen nach Wien, um meine Ware zuzustellen. Wöchentlich verkaufe ich auf diese Weise fünfundsechzig Gemüsekisten. Und jede wiegt sieben Kilogramm.« Einen kleinen Teil seiner Ware kaufe er von anderen Bauern aus der Region zu.

Nachdem ich den fairen Preis für eine Kiste erfahren hatte, rechnete ich im Überschlag nach: Es ging sich auf jeden Fall aus, eine ganze Familie dank dieser direkten Vermarktungsweise gebührend zu ernähren. »Die Nachfrage ist so enorm, dass ich jederzeit expandieren könnte.« Dies aber würde er auf alle Fälle nur bis zu einer gewissen Grenze tun, meinte der Bio-Landwirt. Wenn überhaupt. Er habe schon einmal nachgerechnet: Würde er seine gesamte Anbaufläche auf etwa vier Hektar verdoppeln, was in Relation zum Massenmarkt noch immer verschwindend klein wäre, könnte er eine volle Arbeitskraft mit allen arbeitsrechtlichen Abgaben anstellen. »Viel interessanter an der steigenden Nachfrage ist aber etwas anderes«, meinte der Bio-Landwirt: »Sie beweist, dass es noch genügend Platz für Bauern in der Direktvermarktung gibt. Das ist sicher kein verstaubtes Gewerbe!«, sagte er.

Als Vertragspartner von Bio-Konzernen des Massenmarktes hätte Helmut Butolen keine Chance zu überleben. Weder wäre es ihm möglich, die hohen Mengen zu produzieren, um unter dem Preisdruck überhaupt Gewinne zu erzielen, noch könnte er die Gleichförmigkeit der Ware sicherstellen. Die Individualität seines Bauernhofes würde untergehen. Die biologisch-kulturelle Vielfalt seiner Pflanzengesellschaft würde verschwinden und der reiche Erfahrungsschatz von Helmut Butolen rund um die Kunst der Mischkultur müsste irgendwo unter einem Berg von Bio™-Hybridtomaten begraben werden. »Haben Sie sich schon einmal gefragt, weshalb wir in Supermärkten nur annähernd kerzengerade Gurken kaufen können, die noch dazu allesamt in etwa gleich lang sind?«, fragte mich der überzeugte Direktvermarkter, während er auf eine stark gebogene Gurke in seiner Hand schielte.

Die Antwort auf diese Frage hatte mir erst wenige Tage zuvor ein Logistik-Mitarbeiter aus der Lebensmittelbranche gegeben: »Das liegt daran, dass die Konzerne genau berechnet haben, wie viele Gurken in ihre Schachteln, auf ihre Paletten und schließlich auf die Lastwagen passen. Ist eine Gurke krumm, zu lang oder zu kurz, füllt sie den Raum nicht optimal aus«. Dann, so erfuhr ich von dem erfahrenen Gemüsetransporteur, könne man den Platz in den Sattelschleppern und LKW-Zügen sowie in den Zentrallagern nicht optimal ausnutzen. »Das führt betriebswirtschaftlich zu keinem optimierten Ergebnis«, wurde mir erklärt. »Außerdem sind die Verpackungsmaschinen und die Verpackungen auf eine genormte Gurke eingestellt.« Es gibt also den »Prototyp« der Gurke, wie ihn sich der konventionelle Handel auch von Bio-Produzenten aus wirtschaftlichen Gründen wünscht. Gurken, die aus der Reihe tanzen, müssen vernichtet werden.

Jedes Jahr fallen Tonnen von Bio-Gemüse dem »Qualitätsmanagement« der Supermarktkonzerne und Discounter zum Opfer, weil die Erdenfrüchte optisch nicht ins Konzernschema passen.

Unter solchen Bedingungen zu produzieren, würde dem Bio-Bauern Butolen aus dem Waldviertel ohnedies nicht in den Kragen passen: »Ich stelle Naturprodukte her und jede einzelne Gemüsefrucht, jeder Apfel, jede Karotte ist ein Unikat. Meine Privatkunden wissen das, und sie wollen es so. Es hat mich nie gereizt, an Supermärkte zu liefern.« Die Werte und Ansprüche der Idee des Ökolandbaus lassen sich am besten durch dezentrale, direkte Vermarktung verwirklichen. Der Agrarwissenschaftler und ehemalige Direktor der »International Federation Of Organic Agriculture Movements« (IFOAM), Bernward Geier, forderte 1985 ein möglichst einstufiges System zur Vermarktung von Bio-Lebensmitteln vom Produzenten zum Konsumenten.[68] Dieser Anspruch war zur Hochblüte des ökologischen Nischenmarktes bis in die frühen Neunziger, also bis kurz vor Einstieg der konventionellen Supermärkte, Standard für Vertreter des Ökolandbaus.

1979 fasste der ORF-Redakteur Helmut Voitl in seinem Begleitheft zu den TV-Filmen über ökologische Landwirtschaft die infrage kommenden Vermarktungswege für Bio-Lebensmittel folgendermaßen zusammen: Ab-Hof-Verkauf, Versand, Hauszustellung, Wochenmarkt und reine Bio-Läden außerhalb des konventionellen Handels.[69] Für größere Betriebe, für welche Direktmarketing nicht mehr durchführbar ist, wurde der Zusammenschluss zu Erzeugerkooperativen durch die Bio-Bäuerinnen und Bio-Bauern selbst empfohlen, die aber gegenüber dem konventionellen Großhandel unabhängig bleiben sollten. Auch die Weiterverarbeitung der landwirtschaftlichen Produkte wird in der ökolandbaulichen Literatur als Teil der bäuerlichen Tätigkeit dargestellt, die nach Möglichkeit am Hof stattfinden sollte.[70]

Bereits in den 1990er-Jahren wurden die beginnenden Praktiken von großen Verarbeitungs- und Handelsunternehmen aus dem konventionellen Sektor, große Mengen von Bio-Lebensmitteln verschiedener in- und ausländischer Herkunft zusammenzufassen und unter eigenen Bio-Warenzeichen zu vermarkten, vielfach kritisch aufgenommen. Der Einsatz für Direktvermarktung, der innerhalb der Ökolandbaubewegung und heute noch auf dem ökologischen Nischenmarkt herrscht, hat gute Gründe. »Ich kenne jede einzelne Kundin und jeden einzelnen Kunden!«, sagte mir Helmut Butolen, der Waldviertler Mischkulturbauer. Und umgekehrt ist es genauso: »Meine Kundschaft kennt mich, wir haben sozialen Kontakt zueinander. Oft ergeben sich kurze Gespräche zwischen Tür und Angel, wenn ich meine Bio-Gemüsekisten zustelle.« Der Bio-Bauer sieht einen gravierenden Vorteil im direkten Kontakt zwischen Kunden und Produzenten: »Denn Lebensmittelkauf ist Vertrauenssache, vor allem, wenn es um Bio geht.«

Die Vorteile der ökologischen Direktvermarktung auf einen Blick
Umgehung von Handelskonzernen und deren kommerzieller Interessen
Ausschaltung des Zwanges zum Wachsen oder Weichen, der von Handelskonzernen verursacht wird
direkter Warenfluss von den Landwirten zu den Konsumenten
dezentrales Vermarktungssystem und daher höhere Krisensicherheit
ökologisch und ökonomisch nachhaltige Handelsbeziehungen
im Idealfall: Konsumenten kennen die Produzenten persönlich
höheres Umsetzungspotenzial der eigentlichen Ansprüche an die ökologische Landwirtschaft
die Konsumenten werden keiner manipulativen Massenwerbung ausgesetzt
Massenschlachthöfe und Massentiertransporte verlieren ihre Notwendigkeit
Landwirte können vermehrt auf Vielfalt anstatt auf monotone Einheitsproduktion setzen
Entwicklungsmarkt für alte Sorten und Rassen

Die Vorteile der ökologischen Direktvermarktung auf einen Blick

Der steirische Bio-Laden-Pionier Rupert Matzer, der sich gar nicht so nennt, fühlt sich vor allem als Vermittler zwischen den Landwirten auf der einen Seite und seinen Kunden auf der anderen. In unserem Gespräch erklärte er mir: »So weit es mir möglich ist, halte ich regen Kontakt zu meinen Produzenten.« Und wie sieht die Preispolitik im Hause Matzer aus? »Den Preis bestimmen die Bauern. Ich schlage meine Spanne auf und lege die Ware ins Regal. Ob der Preis in Ordnung ist, entscheiden dann meine Kunden.« Das handhabe er deswegen so, weil »der Preis im Ökolandbau schon immer eine Sache zwischen Bauern und Verbrauchern war«. Ein Bio-Händler als reiner Vermittler? Ich war skeptisch, besuchte eine Bauernfamilie, die für Rupert Matzer Hühnerfleisch produziert. »Ist das wirklich so?«, fragte ich die Landwirtin. »Bestimmen tatsächlich Sie den Preis, zu dem Ihre Produkte dann im Regal liegen?« Die Antwort war ein entschiedenes

»Ja«. Ja, es sei tatsächlich so. Immer mehr bekam ich den Eindruck, dass die Lage der Bäuerinnen und Bauern des ökologischen Nischenmarktes um einiges entspannter war als die der Bio-Vertragsproduzenten konventioneller Lebensmittelkonzerne.

Walter Janschitz, ein engagierter Bio-Kaufmann in Klagenfurt, will endlich von industriellen Milchkartons loskommen. »Es ist unmöglich, Milch in Mehrwegflaschen aus Glas aufzutreiben«, klagte er. »Viele meiner Lieferanten mussten aufhören. Daher bin ich zum Teil auf die Ware aus Industriebetrieben angewiesen.« Jetzt wolle er aus der Not eine Tugend machen, erzählte er mir bei einer Schale selbst gemachter Gemüsesuppe in seinem Geschäft: »Die Direktvermarktung ist sowieso der beste Weg, den wir im Bio-Landbau gehen können.« Für Bio-Milch habe er sich schon einen gangbaren Weg einfallen lassen, um diese künftig wieder direkt aus den Händen von Bäuerinnen und Bauern anzubieten: »Ich möchte in meinem Bio-Laden einen Milchautomaten aufstellen, wie man ihn aus früheren Zeiten kennt.« Walter Janschitz sagte, er wolle Bio-Bauern finden, die diesen Milchautomaten in Zukunft mit frischer Milch füllen. »Dann steht hier am Klagenfurter Kardinalsplatz der erste Bio-Milchautomat der Stadt«, drückte der Bio-Händler, der voller Ideen steckt, seine Zukunftsvision aus. Inzwischen hatte ich meine Suppe aufgegessen und blickte mich in dem Laden um. Eine Frau griff nach dem Suppenschöpflöffel. »Ich komme jeden Tag in meiner Mittagspause hierher, um zu essen«, erzählte sie mir später. In einer Ecke stand ein Krug mit Wasser. Darüber ein Schild: »Der erwachsene Mensch besteht zu siebzig Prozent aus Wasser, es ist ein lebenswichtiger Baustoff des Körpers. Genießen Sie jetzt ein Glas frisches Wasser.« Darunter fand ich dann das Preisschild: »Ein Glas Wasser: Null Euro. Eine Flasche Wasser: Null Euro.« Ich dachte an die vielen Restaurants, in denen ich für ein Gläschen Wasser oder sogar für den Toilettengang schon zur Kassa gebeten worden war. Und konnte ich mich erinnern, dass mir jemals in einem Supermarkt auf so freundliche Weise und noch dazu kostenlos Wasser angeboten worden war? Nein, ich konnte es nicht. Supermärkte entstammen einer gänzlich anderen Welt als der Bio-Laden von Walter Janschitz in der Innenstadt von Klagenfurt. In Supermärkten wird mit uns Konsumenten kalkuliert, aber nicht kommuniziert. Das Supermarktmanagement weiß, wie sich die Autopiloten unserer Gehirne aktivieren lassen. Den Begriff »Autopilot« habe ich nicht etwa selbst erfunden. Nein, vielmehr habe ich ihn aus der Fachliteratur für Werbung entlehnt. Dort schreibt man inzwischen schon ganz offen über den großen Plan: Aktiviere den Autopiloten im Kopf der Menschen, auf dass ihr Geld in deine Taschen fließe. Auf »Neuromarketing«, das neue Steckenpferd der Werbebranche, verstehen sich unsere Supermärkte exzellent. Dass POS-Manager[71] ihre Konzernprodukte hirngerecht in den Regalen anordnen, ist schon lange nichts Neues mehr. Aber Achtung: Inzwischen verschaffen sich die kommerziellen Wachstumsstrategen auch über unsere Ohren Zugang zu den Neuroschaltkreisen unter unseren Schädelknochen. Der Clou dabei ist: Sie tun das an Ort und Stelle – dort, wo die Kaufentscheidung fällt, nämlich direkt in den Filialen. Es gibt kaum mehr eine Supermarktkette, die ihre Kunden nicht von früh bis spät mit dem hauseigenen Radiosender berieselt. Endlich können wir jetzt auch beim Einkaufen ununterbrochen Werbung hören! Das klingt dann etwa so: »Und nun zu den Nachrichten. Die Schlagzeilen: In Gang sechs gibt es heute den einzigartigen Bergbauernblumenwiesenkäse von saftigen Kräuterweiden und aus reinsten Zutaten um zwanzig Prozent billiger. So lange der Vorrat reicht. Und jetzt zum Wetter: Die Hohe Warte in Wien verspricht für morgen strahlenden Sonnenschein im ganzen Land. Wie wäre es mit einem netten Grillnachmittag? Greifen Sie jetzt zu unserem Bio-Steppenwildhuhn: bestes Fleisch einer langsam wachsenden Rasse mit extra-braunem Gefieder.« Ein andermal gab sich eine ältere Schauspielerin in einem »Interview« als Großmutter aus und schwärmte von dem neuen Brot aus dem konzerneigenen Backshop, das genauso schmecke wie in ihrer Kindheit. Industriebrot wie aus Großmutters Zeiten? Gibt's das überhaupt? Und können derart durchschaubare Werbemittel überhaupt wirken?

Wenngleich die meisten Konsumenten glauben, gegenüber Werbeeinflüssen immun zu sein, können kritische Medienforscher keine Entwarnung geben: »Schicht für Schicht schiebt sich die Werbung zwischen uns und die Realität, bis wir mumifiziert sind«,[72] schreibt etwa der bekannte Autor und Werbekritiker Kalle Lasn. Der Gründer der amerikanischen Media Foundation warnt davor, das tägliche Werbefeuerwerk auf die leichte Schulter zu nehmen. Die unbewusste, neurologische Wirksamkeit moderner Werbung werde von Psychologinnen und Neurowissenschaftlern evaluiert und mitgeprägt, schreibt er. Das menschliche Gehirn ist für die Werbemanager längst nichts »Heiliges« oder Unantastbares mehr. Der Bio-Händler aus Klagenfurt, Walter Janschitz, kann ein Lied über die konventionelle Verkaufsphilosophie singen: »Wenn ich Verkäufer einstelle, die für Supermärkte gearbeitet haben, dann muss ich ihnen meistens zuerst einmal die Langsamkeit näherbringen.« Auf dem Massenmarkt, so erklärte er mir, hätten die Angestellten verlernt, mit der Kundschaft zu kommunizieren. »Alles muss schnell gehen, es gibt keinen Austausch. Sie sind wie Fabrikangestellte«, sagte er. »Sie sind auf Geschwindigkeit gedrillt und beherrschen oft nur einen bestimmten Arbeitsbereich, auf den sie eingeschossen sind.« Das erinnerte mich an die Fabrikarbeiterinnen und Fabrikarbeiter, die ich im Laufe meiner Recherchen in der Bio-Lebensmittelindustrie kennengelernt hatte. »Die Kunden primär als Menschen und nicht nur als manipulierbare Geldquelle zu sehen, das gehörte schon immer zur Öko-Philosophie dazu«, sagte Walter Janschitz und wandte sich zur Eingangstüre seines Bio-Ladens, durch die soeben eine Kundin getreten war.

»Das Wichtigste an meiner täglichen Arbeit«, legte der angestammte steirische Bio-Händler Rupert Matzer offen, »ist die Vielseitigkeit meiner Funktion.« Er nippte an seiner Teetasse, dann fuhr er fort: »Ich und meine Mitarbeiter erfüllen alle Funktionen in einem: Wir bedienen, wir beraten, wir kommunizieren und wir kassieren. Von Anfang an kümmert sich dieselbe Person um die Kundin bzw. den Kunden. Wir empfinden uns als echte Ansprechpartner.« Von Trennung zwischen Bedienung und Kassa oder von kommerzieller Optimierung dieser Abläufe halte er gerade dann nichts, wenn es um den Kundenkontakt gehe.

Und er erklärte mir, was ihn in den Supermärkten am meisten störe: nämlich, dass sich dort die anonyme Fließbandtechnologie aus den Herstellerfabriken auch beim Verkauf der Ware fortsetze. Dann sei plötzlich er, ein Mensch aus Fleisch und Blut, die Fließbandware.

»Die ›Massenproduktion‹ der Kundin und des Kunden, die gefällt mir überhaupt nicht«, sagte der überzeugte Bio-Kaufmann.

Dem Wiener Bio-Bäcker Dieter Smolle dürfte es ähnlich gehen. Seine Backstube mit dem authentischen Namen »Bäckerei Kornradl« stellt einen Gegenpol zur Bio™-Bäckerwelt dar. Mit dem Aufbacken gefrorener Rohlinge möchte der leidenschaftliche Bäcker nichts zu tun haben. Stattdessen mahlt er das Getreide direkt in seinem Geschäft und seine Kunden können ihm jeden Tag beim Backen zusehen. Backstube und Verkaufsraum verschmelzen zu einer Einheit. Im Hause Kornradl gibt es daher keine Geheimnisse über die Produktion, die übrigens in reiner Handarbeit vonstatten geht. Direkter lässt sich Bio-Brot nicht mehr verkaufen: vom Backofen in die Einkaufstaschen. Nach meinen Erfahrungen an den knatternden und rasenden Fließbändern der Bio-Industrie war es eine echte Wohltat, in der kleinen, urigen Backstube im siebten Wiener Gemeindebezirk zu Gast zu sein.

Im Namen der Lämmer gegen den Zwang des Wachsens oder Weichens

Dass in der Ökolandbaubewegung schon immer direkte oder möglichst dezentrale Vermarktungsstrukturen bevorzugt wurden, ist mit einer zweiten wichtigen Grundposition des Ökolandbaus verbunden: mit dem Widerstand gegen den Zwang des Wachsens oder Weichens.

Bio-Landwirte, die sich dem konventionellen Massenmarkt unterwerfen, setzen sich dem sogenannten Zwang des Wachsens oder Weichens aus. Die Folge ist ein Strukturwandel in der Bio-Landwirtschaft, der in Wirtschaftslobbies beschönigend als »Strukturbereinigung« bezeichnet wird: Kleinere und mittlere Betriebe müssen dem Wachstumsmarkt weichen.

Rupert Matzer, der seinen Bio-Laden trotz Mangels an Glasflaschen bis dato frei von Industrieverpackungen hält, engagierte sich in den

1980er-Jahren politisch unter anderem gegen die Zentralisierung des Milchmarktes und die Zerstörung des Mehrwegsystems für Glasflaschen: »Wir sammelten Milchkartons zusammen, die uns von Kunden gebracht wurden, und führten sie auf einem Anhänger vor eine Grazer Milchfabrik. Dort entleerten wir den gesamten Haufen aus Polyethylen und Aluminium direkt vor dem Eingang.« Ich wollte wissen, wie oft das funktioniert habe. »Beim ersten Mal ernteten wir nur verwunderte Blicke. Beim zweiten oder dritten Mal wurde die Polizei gerufen, die uns abmahnte. Wir ließen es dann bleiben.« Politisches Engagement gehörte von jeher zur Ökolandbaubewegung. Der Widerstand gegen die kommerzielle Zentralisierung, den Zwang des Wachsens oder Weichens, wurde aktiv gezeigt. Und das Beachtliche dabei ist: Er richtete sich genau gegen jenes System, das heute nahezu den gesamten österreichischen Markt für Bio-Produkte beherrscht, nämlich gegen den konventionellen Massenmarkt.

Die zunehmende Zentralisierung und Vereinnahmung des Öko-Marktes durch den Gigantismus lässt sich nicht nur am Schwund landwirtschaftlicher Arten- und Sortenvielfalt im Biolandbau oder an der Dezimierung von Klein- und Mittelbetrieben feststellen, sondern wirkt sich auch auf die Situation von Nutztieren aus. Im Sommer 2011 verbrachte ich mehrere Wochen damit, mir Schlachthöfe in ganz Österreich anzusehen. Während dieser Reise traf ich den Bergbauern Josef Z. aus der Region Hohe Tauern. Wir begegneten einander an einem Fluss im Tal bei einem Glas Bier. An beiden Ufern fielen die Berghänge steil gegen die Wasseroberfläche ab. Vor dieser Kulisse erzählte mir der Bergbauer: »Ich stelle Fleisch und Wurstwaren an Privatkunden, Bauernläden und Restaurants zu. Aber zu den alleinstehenden Frauen komme ich mit meinen Lieferungen am liebsten spät abends.« Josef Z. lachte durch seine Zahnlücke, als er das sagte. Er trug einen grauen Filzhut mit einem braunen Hutband. Sein Schnauzbart unterstrich seinen Status als echter Bergbauer. Der Dreitagesbart durfte dabei nicht fehlen. »Wir fallen in die steilste Kategorie für Bergbauernhöfe«, erklärte mir der Landwirt. Mehr als zweitausend Meter über dem Meeresspiegel, auf seiner Alm, halte er Lämmer und Rinder, die im Winter in den Stall getrieben würden. Er habe übers Jahr verteilt auch ein paar Schweine, die ständig Zugang zu einem

Freigelände hätten. Alle Tiere ziehe er am eigenen Hof auf. Schließlich lenkte ich das Gespräch auf den Punkt, für den ich mich besonders interessierte. Ich wollte wissen, ob es in der Direktvermarktung
Unterschiede in Bezug auf die Situation der Schlachttiere gab. Die
Szenen aus dem zentralisierten Bio-Schlachthof und das Sterben der
Ja!Natürlich-Lämmer im Akkord saßen mir noch im Nacken. Ich fragte, der Bauer antwortete: »Ja klar, da gibt es Unterschiede!«, rief er
aus. »Bei mir ist die Schlachtung für die Tiere stressfrei.« Neben uns
saß ein Nutztierarzt aus der Region, der den Kontakt zwischen mir
und dem Bergbauern Josef erst ermöglicht hatte. Er schaltete sich sofort ein: »Stressfrei«, sagte er mit erhobenem Zeigefinger, »stressfrei
kann eine Schlachtung gar nicht sein. Es kann höchstens mehr oder
weniger Stress für die Tiere geben.« Der Direktvermarkter nickte und
nahm einen großen Schluck Bier. Dann fuhr er fort: »Ja, das meine ich.
Ich denke, der Stress ist für meine Tiere bei der Schlachtung so weit
reduziert, wie es eben möglich ist.« Der Tod eines gesunden Säuge-
tieres sei eben immer etwas Gewaltsames. Ich wollte wissen, worin
genau der Unterschied zwischen seinem Schlachthof und einem großen, zentralen Schlachtbetrieb der Lebensmittelkonzerne lag. »Das
fängt beim Transport an. Meine eigenen Tiere führe ich einfach aus
dem Stall in die Schlachträume, gleich ins Nebengebäude. Auch sonst
muss kein einziges Tier unserer Bauerngemeinschaft, das bei mir geschlachtet wird, mehr als siebzehn Kilometer herangekarrt werden.
Außerdem hole ich sie persönlich ab und das tue ich so knapp vor der
Schlachtung wie möglich. Es sind Einzeltiere. Die Massentiertransporte fallen bei diesem System völlig aus.« Ich war neugierig geworden
und schlug vor, das Gespräch direkt vor Ort fortzusetzen. Wir fuhren
in steilen Serpentinen den Berg hinauf. Als wir an Josefs Bergbauern-
hof angekommen waren, wurde ich durch den grenzenlosen Ausblick
in die Gebirgslandschaft belohnt. Der Bergbauer öffnete das Tor zum
Schlachtbereich neben dem Stall. Er hob seinen Finger und sagte
eindringlich: »Es kommt immer nur ein Tier herein.« Das nennt man
Einzeltierschlachtung. Diese steht im krassen Gegensatz zur Akkord-
schlachtung des Bio-Massenmarktes. Der Tierarzt, der uns auf den
Berg begleitet hatte, fügte erklärend hinzu: »Oft wird an einem Tag
ohnedies nur ein Tier geschlachtet, egal ob Lamm, Rind oder Schwein.

Aber auch dann, wenn es zwei oder drei sind, wird trotzdem immer nur eines hineingebracht. Nach der Schlachtung wird das Tier ausgenommen und in den Kühlraum gehängt. Die Anlage muss gereinigt werden, noch bevor das nächste Einzeltier hereingeholt wird.« Man stand hier offenbar bei Weitem nicht so sehr unter Zeitdruck, wie dies in den Schlachthöfen der Bio™-Konzerne der Fall war. Ich verstand die zentrale Bedeutung der Aussage. »Wenn alles gereinigt worden ist, kann das nächste Tier auch nichts mehr von dem Blut riechen«, kombinierte ich. »Genau so ist es«, stimmte der Veterinärmediziner zu.

Er erklärte mir, dass zum Beispiel Rinder einen ausgeprägten Geruchssinn hätten: »Sie sind in der Lage«, sagte er, »Pheromone[73] wahrzunehmen, die von anderen Tieren in Stresssituationen abgegeben werden.« So könne es zur sogenannten Stimmungsübertragung von Rind zu Rind kommen, wurde mir erläutert.

»Wir glauben, dass in diesem Fleisch deutlich weniger Stresshormone zu finden sind als bei Massenware«, schlussfolgerte der Tierarzt. Obwohl den Räumlichkeiten auch hier die Energie des Todes anhaftete, war dies doch eine gänzlich andere Welt als in der Fleischindustrie. Der Bauer erklärte mir, dass er nicht nur Tiere aus biologischer Haltung schlachte, sondern dass er auch für konventionelle Bauern tätig werde. Es sei ihm wichtig, dass durch diese dezentrale, regionale Schlachtung auch den Tieren Schmerzen erspart blieben: »Es kommt bei mir nie vor, dass ich ein Tier beim Ein- oder Ausladen an einem Ohr zerre, ihm den Schwanz verdrehe oder gar eine Eisenkette um ein Bein festziehe.« Das alles stünde im Massenbetrieb an der Tagesordnung und ich wusste aus meinen Beobachtungen, dass er recht hatte. Lobbyisten der Lebensmittelkonzerne wenden oft ein, dass es in solchen »Bauernschlachthöfen« – also in regionalen Schlachtbetrieben auf Bauernhöfen – nicht hygienisch genug zugehe. »Das ist Unsinn«, wandte sich der begleitende Tierarzt gegen dieses Vorurteil. »Hier ist die Hygiene einwandfrei. Jeder eingetragene Bauernschlachthof wird regelmäßig von Veterinärmedizinern kontrolliert. Und jedes einzelne

Tier wird nach der Schlachtung von einem Tierarzt untersucht. Erst wenn der Arzt den Schlachtkörper freigegeben hat, darf das Fleisch weiterverarbeitet werden.« Der Mediziner nahm eine Kiste mit Innereien aus dem Kühlraum: »Apropos«, sagte er, »diese Woche bin ich zuständig.« Dann begann er, die Organe zu untersuchen.

Nachdem ich aus den Bergen zurückgekommen war, besuchte ich eine Bio-Hühnerbäuerin, die, so wie Bergbauer Josef Z., ebenfalls in der Direktvermarktung tätig ist. Sie schlachtet ihre Hühner selber und liefert an Privatkunden sowie an Bio-Läden der Region. »Ich produziere nur auf Bestellung. Bei mir gibt es keine Ausschussware. Kein Huhn wird weggeworfen«, ließ mich die Bio-Bäuerin wissen. Dieser Unterschied zum Massenmarkt ist bedeutend. »Wir haben sechzehn Schlachttermine pro Jahr und schlachten pro Termin maximal hundert Hühner.« Ich betrat den Schlachtraum: hygienisch einwandfrei, vom Tierarzt kontrolliert und direkt neben dem Stall. »Wir richten das Fleisch nach den Wünschen unserer Kunden her. Das wäre in der Industrie gar nicht möglich.« Sie führte mir vor, was nur menschliche Hände und keine Maschinen können: Sie entfernte Knochen und Knorpeln eines Huhns so, dass ein zusammenhängender Haut- und Fleischmantel übrigblieb. Dabei ging die geübte Bäuerin geschickt vor. Stellen, an denen das Fleisch dünner war, glich sie aus, indem sie anderen, dickeren Stellen Fleisch entnahm. Dann rollte sie das Ganze zusammen. Die Hühnerroulade war fertig: »Die wird morgen ausgeliefert, eine Kundin hat es so bestellt.« Ich fragte nach der Größe ihrer Bio-Hühnerherde. »Wir haben nie mehr als vierhundert Hühner im Stall. Und wir leben ganz gut davon. Unser Futter bauen wir selbst an. Außerdem produzieren wir Getreide und Gemüse.« Vierhundert Hühner im Stall! Das ist weniger als ein Zehntel bis ein Zwanzigstel der Herden, die ich an den meisten Bio™-Mastbetrieben angetroffen hatte. »Bei uns ist kein Konzern dazwischengeschaltet, deswegen können wir ganz unabhängig wirtschaften«, fand die Bio-Bäuerin den Grund für die Unterschiede in Betriebsgröße und Gewohnheiten. Die Familie konnte sich bisher der Vertragslandwirtschaft entziehen. »Niemand hat uns in der Hand und bestimmt, wie groß wir werden müssen.« Genau dieser Entwicklung, dem Zwang zu wachsen mit all seinen Folgen, wollte sich die Ökolandbaubewegung schon immer entgegenstellen. Biologische Landwirtschaft war als Gegenkonzept zum konventionellen Lebensmittelhandel gedacht. Und jetzt hat sich ausgerechnet dieser die Lorbeeren des Ökolandbaus aufgesetzt. Dabei forderten noch 1989 die Agrarwissenschaftler Thomas Frieder und Rudolf Vögel in ihrem Buch »Ökologische Landwirtschaft[74]« ein klares Nein zur Vertragslandwirtschaft. Dass diese Forderung fester Bestandteil der Bio-Idee ist, weiß auch Hofers Bio™-Pionier Werner Lampert. In einem Interview, das am zweiten August 2010 durch die Online-Redaktion von »Der Standard« veröffentlicht wurde, sprach er sich medienwirksam gegen den Vertragslandbau aus: »Bauern müssen raus aus der Vertragslandwirtschaft«, wird er zitiert.[75] In der Aufregung vor den Fotokameras muss ihm wohl für einen Moment entfallen sein, dass ausgerechnet seine eigene Bio-Marke, *Zurück zum Ursprung*, die regelrechte Verkörperung der Vertragslandwirtschaft darstellt – man denke zum Beispiel an den konzerngesteuerten Hühnerproduktionszyklus, in dem die Bauern zu vertraglich gebundenen Geflügelmästern degradiert worden sind. Für alle anderen Bio-Marken des konventionellen Lebensmittelhandels gilt natürlich dasselbe: Bio™ *ist* Vertragslandbau – und zwar in allen Produktbereichen.

Die Goldene Königin und das Grüne Zebra

»Die Kinder werden nicht mehr wissen, wie eine Tomate geschmeckt hat oder ein Apfel oder irgendetwas anderes.«[76]
(Karl Otrok, ehemaliger Produktionsdirektor
des Saatgutkonzerns Pioneer)

Man spricht wieder von alten Kulturpflanzensorten: vom Roten Ochsenherz und der Goldenen Königin, von Mustafa und vom Schwarzen Prinzen, von Grün im Schnee, Black Plum, vom Roten und Grünen Zebra sowie – nicht zu vergessen – von Waldviertler Kipflern und anderen regionalen Schätzen. In der Ökolandbaubewegung war es seit jeher klar: Ökologischer Pflanzenbau muss mit samenfesten Sorten betrieben werden, die genetisch stabil sind und gesundes Saatgut hervorbringen, aus dem auch in nächster Generation wieder Nachkommen mit ähnlichen Ertragsleistungen und vergleichbaren Eigenschaften gezogen werden können. Der samenfeste Pflanzentypus steht in einem jahrtausendealten Entwicklungsstrom und ist von kulturhistorischer ebenso wie von agrarökologischer Bedeutung. Die alten Kulturpflanzensorten wurden durch die beständige Arbeit von Menschengenerationen verschiedenster Völker hervorgebracht und bis heute unter traditionellen Zuchtmethoden weiterentwickelt. Erfahrene Bauern ebenso wie Gelehrte hatten ihren historischen Teil an diesem Prozess. Eine künstlerische Darstellung des Aktes der Pflanzenzucht zeigt Priester des assyrischen Königs Hammurabi bei der Bestäubung von Dattelpalmen in Handarbeit und ist etwa 4000 Jahre alt.

Bei den samenfesten Kultursorten handelt es sich um robuste Pflanzen, die an verschiedenste Standorte angepasst sind. Genau diese Eigenschaft macht sie so interessant für biologisch wirtschaftende Bäuerinnen und Bauern. Während das Saatgut von Hybridsorten jedes Jahr aufs Neue bei einem Agrarkonzern gekauft werden muss, verfügen samenfeste Sorten über die Fähigkeit, gesunde Nachkommen hervorzubringen. Über Jahre hinweg können sie sich so auch an neue Standorte anpassen. Sie sind, ganz im Gegensatz zu Hochleistungszüchtungen, zur biologischen Adaption fähig. Viele Vertreter des Ökolandbaus, so etwa der französische Agrarforscher Claude Aubert, haben die betriebseigene Vermehrung unter alljährlicher Selektion sogar explizit gefordert.[77] Auf diese Weise könne man eine regionale Vielzahl an »neuen alten« Kulturpflanzensorten mit optimaler ökologischer Standortpassung hervorbringen. Solche Regionalzüchtungen entwickeln mit der Zeit Toleranz gegenüber standortspezifischen Krankheitserregern. Der Geschmack alter, samenfester Sorten ist mit jenem von Hybriden nicht vergleichbar: Tomaten, die in Tausenden von sortentypischen Nuancen nach »Tomate« schmecken; Äpfel von ungewohnter Note; und Auberginen, die viele Konsumenten gar nicht mehr als solche erkennen. Der Agrarwissenschaftler Claude Aubert schrieb 1977 in seinem Buch »L'Agriculture biologique«, das unter dem Titel »Organischer Landbau« 1981 auf Deutsch erschien: »Züchtung einzig im Hinblick auf ökonomische oder politische Ziele wider-

Die biologisch-kulturelle Vielfalt alter Auberginen-Sorten

spricht den biologischen Gesetzen und somit dem Ökolandbau.«[78]
Doch auch dieser Vorsatz hat sich in den Neunzigern, mit dem Einzug
konventioneller Tendenzen in die biologische Landwirtschaft, offenbar verflüchtigt.

Hybridsorten: Auf dem österreichischen Bio-Massenmarkt kommen sie vorwiegend von Saatgutkonzernen aus den Niederlanden,
manche auch aus Deutschland. Sie bestechen durch hohe Erträge sowie gleichförmige und robuste Früchte, die den größten Strapazen
konventioneller Lebensmittellogistik widerstehen: Fließbänder, maschinelle Sortierung, Verpackung durch Roboter, LKW-Transporte je
nach Weltwirtschaftslage, Verschiffung, Flüge um den halben Globus,
Zentral- und Zwischenlagerung. Die Gemüse- und Obstsorten des
Bio-Massenmarktes sind sogenannte »Long-Shelf-Life-Sorten«, sind
also für das »lange Leben im Regal« bestimmt. Sie sind designt nach
den Bedürfnissen von Industrie und Handel: leistungsstark im Sinne
der Menge, einheitlich und formgleich, beinahe so strapazierfähig
wie Gummibälle. Das muss so sein, wenn man Obst und Gemüse auf
Fließbandanlagen wie dieser sortiert und verpackt (Abb. S. 178):

	alte oder samenfeste Sorte	moderne Hybridsorte
Definition	Entsteht durch traditionelle Methoden der Pflanzenzucht und unter natürlichen Bedingungen; durch die Zwänge des modernen Marktes stark zurückgedrängt und zu großen Teilen bereits »ausgestorben«	Entsteht durch Kreuzung unter der Kontrolle von Saatgutkonzernen: Es werden vereinheitlichte Mutter- und Vaterlinien ausgewählt, die sich genetisch voneinander so stark wie möglich unterscheiden, dabei aber gerade noch miteinander kreuzbar sind. Ihre Zucht erfolgt getrennt voneinander unter strenger Abschirmung. Sodann werden Mutter- und Vaterpflanzen unter Laborbedingungen miteinander gekreuzt. Durch die große genetische Unterschiedlichkeit kommt es in der Generation »F1« zu einer besonders wirkungsvollen Rekombination des Erbguts – zum sogenannten Heterosiseffekt. Die nachfolgende Generation weist besondere Eigenschaften auf, die unter natürlichen Bedingungen nie zustande kommen würden.
Primäre Zuchtziele	Anpassung an den Standort; Förderung von Geschmack und Inhaltsstoffen; Toleranz gegenüber standortspezifischen Krankheitserregern; nachhaltige Versorgung mit Saatgut; Förderung der Sortenvielfalt	schnelles Wachstum; hohe Erträge und hohe Gewichte der geernteten Teile; logistische Strapazierfähigkeit und long shelf life (lange Haltbarkeit im Lager und im Regal); einheitliche Form und Eignung zur maschinellen Verarbeitung und Verpackung

	alte oder samenfeste Sorte	moderne Hybridsorte
Biologie	Samenfest, d.h. das Saatgut, das der Frucht entnommen wird, bringt gesunde Nachkommen hervor; dadurch besteht die Möglichkeit, die Sorten von Jahr zu Jahr zu vermehren und den Bedingungen des Standortes anzupassen. Der Erhalt samenfester Sorten ist essenziell für die landwirtschaftliche Versorgung der Menschheit.	Degenerierte Designersorten; aus dem Saatgut gehen keine stabilen Nachkommen hervor; die Samen sind unbrauchbar und die Bäuerinnen und Bauern sind darauf angewiesen, jedes Jahr neues Saatgut beim entsprechenden Konzern zu beziehen; störungsanfälliges System, das in keiner Weise in der Lage ist, eine stabile Saatgutversorgung für die Zukunft der Menschheit sicherzustellen.
Geschmack, Inhaltsstoffe	Geschmacksvielfalt; intensiver Geschmack; meist reich an Inhaltsstoffen	Geschmacks- und Inhaltsstoffe zugunsten der Markttauglichkeit reduziert
Einsatz	vorwiegend an Klein- und Mittelbetrieben des ökologischen Nischenmarktes; im extensiven oder privaten Gartenbau; stark reduziert und aus dem Kontext gerissen als Image-Bildner des Massenmarktes	am konventionellen Massenmarkt; am biologischen Massenmarkt unter der Schirmherrschaft der Bio™-Marken

Alte Sorte vs. moderne Hybridsorte

Bio-Apfelfließband in der Steiermark

»Bio hin oder her, der Handel will Zahlen. Hohe Zahlen. Ertragszahlen!«, erläuterte mir ein Bio-Produzent den Grund, weshalb auf dem Massenmarkt heute fast nur noch Hochleistungssorten zu finden sind, aus deren Samen nicht einmal mehr ein brauchbarer Keimling hervorgeht. »Speedy« nennt sich beispielsweise eine niederländische Kohlrabisorte, die sich bei den Bio-Produzenten unserer Supermärkte aufgrund ihres raschen Wachstums – sie wächst eben »speedy« – besonderer Beliebtheit erfreut.

Diese Tomaten aus Monsanto-Saatgut[80] wachsen für *Ja!Natürlich* heran.

In den Gewächshausflotten eines steirischen Großproduzenten für Bio™-Tomaten und Bio™-Paprika, der unter Exklusivvertrag mit einem österreichischen Supermarktkonzern steht, fand ich eine Tomatensorte des internationalen Saatgutkonzerns Monsanto. Das ist jener Multikonzern, der medial bereits für Furore gesorgt hat. Laut der vielfach ausgezeichneten französischen Journalistin Marie-Monique Robin soll der Chemie- und Biotech-Riese mehr als neunzig Prozent der weltweiten Patente auf gentechnisch manipulierte Organismen in Händen halten.[79]

Der Monsanto-Konzern, der schon zahlreiche Landwirtinnen und Landwirte vor Gericht gezerrt hat, weil auf deren Äckern »Monsanto-Patentgene« gefunden wurden, wird von Agrarökonomen immer wieder für seinen offensiven Aufkauf von Konkurrenzfirmen kritisiert, der – so das Argument der Kritiker – zu einer Monopolstellung geführt habe. Einer der aufgekauften Saatgutkonzerne ist die Firma De Ruyter Seeds in den Niederlanden. Dieses Unternehmen gehört jetzt, wie viele andere, zum Monsanto-Imperium. Nach der Übernahme strich der Saatgutriese zunächst alle Sorten von De Ruyter aus dem Programm, deren Anteile am jährlichen Umsatz nicht mindestens über einer bestimmten Grenze lagen – eine übliche Praxis in der Biotech-Branche. Biologisches Saatgut kommt dem Multikonzern erst gar nicht in die Tüte. Das hindert die österreichische Bio-Industrie aber nicht daran, neben Bio-Hybridsaaten auch konventionelles Monsanto-Saatgut zu beziehen. Das Gesetz geht mit den Wachstumstendenzen des Bio-Massenmarktes äußerst wohlwollend um: Wenn eine bestimmte Sorte, die ein Produzent anbauen möchte, als biologisches Saatgut nicht erhältlich ist, so kann freizügig und ohne Angabe von Gründen auf konventionelle Samen zurückgegriffen werden. »Unsere Hybridtomate ›Philo Vita‹ ist also jetzt eine Monsanto-Sorte«, erklärte mir der Tomaten- und Paprikabauer in der Steiermark. Aber bio sei das Saatgut ohnedies nie gewesen. Ob ihn das nicht störe, fragte ich. Dann kam die übliche Antwort: Er habe keine andere Wahl. Und wenn er nicht auf ertragreiche Laborsorten zurückgreife, könne er in der Liga der österreichischen Supermärkte und ihrer Bio-Marken nicht mitspielen. »Aber was halten Sie von solchen Tomatensorten?«, bohrte ich nach. »Als Gemüsebauer muss ich sagen: Diese Hochleistungshybriden sind eigentlich keine Sorten.« Und er hatte, auch aus pflanzenbiologischer Sicht, recht. Eine Hybride ist ein biologisch degenerierter Nachkomme von Elternpflanzen, die sich unter natürlichen Bedingungen nicht miteinander hätten kreuzen können. Hybriden sind Produkte der Argrar-Industrie. Je mehr wir auf hochgezüchtete Leistungsrassen zurückgreifen, desto stärker setzen wir die genetischen Reserven der Sortenvielfalt aufs Spiel, die seit Jahrtausenden das Überleben der Menschheit sichert. Das wusste auch der Bio-Gemüsegroßproduzent: »Man staunt, aus wie wenigen Sorten wir inzwischen wählen können«, sagte er. Dieses Risiko des fortschreitenden Sortenschwundes erst gar nicht einzugehen, ist eine Grundforderung der Ökolandbaubewegung.

Das Pflanzenreich der Erde		
Pflanzenarten der Erde	400.000	
höhere Pflanzen (mit Blüten und Samen)	270.000	
essbare Wildpflanzen	75.000	
Kulturpflanzen	4.800	
Kulturpflanzen im engeren Sinne (»Ackerpflanzen«)	**750**	Davon weist jede Art wiederum mehrere, oft Hunderte oder Tausende Sorten auf!
Hauptarten des weltweiten Marktes	**20**	

Der Ackerbau brachte in seiner zehntausend Jahre langen Geschichte viele Hundert Arten und eine schier unzählbare Vielfalt an Sorten hervor. Heute decken wir mit nur mehr zwanzig Arten neunzig Prozent des weltweiten Bedarfs an pflanzlichen Nahrungsmitteln.

Übersicht Pflanzenreich

Gerade weil sich alte Sorten aber inzwischen in der Öffentlichkeit wieder steigender Bekanntheit erfreuen und sich ihre ernährungs- und agrarökologische Bedeutung herumgesprochen hat, eignen sie sich für Bio-Konzerne der konventionellen Lebensmittelbranche vorzüglich zur Imagepflege. Ein Blick in die Supermarktfilialen zeigt: Die meisten Bio-Marken haben bereits – in äußerst begrenztem Umfang – alte Tomaten- und manchmal sogar Kartoffel- und Paprikasorten im Programm. Doch sind die Goliaths der Lebensmittelbranche wirklich als Erhalter der Kulturpflanzenvielfalt geeignet? Immerhin wimmelt es in den Bio-Gemüse- und Bio-Obstregalen der Supermärkte nur so vor leistungsstarken Hybridsorten. Nur ein verschwindend kleiner Anteil der Ware kann unter die Kategorien »alte oder samenfeste Sorten« eingereiht werden.

Ich besuchte den größten Fruchtgemüseproduzenten einer österreichischen Bio™-Marke, die sich in der Öffentlichkeit redlich um das Prädikat »Vielfaltschützer« bemüht. Doch die Angaben des einen und einzigen Produzenten für die alten Tomatensorten des Konzerns waren mehr als ernüchternd. »Und konnten Sie bisher mit alten Sorten Gewinne erzielen?«, wollte ich wissen. Der Gemüsehersteller lachte. »Nein«, sagte er. »Das ist eher ein Hobby für nebenbei.« Er habe in den vergangenen Jahren mit dem Anbau dieser alten Sorten nichts verdient, sondern sei hart an der Verlustgrenze entlanggeschlittert. Er, als einer der größten Bio-Gemüseproduzenten Österreichs, mache sein Geschäft fast ausschließlich über die Hybridsorten, die dann – wie im Exklusivvertrag festgehalten – in den Regalen seines Auftraggebers landen. »Die Supermärkte sind also aufgrund ihrer Handelsgewohnheiten kaum dazu geeignet, ernsthaft zum Erhalt der Sortenvielfalt beizutragen«, schlussfolgerte ich. Der Gemüsehersteller stimmte zu. Dasselbe Ergebnis lieferten meine Recherchen bei einem biologischen Paprikaproduzenten: Die Laborsorten eines Biotech-Konzerns halten das Werk am Laufen, der Anbau alter Paprikasorten läuft nebenbei mit.

Die Bio™-Marken versorgen uns das ganze Jahr über mit Designer-gemüse aus aller Welt, weil ihre Wirtschaftspolitik gar kein anderes Produktionssystem als das der Hochleistung zulässt. Sie sind also Mitverursacher des Schwundes an Sorten, nicht etwa Gegenspieler der landwirtschaftlichen Verarmung. So nebenbei legen sie uns einmal im Jahr, für wenige Wochen, ein paar Plastiktassen mit alten Tomatensorten ins Supermarktregal, direkt neben die Berge ihrer Bio-Hybridtomaten. Und wir sollen sie deswegen für Förderer der Sortenvielfalt halten? Die Konzerne überstrapazieren den verschwindend kleinen Anteil an samenfesten Sorten, der in ihrem Sortiment zu finden ist, zum werbemedialen Aufgebot mit Pauken und Trompeten. Dadurch gelingt es ihnen, ihr wahres Gesicht hinter einer bunten Maske der Vielfalt zu verbergen.

DER WEG ZUM AKTIVEN BIO-KONSUMENTEN

Was Sie tun können, um den Ökolandbau
mitzugestalten

»Der kritische Konsument ist wichtig wie eine Wählerschaft, die mit
der Geldbörse abstimmt. Doch vermag er nicht alles. Auch Entwick-
lungen außerhalb des Marktes sind nötig. Das derzeitige Agrarsys-
tem schafft es vor lauter ökonomischen Zwängen noch länger nicht
zur Nachhaltigkeit.«[81]

(Univ.-Prof. Dr. Bernd Lötsch, ehem. Direktor
des Naturhistorischen Museums Wien)

Der Supermarkt als Wahllokal?

Jedes Mal, wenn wir ins Supermarktregal greifen, setzen wir ein Zeichen: Wenn wir konventionelle Billigtomaten aus Spanien kaufen, geben wir dadurch unser Einverständnis zu den Produktionsbedingungen:
»Mar del plastico«, also »Plastikmeer«, so nennt man eine agrarindus-
trielle Region in der Wüste bei Almería in Spanien. Es handelt sich um
die weltgrößte zusammenhängende Fläche von Intensivkulturen der
Gemüseindustrie. Als »Plastikmeer« bezeichnet die ansässige Bevölkerung die Region deswegen, weil es sich um ein lückenlos mit Plastik-
gewächshäusern und Glashäusern zugepflastertes Gebiet handelt, das
sich über dreihundertfünfzig Quadratkilometer erstreckt. Heerscharen
von Erntehelfern arbeiten dort unter dem Druck der Massenproduktion für den Profit der Gemüsekonzerne. Ihre Löhne kommen einer Ver-
spottung gleich, Überstunden werden meistens nicht abgegolten. Diese Menschen leben in Baracken, die man ihnen halbherzig aufgestellt

hat. Die Böden der Region sind ausgelaugt und zerstört, das Grundwasser ist giftig, die Landschaft ruiniert. All das wollen die meisten von uns nicht. Deswegen könnten wir im Supermarkt an den Regalen vorbeigehen, die solche Produkte beinhalten, und die Ware liegen lassen. Denn schließlich sind ja wir, die Konsumenten, die Wählerschaft. Aber für welches Produkt sollen wir in den Supermärkten oder beim Discounter mit unserer Geldbörse abstimmen? Für Fleisch aus Tierfabriken? Für herkömmliches Industriejoghurt, das uns als »functional food« untergejubelt wird, weil es angeblich unser Immunsystem stärkt? Für »Wasabi-Geschmack-Nüsse« mit Betonung auf »Geschmack«, weil in dem Produkt kein einziges Gramm Wasabi verarbeitet ist? Oder sollen wir unsere Stimme den überflüssigen Limonaden schenken, die viel zu viel Zucker und Chemie enthalten?

So schlendern wir von Regal zu Regal und landen schließlich in der Bio-Abteilung. Hier könnten wir unseren Stimmzettel für die Nachhaltigkeit hinterlassen und noch dazu ein gutes Gefühl dabei haben. Doch Vorsicht: Ein Griff zu Bio-Tomaten oder Bio-Paprika im Supermarkt verschont uns nicht davor, dem »mar del plastico« in Almería unsere Vorzugsstimme zu geben. Denn dort wird inzwischen auch Bio-Gemüse produziert. Auf andere Gegenden trifft dasselbe zu: Die Region um Siracusa auf Sizilien gilt beispielsweise als weiteres Ballungszentrum der Plastikgewächshäuser und ausgebeuteten Arbeitskräfte. Von dort landen jedes Jahr große Mengen Bio-Gemüse und -Obst in den Bio-Regalen österreichischer Supermärkte und Discounter. Wenn wir dann am Fleischregal stehen, stellt sich wieder die Frage: Wofür sollen wir mit unserer Geldbörse stimmen? Für das konventionelle Grillhuhn? Oder vielleicht doch für das Bio-Huhn, das mit großer Wahrscheinlichkeit aus den Händen desselben Geflügelkonzerns stammt wie das konventionelle? Kaufen wir das Bio™-Huhn, so stimmen wir – wieder per Geldausgabe – für die Bio-Geflügelmasthallen, für JA-757 und automatische Nester, für Hühnerfließbänder und zentrale Massenschlachthöfe. Da im Supermarkt Wahlfreiheit herrscht, bleibt es natürlich jedem Bio-Konsumenten offen, diese Produktionsbedingungen abzusegnen – oder eben nicht. Der Nachhaltigkeitszug, auf den die konventionellen Lebensmittelkonzerne aufgesprungen sind, ist jedoch ambivalent zu betrachten: Durch den Kauf von Bio-Produkten im Supermarkt oder beim Discounter sichern wir Strukturen ab, die im Sinne der Nachhaltigkeit eigentlich geändert werden sollten – Strukturen, die mit der ursprünglichen Idee des Ökolandbaus nichts zu tun haben. Die bekannte Klimaforscherin, Buchautorin und Universitätsprofessorin Helga Kromp-Kolb (Universität für Bodenkultur, Wien) brachte das Problem des Einkaufs von Bio-Produkten in konventionellen Supermärkten mit folgendem Vergleich auf den Punkt:

> »Es ist, als würde man einen *Hummer* mit Bio-Treibstoff fahren: Eigentlich weiß man, dass dieses Auto und Nachhaltigkeit nicht zusammenpassen, doch der Bio-Treibstoff gibt einem ein gutes Gewissen. Es wäre aber nachhaltiger, gar nicht *Hummer* zu fahren.«[82]

Multiplying Davids

Was also können diejenigen von uns tun, die nicht mehr Hummer fahren möchten? Gibt es Alternativen zum Bio-Einkauf im Supermarkt oder beim Discounter? Während der Bio™-Massenmarkt aufgrund seiner zentralisierten Organisation relativ homogen ist, kann man dies vom ökologischen Nischenmarkt nicht behaupten. Im Rahmen meiner Erkundungen stellte ich aber eindeutig fest, dass man sich dort bedeutend weniger vom Gigantismus leiten lässt.[83] Für Bio-Konsumenten ist es eine Überlegung wert, sich an den Öko-Nischenmarkt zu wenden. Viele regionale Markt- und Produktionsstrukturen sowie Klein- und Mittelbetriebe sind zwar inzwischen verschwunden und die alternativen Strukturen sind stark in Mitleidenschaft gezogen, es ist jedoch nicht zu spät. Das natürliche, gesunde Wachstum des Ökomarktes, das in den Neunzigern durchbrochen wurde, um zum kommerziellen Bio-Boom aufgeblasen zu werden, lässt sich jederzeit wieder aufnehmen. Denn die Ökolandbaubewegung ist noch am Leben und der ökologische Nischenmarkt steht uns noch immer zur Verfügung. Wenn wir aus dem Hummer aussteigen möchten, könnten wir uns etwa einen Bio-Laden unseres Vertrauens suchen. Wir könnten gezielt nach Produkten fragen, die unseren Vorstellungen entsprechen. Mit unserer Nachfrage könnten wir am Nischenmarkt einiges in Bewegung setzen. Um unsere Macht als Käufer wirklich auszunutzen, müssten wir aber auch bereit sein, den Konsum in manchen Fällen zu verweigern. Wer soll künftig Hühnerfließbänder, Todeskarusselle und fahrende Erntefabriken betreiben, wenn wir die Waren aus solchen Produktionen einfach im Regal stehen lassen? Der Grund, weshalb viele Konzerne ihr Süppchen weiterkochen können – jetzt sogar unter dem »Öko-Mäntelchen« –, ist der, dass wir unsere Macht als Konsumenten unterschätzen und nicht einsetzen.

> Wir sind wie schlafende Riesen. Erwachen wir erst aus unserem Schlummer, sind wir mächtig genug, die Zukunft der Nahrungsproduktion aktiv mitzugestalten.

Ein Beispiel: Weniger Fleisch zu essen hätte nicht nur gesundheitliche, sondern auch bedeutende ökologische Vorteile. Die Fleischproduktion ist eine der größten Quellen für Treibhausgase. Sie ist auch nicht nachhaltig: Um eine Energieeinheit Fleisch zu produzieren, muss erst ein Vielfaches an Nahrung verbraucht werden: Beim Mästen von Tieren geht bedeutend mehr pflanzliche Nahrung verloren, als wir letztendlich in Form von Fleisch herausbekommen. Agrarwissenschaftler gehen von einem Verlust an Nahrungsenergie durch die Fleischproduktion im Bereich des Acht- bis Zehnfachen aus. Um unsere Macht als Konsumenten zu nutzen, können wir mit ruhigem Gewissen auch mal »Nein« zum Konzernprodukt Super-Huhn sagen, egal ob es ein konventionelles oder ein Bio^{TM}-Produkt ist. Anstatt viel JA-757 zu essen, könnten wir weniger Fleisch zu uns nehmen und dafür konsequenter auf die Quelle achten. Wenn beispielsweise die Nachfrage nach Eiern von alten Rassen steigt und wir auch bereit sind, angemessene Preise dafür zu bezahlen, haben Bio-Bauern wieder die Möglichkeit, solche Eier zu produzieren. Und eines steht fest: Küken von alten Kulturrassen werden nicht auf rasenden Förderbändern durch die Hallen der Geflügelindustrie gejagt. Wenn wir unser Recht auf faire, ökologische und vor allem auf transparente Nahrungsmittelproduktion konsequent einfordern wollen, müssen wir die schlafenden Riesenkräfte in uns wecken. Der erste Schritt könnte sein,

186

mit der eigenen Geldbörse überhaupt nicht mehr für die »Greening Goliaths« zu stimmen und aus dem tonnenschweren Hummer auszusteigen.[84] Stattdessen könnten wir unsere Stimme den »Multiplying Davids« geben – den sich vervielfältigenden Klein- und Mittelunternehmen der Öko-Nische. Denn die ursprüngliche Strategie der Ökolandbaubewegungen war nicht etwa die Abgabe der Bio-Idee an die »Großen Fische«, sondern der Ausbau dezentraler und vielfältiger Vermarktungswege, ohne konventionelle Großkonzerne im Nacken. Es ist nicht zu spät, diese Strukturen zu entdecken, zu fördern und weiterzuentwickeln.[85] Durch uns Konsumenten ist eine Wiederbelebung der Bio-Idee im ursprünglichen Sinne möglich, denn am ökologischen Nischenmarkt ist die Ökolandbaubewegung zu Hause. Und der Ökolandbau ist in deren Händen naturgemäß am besten aufgehoben!

Demokratie beim Lebensmittelkauf!

Die Universitätsprofessorin und Klimaforscherin Helga Kromp-Kolb fordert einen möglichst dezentralen Lebensmittelzugriff. In unserem Gespräch erklärte sie mir: »Das derzeitige zentralisierte System mit seinen Bündelungsstellen ist störungsanfällig. Es lässt sich nur unter enormem logistischem und technologischem Aufwand aufrechterhalten. Wenn es irgendwo zu einem Engpass kommt, brechen zentralisierte Systeme als Ganze zusammen. Der Zugriff auf Lebensmittel muss dezentral organisiert werden, um krisenfest zu werden.« Mit dieser Forderung ist die bekannte Wissenschaftlerin nicht allein.

Wir bestimmen, was wir essen!

»Ernährungssouveränität ist das Recht der Menschen, die Art und Weise der Produktion, des Konsums und der Verteilung von Lebensmitteln selbst zu bestimmen«, erklärte mir Franziskus Forster von AgrarAttac[86], während er mir eine Infobroschüre in die Hand drückte. Ich schlug das Heftchen auf und mein Blick fiel auf eine Bleistiftzeichnung. Eine Großmutter las ihrem Enkelkind aus einem Märchenbuch vor: »Es war einmal ein riesiger gütiger Weltkonzern, der nur das Beste für die Menschen wollte«, war in die Sprechblase gekritzelt.

Während sich die Lebensmittelindustrie in den Medien als Wohltäter von Mensch, Tier und Umwelt inszeniert, schwebt Franziskus Forster und seinen Mitstreitern eine ganz andere Form der Lebensmittelversorgung vor: »Das Lebensmittelsystem ist in die Hände von wenigen Großkonzernen geraten – international ebenso wie in Österreich. Das steht der Idee der Ernährungssouveränität entgegen«, erklärte er mir. »Wir möchten neue Strukturen im Agrar- und Lebensmittelsystem unter Kritik der bestehenden aufbauen.« Ich erfuhr, dass es dabei um die sogenannte »Lebensmitteldemokratie« geht. »Wir Konsumierende dürfen uns nicht auf bloße Marktobjekte reduzieren lassen«, forderte der Student der Politikwissenschaften und Internationalen Entwicklung. »Gerade, wenn es um Ökolandbau geht«, so stellte er fest, »muss den Konsumierenden mehr Mitbestimmungsrecht eingeräumt werden.« Die Abstimmung mit der Geldbörse im Supermarkt sei eine Angelegenheit mit kurzen Beinen. Das funktioniere in der Praxis nicht so, wie man es sich vorstelle. Bei Discountern und in Supermärkten stünden wir lediglich am Ende einer langen Kette. Alle Entscheidungen über die Produktionsbedingungen vom Acker bis ins Regal seien schon gefällt worden, »und zwar entsprechend den Interessen der Konzerne«, räumte Franziskus Forster ein. Ich fragte nach der Lösung. »Wir müssen die Wertschöpfungskette für Lebensmittel verkürzen«, antwortete der Attac-Experte, »die derzeitige Trennung zwischen den Produzierenden und den Konsumierenden muss aufgehoben werden. Hier braucht es neue Ansätze.« Ich erfuhr, dass es neben der Direktvermarktung zwei gänzlich neue Konzepte gibt, um dies zu bewerkstelligen:

- Lebensmittelkooperativen (Food Cooperatives)
- Solidarische Landwirtschaft (Community Supported Agriculture)

Lebensmittelkooperativen sind Kollektive von Konsumenten, die sich mit Bauern zusammenschließen und ihre eigene Lebensmittelversorgung direkt und selbstbestimmt organisieren. In gemeinsamen Besprechungen wird entschieden, welche Produkte aus welchen Quellen gekauft werden. Die Ware wird über ein regionales Lager- und Verteilersystem an die Frau und den Mann gebracht. Dadurch umgeht man den gesamten kommerziellen Zwischenhandel.

Noch weiter geht man im Modell der Solidarischen Landwirtschaft. Dieses System trägt seinen Namen zu Recht: Konsumenten, die sich mit dem Bio-Bauerntum im ursprünglichen Sinne solidarisch erklären, sind mit dieser Idee bestens beraten. »In der Solidarischen Landwirtschaft werden nicht die einzelnen Waren gekauft, sondern gemeinsam wird die Produktion durch die Bäuerin oder den Bauern zum Beispiel für ein Jahr solidarisch finanziert und dann in Form von Ernteanteilen direkt verteilt«, erklärte mir AgrarAttac-Experte Franziskus Forster. Die Produzenten werden durch dieses System aus der Wettbewerbssituation des Marktes herausgenommen. Dadurch lastet der Zwang des Wachsens oder Weichens nicht mehr auf ihnen. Anstatt immer weniger Produktarten in immer größeren Mengen produzieren zu müssen, können sie wieder zu echten Vielfaltbauern werden. Gemeinsam mit den Konsumenten wird dadurch eine Situation geschaffen, in der nach festgelegten Zielen Ökolandbau betrieben werden kann. Die Lebensmittel werden über selbst organisierte Verteilerstellen ausgeliefert.

»Das bahnbrechend Neue an diesem Modell ist«, so Franziskus Forster, »dass es zu einem Ausstieg aus dem Preisdenken kommt. Wir fragen nicht mehr, wie viel ein Kilo Tomaten, zehn Eier oder ein Brathuhn kosten, sondern wir schauen darauf, wie viel uns die Arbeit der Bauern wert ist. Wir bezahlen also das Engagement des Produzierenden.«

Der nicht auf Geld reduzierbare Wert der Landwirtschaft und der Lebensmittel wird so sichtbar und gestaltbar. Doch auch untereinander zeigen sich die Konsumierenden in diesem Geflecht solidarisch: Wer nicht genug Geld hat, um sich Bio-Lebensmittel leisten zu können, zahlt weniger. Die Lücke wird geschlossen, indem sich diejenigen, die über größere finanzielle Mittel verfügen, die Restkosten teilen. Jeder trägt nach Selbsteinschätzung zur Finanzierung bei, auch die Mitarbeit bei der Ernte, in der Verteilung oder Organisation sind möglich. Durch diese soziale Staffelung der Preise wird – ganz anders als im Supermarkt – niemand vom Bio-Konsum ausgeschlossen. Ihm falle kein anderes System ein, in dem das Mitbestimmungsrecht der Endverbraucher größer sei als in der solidarischen Landwirtschaft oder im Rahmen von Lebensmittelkooperativen, meinte Franziskus Forster. »So können wir von reinen Marktobjekten zu politischen Subjekten werden, die selbst entscheiden, wie ihre Nahrung produziert wird. Es braucht gegenwärtig einen grundlegenden Wandel und hier ist unser Handeln von zentraler Bedeutung«, schlussfolgerte der Aktivist. In Wien gibt es derzeit vier Lebensmittelkooperativen, in Graz eine. Das erste und bisher einzige österreichische Projekt der solidarischen Landwirtschaft befindet sich im Wiener Raum.[87] Doch Franziskus Forster ist zuversichtlich: »Diese Angebote werden in Zukunft mit Sicherheit ausgebaut und vervielfacht werden. Es setzt sich gerade sehr viel in Bewegung«, versicherte er mir. Das Motto lautet: »Raus aus der Passivität – gemeinsam solidarisch landwirtschaften!«

Interessiert? Bitte wenden Sie sich an:

ATTAC Österreich
Inhaltsgruppe AgrarAttac
Margaretenstraße 166/3/25
1050 Wien
Österreich

Internet: www.attac.at

Werden wir alle zu Adbustern!

Auf dem Weg zur Selbstbestimmtheit für Konsumenten ist ein Entwicklungsschritt essenziell: Werden wir alle zu Adbustern[88] – zu Werbungsjägern! Lassen wir uns nicht länger von Marketingabteilungen, Werbemanagern sowie von ihren kommerziellen Konzerninteressen vereinnahmen. Sorgen wir dafür, dass alle Bemühungen rund um Psychomarketing, die Aktivierung unseres »Autopiloten«, erfolglos bleiben. Die Gehirnscanner, die in der Werbeforschung zur Auslotung der wirksamsten Werbereize verwendet werden, sollen wieder ihrem ursprünglichen Sinn zugeführt werden, nämlich der medizinischen Diagnostik. Ernennen wir »Neuromarketing« zur sinnlosesten Wissenschaft des Jahrhunderts! Unsere Emotionen gehören uns, nicht der Industrie! Wir sind keine Konsumentengehirne, wir sind Menschen. Und unsere Erwartungen an die Lebensmittelproduktion sind kein Marketingtool, das man stimulieren, aktivieren und manipulieren darf. Wann immer im TV der Werbeblock beginnt: Drücken wir den roten Knopf! – Ein Werbeplakat am Straßenrand? Wegdrehen und schnell weitergehen! – PR-Artikel in den Printmedien? Gerade gut genug zum Verheizen! Ganz besonders in der ökologischen Landwirtschaft darf es einfach keinen Platz für profitorientiertes, manipulatives Marketing geben. Fordern wir eine Kommunikationspolitik, die nicht auf Illusion, Beschönigung und Verschleierung aufbaut! Wir brauchen Information statt Täuschung, brauchen einen Öko-Markt, in dem den Kundinnen und Kunden die Wahrheit zugemutet wird, anstatt sie zu unterschlagen.

»Was? Sie betreiben Massenwerbung? Entschuldigen Sie, aber bei Ihnen kaufe ich nicht!«

REDE UND ANTWORT!

Die brennendsten Fragen an den Autor

Warum haben Sie dieses Buch geschrieben?
Mit diesem Buch schaffe ich Bewusstsein für die Idee des Ökolandbaus und zeige gleichzeitig, wie dehnbar der Begriff geworden ist. Aufgeklärte Konsumenten sind gegenüber Werbeeinflüssen besser gewappnet. Ökologische Landwirtschaft ist ein wichtiges gesellschaftliches Anliegen, das nach Transparenz verlangt. Nur so kann sie authentisch umgesetzt und weiterentwickelt werden. Biolandbau darf kein Marketinginstrument bleiben!

Ist es ethisch vertretbar, Informationen über Konzerne publik zu machen, die von den Konzernen selbst nicht freiwillig der Öffentlichkeit preisgegeben werden?
Lebensmittelkonzerne sind öffentliche Akteure, die auch in der Öffentlichkeit kommunizieren und Werbeaussagen tätigen. Wenn es Abweichungen zwischen medialen Selbstdarstellungen der Unternehmen und vorgefundener Wirklichkeit gibt, so sind diese von öffentlichem Interesse. Vor allem im Bio-Bereich sind Erwartungen und Hoffnungen von Konsumenten involviert. Die Realität zu zeigen, ist ein legitimes Unterfangen im Sinne des Konsumentenschutzes. Meine Recherchen habe ich mit größter Sorgfalt durchgeführt und auch die Wiedergabe der Ergebnisse ist gewissenhaft erfolgt. Das öffentliche Interesse an den Ergebnissen ist als höherstehend zu bewerten als das Interesse der Bio™-Konzerne an der Verschleierung der Realität.

Ist es in Ordnung, einzelne Akteurinnen und Akteure der Bio-Marken persönlich beim Namen zu nennen?

Ich habe auf die Nennung von Personennamen aus dem Kreis der Lebensmittelkonzerne konsequent verzichtet. Ausgenommen sind jene Personen, die sich bereits von sich aus in die Öffentlichkeit gestellt haben. Alles, was im öffentlichen Raum gesagt wird, darf auch in diesem behandelt und diskutiert werden. Ich habe stets darauf geachtet, mich nur mit öffentlich getätigten Aussagen von Personen auseinanderzusetzen. Die Menschen selbst sowie deren Persönlichkeitsrechte bleiben unangetastet.

Sie schreiben unter anderem über die Bio-Marke Zurück zum Ursprung *(Hofer). Sie haben im Qualitätsmanagement der Werner Lampert Beratung GmbH und somit im Dienste dieser Marke gearbeitet. Verstoßen Sie nicht gegen geltendes Recht, wenn Sie Insider-Information über* Zurück zum Ursprung *preisgeben?*

Alles, was ich über *Zurück zum Ursprung* oder über deren Zulieferbetriebe geschrieben habe, ist das Ergebnis monatelanger Recherchen, die ich *nach* meinem Austritt aus der Firma getätigt habe. Sämtliche Informationen, die aus meiner Zeit als Qualitätsmanager für *Zurück zum Ursprung* stammen, halte ich strengstens unter Verschluss. Was ich in diesem Buch veröffentlicht habe, geht ausschließlich auf meine journalistischen Recherchen unter Zuhilfenahme legaler Mittel der Informationsbeschaffung zurück, nicht aber auf meine Insider-Kenntnisse.

Sie schildern in Ihrem Buch auch Szenen aus landwirtschaftlichen Betrieben des Bio-Massenmarktes. Kommt das nicht einem Angriff auf die Bauernschaft gleich?

Ich identifiziere mich selbst mit dem ökologischen Bauerntum. Dass ich Agrarbiologe geworden bin, hängt mit meinem Interesse für biologische Landwirtschaft zusammen. Es geht mir darum, das Bio-Bauerntum – im ursprünglichen Sinne der Bio-Idee – zu unterstützen. Dies verlangt zwangsläufig eine kritische Beschäftigung mit der Vertragslandwirtschaft unter der Schirmherrschaft von immer größer werdenden Lebensmittelkonzernen. Bio-Bauern werden in diesem

»Feldzug« der Wirtschaftsstrategen zu Hühnerfütterern, Lohnarbeitern und Vertragsgemüseproduzenten degradiert. Ich betrachte das »echte« Bio-Bauerntum als an der Kippe stehend. Bäuerinnen und Bauern, vor allem in Klein- und Mittelbetrieben, sind nicht als »Täter«, sondern eher als »Objekte« der Lebensmittelkonzerne zu betrachten. Es liegt mir fern, sie für die Entwicklungen am Bio-Massenmarkt verantwortlich zu machen.

Aber schaden Sie mit Ihrem Buch nicht dem Ökolandbau?
Unter ökologischen Agrarwissenschaftlern wird die »Konventionalisierung« der ökologischen Landwirtschaft schon lange diskutiert. Es ist Zeit, die berechtigte Sorge auch den Betroffenen mitzuteilen, nämlich den Konsumentinnen und Konsumenten. Ökologische Landwirtschaft liegt mir am Herzen. Das, was aber auf dem Massenmarkt aus ihr gemacht wird, stellt (trotz Bio-Zeichen) eine Verwässerung der Idee des Ökolandbaus dar. Mein Buch richtet sich daher gegen die Bio-Industrie, nicht aber gegen die biologische Landwirtschaft.

Sind die Betriebe und Fabriken, die Sie in diesem Buch geschildert haben, repräsentativ für den Bio-Massenmarkt?
Ja! Der konventionelle Lebensmittelhandel, zu dem die hier behandelten Bio-Marken gehören, funktioniert nur über Massenproduktion, Bündelung und Zentralisierung. Bio™-Hühnerställe mit weniger als 3000 Legehennen oder 4800 Masthühnern sind kaum zu finden – und dann höchstens als Vorzeigebetriebe. Bio-Fruchtgemüse aller Supermarktketten in Österreich wird von nur einer Handvoll großer Gemüseproduzenten hergestellt. Bio™-Brot ist grundsätzlich Industriebrot und nicht »traditionelle Handwerksware« und so weiter. Die Fotos und Angaben in diesem Buch, aus denen Betriebsgrößen und Wirtschaftsweisen hervorgehen, sind – im Gegensatz zur Werbung – ausgesprochen repräsentativ für den Bio-Massenmarkt.

Sind die Bio-Produkte in Supermärkten und bei Discountern also nun biologisch oder nicht?
Alle Produkte mit dem EU-Biozeichen (oder mit gleichwertiger Kennzeichnung) sind unter Berücksichtigung der gesetzlich-formalen Vor-

gaben für die »kontrolliert biologische Landwirtschaft« hergestellt worden. Da bestimmte Pflanzenschutzmittel, Düngemittel oder beispielsweise auch Lebensmittelzusatzstoffe und andere Betriebsmittel in der Bio-Produktion verboten sind, ist davon auszugehen, dass jedes gekennzeichnete Bio-Lebensmittel vom gesundheitlichen Standpunkt aus als besser zu bewerten ist als herkömmliche Ware.

In diesem Buch wird nicht infrage gestellt, dass Bio-Produkte den gesetzlichen oder verbandsabhängigen Vorgaben der biologischen Landwirtschaft entsprechen. Vielmehr geht es darum, zu zeigen, welche Spielräume zur »Konventionalisierung« des Bio-Marktes das Gesetz zulässt und wie der Bio-Massenmarkt in der Realität aussieht. Diese Realität ist im Kontext mit den *inszenierten Selbstdarstellungen* der Unternehmen sowie mit der *Werbung* zu beurteilen, die darauf abzielt, Vorstellungen entstehen zu lassen, die dieser Realität nicht entsprechen. Die gesetzlich-formalen Rahmenbedingungen für die »kontrolliert biologische Landwirtschaft« lassen ausreichend Platz, die ursprüngliche Idee des Ökolandbaus sowie die Vorstellungen der Bio-Konsumenten zu durchbrechen. Stellt man diese Entwicklung des Bio-Massenmarktes dem Öko-Nischenmarkt oder den Positionen der Ökolandbaubewegungen gegenüber, zeigen sich deutliche Abweichungen.

Wie laufen Bio-Kontrollen eigentlich ab?

Bio-Kontrollen werden meist durch autorisierte, *privatwirtschaftlich* organisierte Kontrollstellen durchgeführt. Die Überprüfung findet auf jedem Bio-Betrieb einmal pro Jahr statt und erfolgt üblicherweise nach vorhergehender Anmeldung des Kontrolleurs. Es wird nach Spuren gesucht, die auf den Einsatz verbotener Betriebsmittel und Praktiken hindeuten könnten (Verpackungsmaterial, Sackanhänger von Futtermitteln, Flaschen, Kanister etc.). Der Hauptteil der Kontrollen besteht jedoch in einer Überprüfung der Warenflüsse und des Betriebsmittelzukaufs. Die Betriebsleiter legen Rechnungen und Belege des Einkaufs vor: Saatgut, Futtermittel, Pflanzenschutz- und Düngemittel, Jungtiere etc. Auch der Verkauf muss belegt werden. Am Papier kann der Kontrolleur dann überprüfen, ob die vom Landwirt verkauften Erzeugnisse mit den Angaben zu seinem Betrieb übereinstimmen. Ein Beispiel: Der Bauer verfügt über eine Ölkürbisfläche von zehn Hektar, aus der sich rechnerisch ein Ertrag von etwa 7,5 Tonnen Kürbiskernen ergibt. Liegt die Menge verkaufter Kürbiskerne laut Aufzeichnungen deutlich darüber, muss die Herkunft der überschüssigen Ware erklärt und belegt werden. Der Schwerpunkt der Bio-Kontrolle liegt also in der Überprüfung von Warenflüssen, die aus den Aufzeichnungen der Betriebe und deren Partner hervorgehen. Ähnlich geht man auch vor, wenn man beispielsweise die Auslauftage von Rindern oder die Einsatzdauer des elektrischen Kuherziehers überprüft. Auch in diesen Fällen zieht man die Aufzeichnungen, die sogenannten »Auslauftagebücher«, heran. Bio-Kontrolleurinnen und Bio-Kontrolleure leisten gute Arbeit im Rahmen des *Möglichen*. Je größer ein Betrieb und je mannigfaltiger die Warenflüsse – beispielsweise durch regen Zukauf, Export oder Import –, desto komplexer und schwieriger gestalten sich die Kontrollen. Besonders schwer haben es die Kontrollstellen, wenn es um Großbetriebe der Lebensmittelindustrie geht, in denen vor allem konventionell produziert wird und die Bio-Produktion nur einen verschwindend kleinen Anteil ausmacht. Dort erfordert die Warenflusskontrolle größeren Aufwand; eine Begehung der Produktionsstätten und die Suche nach Spuren konventioneller Betriebsmittel ergibt keinen Sinn mehr: Das Konventionelle steht in diesen Betrieben ohnedies im Mittelpunkt.

Ist am ökologischen Nischenmarkt »alles besser«?

Der Öko-Nischenmarkt (Direktvermarkter, Bio-Läden, Bio-Bauernmärkte etc.) ist nur ein rudimentärer Teil dieses Buches. Er ist wesentlich weniger einheitlich als der Bio™-Massenmarkt, weil er eben nicht so zentral dominiert ist wie dieser. Letztendlich hängt in der Öko-Nische viel vom individuellen Engagement des jeweiligen Bauern oder des Bio-Händlers ab, weshalb es empfohlen ist, sich gezielt Ansprechpartner des Vertrauens zu suchen. Konzerninteressen spielen in der ökologischen Nische keine Rolle. Alte, auch regionale Rassen und Sorten sind vorwiegend am Nischenmarkt anzutreffen. Das bedeutet aber nicht, dass moderne Leistungssorten ausgeschlossen sind. Die Betriebsgrößen des Nischenmarktes sind deutlich kleiner, da es meist keine Verträge mit Großkonzernen gibt. Die Schlachtung ab Hof ist *nur* unter diesen entspannten Bedingungen möglich. Der Öko-Nischenmarkt ist von einem deutlich höheren Anteil an Handarbeit, geringeren Produktionsmengen und höherem Aufkommen von Mischkultur dominiert. Massenwerbung und Desinformationsmarketing fallen völlig aus, man tritt eher für verschärfte Mindeststandards ein. Einblicke und weitere Hinweise können den Kapiteln »Von echten Bio-Pionieren – Wofür der ökologische Landbau eigentlich stehen sollte« und »Der Weg zum aktiven Bio-Konsumenten – Was Sie tun können, um den Ökolandbau mitzugestalten« entnommen werden. *Gänzlich unbehandelt* bleiben in diesem Buch die »Bio-Supermärkte«, die vor allem in Großstädten zu finden sind und zum Bio-Fachhandel zählen. Sie sind irgendwo zwischen Massenmarkt und Nischenmarkt angesiedelt, doch sie im Detail zu behandeln, würde den Rahmen dieses Buches bei Weitem sprengen.

Kann die Menschheit durch Mischkultur und ökologische Landwirtschaft überhaupt ernährt werden? Ist ein hoher Industrialisierungsgrad nicht notwendig, um die Mengen zu produzieren?
Dass man die Menschheit nur durch *zentralisierte Massenproduktion* aus den Händen weniger *Großkonzerne* ernähren könne, ist ein Märchen, das insbesondere der Lebensmittelindustrie wunderbar ins Konzept passt. Es ist aber nicht wahr. Grundsätzlich gibt es zwei Wege zur Verbreiterung des Öko-Marktes. Neben dem Bio™-Massenmarkt wird in den Agrarwissenschaften der dezentrale Ausbau des Versorgungsnetzes als ernst zu nehmende Alternative diskutiert. Die Vervielfältigung der Klein- und Mittelbetriebe (»multiplying Davids«) und deren Einbindung in ein – ebenfalls *nicht* zentral gesteuertes – Vermarktungswesen, wäre ein gangbarer Weg, die biologische Gesamtproduktion ansteigen zu lassen. Agrarwissenschaftler an der Wiener Universität für Bodenkultur berichten: In ökologischen Mischkulturen lassen sich mindestens gleich hohe Erträge pro Flächeneinheit erzielen, wie in Monokulturen. Meistens sind Mischkulturen sogar *ertragreicher.*[89] Insbesondere auf lange Sicht haben sie die Nase vorn, da sie nachhaltiger sind und sich günstig auf das ökologische Gleichgewicht der Böden sowie auf deren Nährstoff- und Wasserhaushalt auswirken. Wenn wir nach einer wirklich zukunftsfähigen, ertragssi-

cheren Form der Landwirtschaft suchen, die die Bezeichnung »ökologisch« verdient hat, sollte die Mischkultur in unsere engere Wahl kommen. Der Einsatz angepasster Technologien und Maschinen ist auch in Mischkulturen möglich. Lediglich industrielle Methoden entfallen. Aus all dem ergibt sich, dass es in einer konsequent ökologisch wirtschaftenden Gesellschaft keinen Engpass an Nahrungsmitteln gäbe. Außerdem würde in einem solchen System, in dem auch die Handelsgewohnheiten anders wären, weniger Nahrung weggeworfen wird. Wer den österreichischen Dokumentarfilm »We feed the World« gesehen hat, weiß, dass allein in Wien jeden Tag so viel frisches Brot entsorgt wird, wie in Graz, der zweitgrößten Stadt Österreichs, täglich konsumiert wird. Viele Tonnen von Obst, Gemüse, Eiern und Fleisch landen jedes Jahr in den Mülltonnen, weil sie optisch nicht den Ansprüchen des Handels entsprechen, die logistischen Standardvorgaben nicht erfüllen oder sonstige »Schönheitsfehler« aufweisen. Solche Waren können qualitativ völlig in Ordnung sein. In den Müllräumen der Supermärkte stapeln sich jeden Abend nicht nur konventionelle, sondern auch biologische Lebensmittel, die noch genusstauglich sind. Nein, wir haben keinen Lebensmittelmangel! Wir leben – ohne jeden Zweifel – mit einer Überschussproduktion an Lebensmitteln.[90] Eine angepasste, ökologische Produktion wäre allemal im Stande, uns Menschen zu ernähren.

Aber wer soll die Versorgung mit Lebensmitteln für die Zukunft sicherstellen? Sind nicht zentrale Konzerne und Bündelungsbetriebe als Einzige in der Lage dazu?
Apropos Zukunft der Menschheit: Ein dezentrales, reich strukturiertes Versorgungsnetzwerk ist wesentlich krisensicherer als der zentral diktierte Massenmarkt. Gerade, wenn es um die Sicherstellung unserer Ernährung geht, werden wir nicht umhin kommen, ein System aufzubauen, das eben *nicht* von wenigen Großversorgern, ihren kommerziellen Interessen und ihrer enorm energie- und technologiebasierten Wirtschaftsweise abhängt. Dezentrales Öko-Marketing, das vor allem von regionalen Klein- und Mittelbetrieben getragen wird, ist nicht nur sicherer, sondern ist auch in der Lage, die Vielfalt an Lebensmitteln, Sorten und Rassen zu erhalten. Nur so ist es möglich, einen

genetischen Pool, ein Reservat zu schaffen, in dem das zehntausend Jahre alte Menschheitserbe, die Landwirtschaft, überleben kann. Es gäbe wieder mehr Bauern, die ihr vielfältiges Können und Wissen einbringen würden. Politik und Pädagogik könnten sich der spannenden Herausforderung widmen, den Berufsstand »Bauer« wieder attraktiv zu machen, weil es dann für Landwirtinnen und Landwirte eine Zukunft gäbe. Anstatt einer Handvoll industrieller Backgoliaths hätten wir zum Beispiel wieder viele, individuelle Regionalbäckereien. Es fänden mehr Menschen Arbeit in der Landwirtschaft und in der Lebensmittelherstellung. (Dass Industrialisierung zu einem Abbau an Arbeitsplätzen führt, wurde bereits im Kapitel über Milchverarbeitung verdeutlicht.) Die Zukunft unserer (biologischen) Nahrungsmittel ist dezentral. *Machen wir die Lebensmittelproduktion krisensicher!*

Welche Reaktionen erwarten Sie seitens der Supermärkte und Discounter auf Ihr Buch?
Diese Frage, die schon im Vorfeld häufig an mich herangetragen wurde, ist schwer zu beantworten. Kritische Bücher – oder, wenn man sie so nennen will: »Schwarzbücher« – werden naturgemäß von den betroffenen Konzernen nicht gerade mit Freude aufgenommen, da sie ihr mühsam aufgebautes Image untergraben. Dennoch sind solche Bücher im Sinne des *Konsumentenschutzes* als wichtig zu betrachten. Es ist schon vorgekommen, dass Autorinnen und Autoren kritischer Literatur persönlich angegriffen und diffamiert wurden, so als würden ihre menschlichen »Fehler« irgendetwas an der Richtigkeit ihrer Aussagen ändern. Man nennt das dann »Schmutzkübelpropaganda«. Aber Hand aufs Herz: Den Vertretern unserer Bio-Marken traue ich persönlich ein deutlich höheres Niveau zu. Wie wird man also reagieren? Das frage ich mich auch. Wird man die Fehlaussagen, beispielsweise im Internet, bereinigen und so tun, als wäre nichts gewesen?

Zwei *Beispiele*: Kann man etwas, das gar kein ökologischer Fußabdruck ist, auch in Zukunft im Marketing noch als solchen bezeichnen? Können Apfelchips, die in Slowenien hergestellt werden, weiterhin »Apfelchips aus der Steiermark« sein? Ich denke nicht. Werden solche irreführenden Aussagen vielleicht als »ganz und gar unbeabsichtigte und versehentliche Ausrutscher« heruntergespielt werden? Wie viel »unbeabsichtigte« Desinformation kann man sich leisten, bevor das Ganze nach *System* aussieht? Möglicherweise wird man dieses Buch auch nach außen hin völlig ignorieren und so tun, als fühle man sich nicht betroffen. Eventuell wird man mit vermehrter medialer Aktivität antworten. Wir könnten dann in Medienbeiträgen *noch* mehr Hühner streichelnde Bauern präsentiert bekommen, *noch* mehr idealistische Handwerksbäcker oder *noch* mehr »Bauerntum«, Natur und Idylle. *Falls* es zu solchen Reaktionen kommen *sollte*, würde ich mir diese Beiträge genau ansehen und für mich persönlich die richtigen Fragen stellen: Wie ist die Kamera positioniert und welche Perspektiven werden gezeigt? Werden etwa nur Ausschnitte wiedergegeben? Wenn ja, was würde ich sehen, wenn die Kamera nach links oder rechts in die Ferne schwenkte? Ist das, was mir medial vorgeführt wird, wirklich repräsentativ für den Bio-Massenmarkt?

Mir ist beispielsweise ein »Informationsbeitrag« über Bio-Brot bekannt, der in einer konventionellen Industriebäckerei gedreht wurde. Alles, was dort irgendwie maschinell erledigt werden kann, wird den Robotern überlassen. Dennoch ist im »Informationsbeitrag« großtönend von »Handarbeit« die Rede – ein alter Hut. Die schnellen Fließbänder und der riesige Durchlauf-Ofen werden systematisch ausgeblendet. Gezeigt werden nur Winkel und Ecken der Hallen, die für den Gesamtbetrieb nicht sonderlich repräsentativ sind.

Der neueste Trend: Angebliche »Video-Blogger« propagieren im Internet Bio-Konzernprodukte. Die Beiträge wirken so, als handle es sich um private Videos von »Sonntagsausflügen« zu Bauernhöfen. Doch meine Fragen werde ich angesichts solcher Blogs auch in Zukunft vehement stellen: Handelt es sich bei den Bloggern vielleicht um Konzernangestellte oder bezahlte Dienstleister fürs Marketing?

Schon eine gewöhnliche Internetrecherche sollte in solchen Fällen Aufschluss geben.

DANKSAGUNG

Es ist mir eine willkommene und interessante Herausforderung gewesen, aus dem Seemannsgarn der Bio-Werbung der Supermärkte und Discounter ein Buch zu spinnen und der medialen Fiktion etwas Reales entgegenzusetzen. Ganz besonders danke ich den Mitarbeiterinnen und Mitarbeitern des Wiener Verlags Carl Ueberreuter dafür, dass sie meine Idee für dieses Buch so offenherzig aufgenommen und sich mit vollem Elan an die Verwirklichung unseres gemeinsamen Projektes gemacht haben. Meiner Verlagslektorin, Frau Mag. Elisabeth Wagner, danke ich sehr herzlich für ihren Einsatz und die engagierte Begleitung bis zum Erscheinen des Buches. Ein Wort der Anerkennung spreche ich Herrn Melchior Müller aus, dem Leiter der Sachbuchabteilung im Hause Ueberreuter, der an dieses Buch von Anfang an geglaubt hat. Mit analytischem Blick hat sich der Rechtsanwalt Dr. Alfred J. Noll durch die zweihundert Buchseiten gekämpft und sichergestellt, dass juristisch betrachtet alles im grünen Bereich ist. Ich danke für diesen wichtigen Beitrag! Meine Anerkennung ergeht auch an Herrn Mag. Philipp Rissel für die germanistische Überprüfung meines Manuskriptes und für die angenehme Zusammenarbeit.

Und was wäre ein Buch ohne ein engagiertes Vorwort?! Ein herzliches Dankeschön dem Biologen, Universitätsdozenten und prominenten Umweltschützer Dr. Peter Weish für die Beisteuerung seiner einleitenden Worte. Lieber Peter, es ehrt mich, dass mein Buch durch dein Vorwort bereichert wird! Dem bekannten Sachbuchautor Dr. Hans Weiss, der unter anderem das »Schwarzbuch Markenfirmen« und das »Schwarzbuch Landwirtschaft« geschrieben hat, danke ich dafür, dass er mich in unserem persönlichen Gespräch dazu ermutigt hat, dieses Buchprojekt überhaupt in Angriff zu nehmen. Er hat den Stein ins Rollen gebracht.

Ein Dank von Herzen an Zsuzsanna, die mich in meinem Vorhaben stets unterstützt hat. Ich rechne ihr hoch an, dass sie für mich da gewesen ist, nachdem ich von meiner Schlachthof-Recherche in der heimischen Bio-Industrie zurückgekommen bin und jemanden zum Reden gebraucht habe. Karin, Pascal (www.violo.at), Noah, Miriam und Aurelio aus dem sonnigen Südburgenland: Danke, dass ihr in meinem Leben seid wie eine Familie und mir während meiner intensiven Schreibarbeiten immer wieder Kraft geschenkt habt. Meinen künftigen Bio-Bauernhof muss ich unbedingt in eurer Nähe errichten. Aber ganz ohne ™, das verspreche ich. Meinen Eltern, Rosa Maria Arvay und Dr. Hans Jörg Arvay, widme ich einen Dankesspruch, den ich mit einer besonderen Ehrung verbinde: Meine Hochachtung für eure Offenheit, Bestehendes zu hinterfragen, und für eure Toleranz gegenüber meiner Neigung zum »Lebensmittel-Detektiv«, die mich schon seit meinem vierzehnten Lebensjahr begleitet.

Großer Dank gebührt all meinen Gesprächspartnerinnen und Gesprächspartnern, die in diesem Buch ihren Auftritt gehabt haben. Ich danke auch den Teams im »Anton Frank« und im Wiener Welt-Café. In diesen beiden Lokalen habe ich mehrere Passagen meines Buches zu Papier gebracht – häufig bis in die Nachtstunden nach anstrengenden Tagen des Recherchierens. Last but not least: Der bedeutendste Dank richtet sich an Sie, liebe Leserin und lieber Leser. Danke, dass Sie mir durch das Lesen dieses Buches Ihr Vertrauen zuteilwerden haben lassen. Ich hoffe, Ihre Erwartungen sind erfüllt worden und es ist spannend und informativ für Sie gewesen, sich mit den Inhalten dieses Buches auseinanderzusetzen.

Ach ja, beinahe hätte ich es vergessen:

Ich widme dieses Buch dem *Ja!Natürlich*-Schweinchen Pippifein[91] und den sieben Heublumenbauern hinter den sieben Bergen.

Dipl.-Ing. Clemens G. Arvay
(November 2011)
www.arvay.info

Anmerkungen

1 2010 betrug der Umsatz mit Bio-Lebensmitteln in Österreich eine Milliarde Euro.

2 Quelle: Roll-AMA/Agrarmarkt Austria Marketing GmbH (erfasst wurden Frischwaren ohne Backprodukte)

3 »TM« steht für Trademark (Markenzeichen)

4 Genaue Umsatzzahlen wurden im Rahmen der Recherchen zu diesem Buch angefragt, von den betreffenden Konzernen jedoch unter Verschluss gehalten, weshalb eine statistische Gegenüberstellung entfällt. Lediglich *Ja!Natürlich* gab den Jahresumsatz für 2010 bekannt: 290 Millionen Euro.

5 Quelle: Roll-AMA/Agrarmarkt Austria Marketing GmbH

6 Quelle: Eigenmarkenmonitor von marketmind; dankenswerterweise zur Verfügung gestellt von *Ja!Natürlich*, Stand: Juni 2010

7 Henry David Thoreau, Walden – Ein Leben mit der Natur, Deutscher Taschenbuch Verlag, 1999

8 Karremann Manfred, Schnelting Karl, Apel Wolfgang, Schmidt Wolf-Rüdiger, Tiere als Ware – gequält, getötet, vermarktet, Fischer Verlag, 1998

9 Veröffentlichung im April 2011

10 Dass die Backzutaten den gesetzlich-formalen Vorgaben der »kontrolliert biologischen Landwirtschaft« entsprechen, wird nicht angezweifelt. Auf dem Prüfstand stehen die Behauptungen des traditionellen Bäckerhandwerks und die Suggestivwirkungen der Werbung.

11 Quelle: www.leitbetriebe.at, Stand 25.10.2011

12 Homogenisierung: Herstellung einer einheitlichen, möglichst gleichförmigen Masse

13 yield (engl.): Ertrag, Ausbeute, Gewinn

14 Laut Lohmann-Homepage, www.ltz.de, Stand: 15.11.2011

15 Unter »Kleingruppenhaltung« wird in Deutschland eine modifizierte Form der Käfighaltung verstanden, in der den Hennen mehr Strukturen zur Verfügung stehen als in herkömmlichen Käfigen.

16 Zitiert aus: Bode Thilo, Die Essensfälscher, Fischer Verlag, 2011, S. 72

17 Kenner Robert, Food, Inc. – Was essen wir wirklich?

18 Held Dirk, Scheier Christian, Wie Werbung wirkt – Erkenntnisse des Neuromarketings, Haufe Verlag, 2006

19 Häusel Hans-Georg, Brain View! Warum Kunden kaufen, Haufe Verlag, 2008

20 Quelle des Zitats: Bode Thilo, Die Essensfälscher, S. Fischer Verlag, 2011

21 www.zurueckzumursprung.at, Stand: 21.10.2011

22 www.merkurmarkt.at, Stand: 21.10.2011

23 www.gentechnikfreiemilch.at, Stand: 21.10.2011

24 www.janatuerlich.at, Stand: 21.10.2011

25 www.global2000.at, Stand: 21.10.2011

26 www.zurueckzumursprung.at (www.zurueckzumursprung.at/grundwerte/grundwerte-detail/gw-regional), Stand: 21.10.2011

27 www.spar.at (http://www.spar.at/spar/spar_marken/naturpur/was_ist_bio.htm), Stand: 21.10.2011

28 Name aus Datenschutzgründen geändert

29 Stand: 19.10.2011
30 Maltodextrin: Zusatzstoff, Gemisch aus Kohlenhydraten (Glucose), Herstellung im Labor durch Hydrolyse und enzymatische Aktivität
31 Mündlich weitergegeben durch Univ-Prof. Dr. Bernd Lötsch, ehem. Generaldirektor des Naturhistorischen Museums Wien.
32 Cyborg: Mischwesen aus Mensch und Maschine
33 Am Anbau von Bio-Gemüse in Gewächshäusern ist grundsätzlich nichts auszusetzen. Problematisch wird erst die großflächige Deckung der Böden mit ganzen Flotten solcher Plastikbauten. Außerdem kommt es in Intensivbetrieben fast immer zum Einsatz von Billigarbeitskräften unter extremen Bedingungen (Hitze in den Gewächshäusern, Akkordarbeit, Leistungsdruck).
34 Der reale Name des Erntehelfers wurde geändert; »László« ist ein häufiger ungarischer Vorname und wurde zum Schutz des Interviewpartners gewählt. Namensähnlichkeiten mit anderen Erntehelfern sind zufällig und nicht beabsichtigt.
35 Es handelt sich um den derzeitigen gesetzlichen Mindestlohn (EUR 6,42 netto).
36 Stand: 2011
37 Behr, Dieter A., mündliche Mitteilung, 03.11.2011
38 Behr Dieter A., Was hat Gemüse mit Migration zu tun – landschaftsplanerische Reflexion zur Arbeitsmigration in der Landwirtschaft, Diplomarbeit, Universität für Bodenkultur Wien, 2004, S. 76
39 Zurück zum Ursprung ist in dieser Aufzählung nicht genannt, da unter dieser Marke kein ausländisches Frischgemüse gehandelt wird.
40 Als Lamm bezeichnet man das junge Schaf oder die junge Ziege im ersten Lebensjahr.
41 Schneeberger W. et. al., Biomilch. Richtlinien – Produktion – Struktur – Markt, Universität für Bodenkultur Wien, 2004
42 Univ.-Prof. Dr.vet.med. Josef Troxler, Veterinärmedizinische Universität Wien, mündliche Mitteilung vom 02.11.2011
43 Leiter des Instituts für Tierhaltung und Tierschutz der Veterinärmedizinischen Universität Wien, mündliche Mitteilung, 02.11.2011
44 Laut Homepage des Österreichischen Ministeriums für Land- und Forstwirtschaft, Umwelt und Wasserwirtschaft, www.lebensministerium.at, Stand: 15.11.2011
45 Quelle: www.berggebiete.eu, Stand: 15.11.2011
46 Quelle: Metzler Tobias, Mehrwert durch Marke – Vorschläge zur Neuorganisation der Bregenzerwälder Bergkäsevermarktung im Rahmen einer Markenkooperation, Diplomarbeit, Fachhochschule Wiener Neustadt für Wirtschaft und Technik, 2004, S. 10
47 Quelle: Metzler Tobias, Mehrwert durch Marke – Vorschläge zur Neuorganisation der Bregenzerwälder Bergkäsevermarktung im Rahmen einer Markenkooperation, Diplomarbeit, Fachhochschule Wiener Neustadt für Wirtschaft und Technik, 2004, S. 10
48 Quelle: Metzler Tobias, Mehrwert durch Marke – Vorschläge zur Neuorganisation der Bregenzerwälder Bergkäsevermarktung im Rahmen einer Markenkooperation, Diplomarbeit, Fachhochschule Wiener Neustadt für Wirtschaft und Technik, 2004, S. 9

49 Mirow Jürgen, Weltgeschichte, Piper Verlag, 2009, S. 433
50 Knox Paul L. & Marston Sally A., Humangeographie, Spektrum Akademischer Verlag, 2008
51 Schaumann Wolfgang, Siebeneicher Georg E., Lünzer Immo, Geschichte des ökologischen Landbaus, Stiftung Ökologie & Landbau, 2002, S. 11
52 Maxeiner Dirk, Miersch Michael, Biokost und Ökokult, Piper Verlag, 2008, S. 127
53 Die Autoren beziehen sich auf die sogenannte »Anthroposophie«, die von Rudolf Steiner gegründet wurde und in sein Konzept der biologisch-dynamischen Landwirtschaft einfloss.
54 Maxeiner Dirk, Miersch Michael, Biokost und Ökokult, Piper Verlag, 2008, S. 168
55 Engel A., Ulmer H. & Kantelhardt J., »Viele Wege zur Agrarwende«, in: Brand K. W., Die neue Dynamik des Bio-Markts – Folgen der Agrarwende im Bereich Landwirtschaft, Verarbeitung, Handel, Konsum und Ernährungskommunikation, Oekom Verlag, 2007
56 Quelle: Groll Markus & Loitzl Gernot, Die fünfzig größten Bio-Lügen, Krenn-Verlag, 2007, S. 123
57 Wirtschaftsmagazin Makro vom 28.10.2011 unter dem Titel »Lebensmittel satt«, 3-SAT, Quelle: www.zdf.de, 30.10.2011
58 Quelle: Eigenmarkenmonitor von marketmind; dankenswerterweise zur Verfügung gestellt von Ja!Natürlich, Stand: Juni 2010
59 Kathrin Hartmann, Ende der Märchenstunde, Karl Blessing Verlag, 2009, S. 121
60 Bode Thilo, Die Essensfälscher, S. Fischer Verlag, 2011, S. 27
61 Bode Thilo, Die Essensfälscher, S. Fischer Verlag, 2011, S. 129
62 DINKS: Double Income – No Kids, Ziel- und Einkommensgruppe
63 LOHAS: Lifestyle Of Health And Sustainability, häufige Zielgruppe der Bio-Werbung
64 Frieder Thomas, Vögel Rudolf, Ökologische Landwirtschaft, aus der Reihe »Gute Argumente«, C. H. Beck Verlag, 1989, S. 9
65 Staub Hans, Alternative Landwirtschaft – der ökologische Weg aus der Sackgasse, Fischer Verlag, 1980, S. 32
66 Zitat aus: Arvay Clemens G., Fruchtgemüse – Alte Sorten und außergewöhnliche Arten neu entdeckt, Leopold Stocker Verlag, 2011, S. 13
67 EHEC: enterohämorrhagische Escherichia coli Bakterien (Darmbakterien, die durch den Einsatz von Gülle auf die Felder gelangen können). EHEC ist kein Phänomen des Bio-Landbaus im Speziellen, sondern kann auch in der konventionellen Landwirtschaft vorkommen.
68 Geier Bernward, »Agrarsoziologie«, in: Vogtmann H. (Hrsg.), Ökologischer Landbau, Landwirtschaft mit Zukunft, Pro Natur Verlag, 1985, S. 101
69 Voitl Helmut, Guggenberger Elisabeth & Petz Ernst, Der biologische Landbau, Orac-Verlag, 1979
70 Vgl. z. B. Vogtmann Hartmut (Hrsg.), Ökologischer Landbau – Landwirtschaft mit Zukunft, Müller Verlag, 1992
71 POS = point of sale (Ort des Verkaufs)
72 Lasn Kalle, Culture Jamming – das Manifest der Anti-Werbung, Orange Press, 2006, S. 26
73 Pheromone sind von Lebewesen abgegebene Hormone, die als Botenstoffe zur Kommunikation mit Angehörigen derselben Spezies dienen.

74 Frieder Thomas, Vögel Rudolf, Ökologische Landwirtschaft, C. H. Beck Verlag, 1989, S. 19

75 www.derstandard.at, 02.08.2010

76 Quelle des Zitats: Wagenhofer Erwin, We feed the World – Essen global, Dokumentarfilm, 2006

77 Aubert Claude, Organischer Landbau, Ulmer Verlag, 1981

78 Aubert Claude, Organischer Landbau, Ulmer Verlag, 1981

79 Quelle: Robin Marie-Monique, Mit Gift und Genen – Wie der Biotech-Konzern Monsanto unsere Welt verändert, Deutsche Verlags-Anstalt, 2009

80 Das Saatgut stammt von De Ruyter Seeds. Diese Firma gehört zum Monsanto-Imperium.

81 Lötsch Bernd, Zitat aus dem Vorwort in: Arvay Clemens G., Fruchtgemüse – Alte Sorten und außergewöhnliche Arten neu entdeckt, Leopold Stocker Verlag, 2011, S. 9

82 O.Univ.-Prof. Dr. Helga Kromp-Kolb, mündliche Mitteilung vom 27.10.2011

83 Es wird ausdrücklich festgehalten, dass eine detaillierte Bewertung des ökologischen Nischenmarktes in diesem Buch nicht stattfindet. Dieser ist äußerst inhomogen und kann nicht vereinheitlicht dargestellt werden. Es wird empfohlen, sich innerhalb der Öko-Nische an Ansprechpartner des Vertrauens zu wenden: ausgewählte Mitarbeiter in Bio-Läden, Bio-Landwirte und Direktvermarkter, Betreiber von Bauernläden und Organisatoren von Bio-Bauernmärkten. Tendenziell steht man am ökologischen Nischenmarkt den vorwiegend auf Profit ausgerichteten Wachstumstendenzen der Lebensmittelwirtschaft kritisch gegenüber und richtet sich gegen den Zwang des Wachsens oder Weichens.

84 Sofern wir den Bio™-Produktionsbedingungen nicht zustimmen möchten.

85 Auch auf dem ökologischen Nischenmarkt gibt es Verbesserungspotenzial, denen man sich dort durchaus bewusst ist. Vertreter der Ökolandbaubewegung treten häufig für Verschärfungen der Mindeststandards für biologische Landwirtschaft ein.

86 Agrar-Arbeitsgruppe von Attac Österreich

87 Stand der Angaben: 25.10.2011

88 Der Begriff »Adbuster« (Werbungsjäger) wurde von dem Werbekritiker und Gründer der amerikanischen Media Foundation, Kalle Lasn, eingeführt.

89 Pietsch Gabriele, Starz Walter, Hrbek Regina, Mischkulturen im ökologischen Landbau, Lehrveranstaltungsunterlagen, Institut für Ökologischen Landbau, Universität für Bodenkultur Wien, S. 35

90 Kreutzberger Stefan, Thurn Valentin, Die Essensvernichter: Taste the Waste – Warum die Hälfte aller Lebensmittel im Müll landet und wer dafür verantwortlich ist, Kiepenheuer & Witsch Verlag, 2011

91 Originale Namensgebung durch Ja!Natürlich (REWE)

LUST AUF MEHR?
Bücher, die zum Thema passen

Arvay Clemens G., Fruchtgemüse – Alte Sorten und außergewöhnliche Arten neu entdeckt, Leopold Stocker Verlag, 2011

Bode Thilo, Die Essensfälscher – Was uns die Lebensmittelkonzerne auf die Teller lügen, Fischer Verlag, 2011

Busse Tanja, Die Ernährungsdiktatur – Warum wir nicht länger essen dürfen, was uns die Industrie auftischt, Karl Blessing Verlag, 2010

Grimm Hans-Ulrich, Der Bio-Bluff – Der schöne Traum vom natürlichen Essen, Hirzel Verlag, 2010

Groll Markus, Loitzl Gernot, Die fünfzig größten Bio-Lügen! – Die gängigsten Irrtümer rund um glückliche Kühe und gesunde Geschäfte, Krenn Verlag, 2007

Hartmann Kathrin, Ende der Märchenstunde – Wie die Industrie die Lohas und Lifestyle-Ökos vereinnahmt, Karl Blessing Verlag, 2009

Jurtschitsch Aurelia, Bundesministerium für Land- und Forstwirtschaft, Bio-Pioniere in Österreich – Vierundvierzig Leben im Dienste des Biologischen Landbaus (Grüne Reihe des Lebensministeriums, Band 21), Böhlau, 2010

Klein Naomi, No Logo! Der Kampf der Global Player um Marktmacht – Ein Spiel mit vielen Verlierern und wenigen Gewinnern, Goldmann Verlag, 2005

Kreutzberger Stefan, Die Ökolüge – Wie Sie den grünen Etikettenschwindel durchschauen, Econ Verlag, 2009

Kreutzberger Stefan, Thurn Valentin, Die Essensvernichter: Taste the Waste – Warum die Hälfte aller Lebensmittel im Müll landet und wer dafür verantwortlich ist, Kiepenheuer & Witsch Verlag, 2011

Lasn Kalle, Culture Jamming – Das Manifest der Anti-Werbung, Orange Press Verlag, 2006

Sambraus Hans H., Farbatlas seltene Nutztiere – Zweihundertvierzig gefährdete Rassen aus aller Welt, Ulmer Verlag, 2010

Weiss Hans, Werner Klaus, Das neue Schwarzbuch Markenfirmen – Die Machenschaften der Weltkonzerne, Ullstein Verlag, 2010

WER UND WO?

Ansprechpartner und ihre Adressen

Adbusters – Media Foundation
Werbungsjäger international
1243 West 7th Avenue
Vancouver, BC
V6H 1B7 Canada
Internet: www.adbusters.org

ATTAC Österreich
Inhaltsgruppe AgrarAttac
Margaretenstraße 166/3/25
1050 Wien
Österreich
Internet: www.attac.at

Clemens G. Arvay
Autor dieses Buches
www.arvay.info

Food Watch – die Essensretter
Verbraucherschutzorganisation
Brunnenstraße 181
10119 Berlin
Deutschland
www.foodwatch.de

Forum Wissenschaft und Umwelt
Österreichische Wissenschaftler/innen
für Umweltschutz
Hammer-Purgstall-Gasse 8/4
1020 Wien
Österreich
Internet: www.fwu.at

Via Campesina
Die österreichische Berg- und Kleinbau-
ernvereinigung (ÖBV)
Schwarzspanierstraße 15/3/1
1090 Wien
Österreich
Internet: www.viacampesina.at

WWOOF – We are welcome on organic
farms
Das Netzwerk für freiwillige Helfer/in-
nen auf biologischen Höfen
Österreich: www.wwoof.at
International: www.wwoof.org